Igor Akimuschkin

VEB F. A. Brockhaus Verlag
Leipzig

Vom Aussterben bedroht?

Tiertragödien, vom Menschen ausgelöst

Übersetzung aus dem Russischen
von Eckhard Thiele

Titel der Originalausgabe
»Трагедия диких животных«

ISBN 3-325-00226-9

4. Auflage
© »Мысль«, Moskau 1969
© VEB F. A. Brockhaus Verlag Leipzig, 1972
Lizenz-Nr. 455/150/3/90 · LSV 1369
Redaktionelle Bearbeitung: Ursula Sträubig
Schutzumschlag und Einband: Dietmar Kunz/Bernhard Dietze
Typografie: Bernhard Dietze
Lichtsatz: INTERDRUCK Graphischer Großbetrieb Leipzig – III/18/97
Druck und buchbinderische Weiterverarbeitung: Karl-Marx-Werk Pößneck V 15/30
Redaktionsschluß: 30. 5. 1988
Bestell-Nr. 586 854 0
00800

Inhalt

Eine vielleicht überflüssige Einführung

Braucht so ein Buch wie dieses überhaupt eine Einführung? Das Leben selbst, alles, was wir in Zeitungen, Zeitschriften und Büchern lesen über die Natur – über wilde Tiere und Vögel, über Fische und Wale, über Wälder und Flüsse, über Böden und Ernteerträge –, all das dient ihm ja eigentlich schon als eine Art Einführung! Zugleich aber meldet sich auch unser Bewußtsein und ruft laut und vernehmlich: Haltet ein!

Es ist für uns an der Zeit, Ordnung zu schaffen auf der Erde, höchste Zeit, der sinnlosen Ausrottung wilder Tiere, der Vernichtung der Wälder, der Verschmutzung und Austrocknung von Flüssen und Seen Einhalt zu gebieten. Naturschutz ist heute kein hochwissenschaftlicher theoretischer Begriff mehr, sondern dringliche Notwendigkeit und ein Postulat für jedes vernunftbegabte Wesen.

Die ersten Menschen sind bereits auf dem Mond gelandet. Doch soll auch unsere Erde eine Mondlandschaft werden? Die Zeit ist herangereift, da der Mensch langsam begreift, daß die Reichtümer der Natur nicht wie bisher unkontrolliert vergeudet werden dürfen – damit würde eine Katastrophe heraufbeschworen. Immer größer wird die Zahl von Einsichtigen, die der Vernichtung der Naturreichtümer erbitterten Kampf angesagt haben.

Sicher mag das einer der Gründe dafür sein, daß sich Bücher über wilde Tiere, über Reisen in fremde, ferne Länder und über deren Natur heute besonders großer Beliebtheit bei unseren Lesern erfreuen. Solche »Sachbücher« ohne erdachte Fabel können heutzutage durchaus erfolgreich mit Werken schöngeistiger Literatur »konkurrieren«. Der Mensch will die Welt, in der er lebt, besser kennenlernen. Von Jahr zu Jahr wächst in ihm der Wunsch, von seltenen, aussterbenden Tieren zu hören, und zwar in gleichem Maße, wie ihre Vernichtung fortschreitet. Als in den nordamerikanischen Prärien, den australischen und afrikanischen Steppen, auf entlegenen Inseln in den Ozeanen die ersten Europäer mit ihren verderbenbringenden Waffen auftauchten, brach über die bisher fast unberührte Natur jener Gegenden das Unglück herein – eine massenweise, häufig sinnlose Ausrottung der wilden Tiere. Nicht nur ganze Herden, nicht nur Schwärme, sondern ganze Arten durchaus lebensfähiger, dem Menschen nützlicher Tiere verschwanden nach und nach. Wer sich nicht eingehender mit Zoologie beschäftigt, kann sich wohl kaum eine Vorstellung machen von dem Ausmaß der Verluste, die die Natur auf unserer Erde erlitten hat.

Harper und Allen, zwei bekannte Fachleute auf ihrem Wissensgebiet, haben errechnet, daß in den letzten zwanzig Jahrhunderten einhundertsechs Großtierarten und einhundertneununddreißig Vogelarten und -unterarten von Jägern und Kolonisatoren ausgerottet wurden. In den ersten achtzehn Jahrhunderten seit Beginn unserer Zeitrechnung vollzog sich dieser Prozeß noch verhältnismäßig langsam: In diesem Zeitraum starben nur dreiunddreißig Arten aus. Aber dann schritt die Vernichtung der Tierwelt immer rascher fort: Allein in den folgenden hundert Jahren rottete der Mensch weitere dreiunddreißig Arten aus. Im 19. Jahrhundert verschwanden dann weitere siebzig und in den letzten fünfzig Jahren nochmals vierzig Tierarten einschließlich Unterarten.

Doch damit nicht genug. Weitere sechshundert Tierarten beziehungsweise Unterarten sind noch heute von der vollständigen Vernichtung bedroht, werden aller Wahrscheinlichkeit nach das Ende unseres Jahrhunderts nicht mehr erleben.

Mitunter hört man die gedankenlos hingeworfene Frage: »Wozu wilde Tiere schützen?« Nun, mancherlei Gründe kann man dafür anführen. Das Problem des Tierschutzes hat eine ganze Reihe ethischer, ästhetischer, ökologischer, genetischer und anderer moralischer, wissenschaftlicher und wirtschaftlicher Aspekte.

Vorbei ist die Zeit, da man für den Jagdsport noch Reklame brauchte und die Jagdliteratur unter anderem die Aufgabe hatte, den Menschen die Augen für die Schönheit der Natur zu öffnen.

Der Tag wird kommen, und zwar bald, da die gesamte Menschheit das sinnlose Morden von wilden Tieren ebenso unter Strafe stellen wird wie den Mord an einem Menschen. Wenn alles so weitergeht wie bisher, wird es bald keine Tiere mehr geben, die man noch töten könnte; unsere Chemie müßte aus Plaste und anderem Material künstliche Hasen, Hirsche oder Auerhähne herstellen und sie im (ebenfalls künstlichen) Wald aussetzen.

Damit es nicht erst so weit kommt, damit die Liste ausgestorbener Tiere nicht erst fünfstellige Zahlen aufweist, damit die heute schon nicht wiedergutzumachende Verarmung von Wäldern, Steppen, Flüssen und Böden nicht mit rasender Geschwindigkeit fortschreitet – steht doch in der Natur alles, Lebendes wie Unbelebtes, in steter Wechselwirkung –, ist es höchste Zeit, auf allen Kontinenten und Inseln dem als »Sport« deklarierten sinnlosen Blutvergießen Einhalt zu gebieten oder wenigstens strenge Kontrolle walten zu lassen. Nur so wird sich die Tragödie wilder Tiere, die der Mensch auf unserer Erde heraufbeschworen hat, doch noch abwenden lassen.

»Tot wie die Dronte«
– man wird sie nie wieder
zu Gesicht bekommen

Die letzten Geyrfugl

Pinguine leben bekanntlich in der Antarktis, aber daß dies nicht die echten Pinguine sind, wissen viele nicht. »Es sind Manchots«, schreibt Anatole France, der bekannte Verfasser der »Insel der Pinguine«, unter Berufung auf führende Wissenschaftler, und er fragt: »Wenn wir aber die Manchots Pinguine nennen, was sind dann die echten Pinguine?«

Diese Frage bewegt heute niemanden mehr. Bevor die Wissenschaftler sich über eine genaue Bezeichnung für antarktische und arktische Pinguine geeinigt hatten, waren letztere bereits schon ausgestorben, im unersättlichen »Magen« der fettverarbeitenden Industrie verschwunden.

Bei den arktischen Pinguinen handelt es sich um Riesenalken (Pinguinus impennis), deren winzige Flügel nicht mehr zum Fliegen geeignet waren. Englische Seeleute nannten sie ping-wing = »Stummelflügel« – ein Hinweis auf die verkümmerten Flügel dieser Vögel. Aus »ping-wing« wurde Pinguin, und dieser Name ging schließlich von den Riesenalken auf die bekannten antarktischen Vögel über.[1]

Allerdings wandte sich Ende des 18. Jahrhunderts der berühmte französische Naturforscher Buffon gegen diese Verfälschung. Er hatte die Berichte von Kapitän James Cook und von Georg Forster über ihre Südseereisen gelesen, in denen die antarktischen Pinguine beschrieben wurden, und er erkannte, daß letztere mit den Riesenalken nichts gemein hatten, daß es sich um ganz verschiedenartige Vögel handelte. Buffon war es auch, der vorschlug, die südlichen Pinguine als Manchots und die nördlichen, also die Alken, als Pinguine zu bezeichnen.

Lange vor Buffon und lange vor der Zeit, da englische Seeleute die Bezeichnung »ping-wing« aufbrachten, waren aber die Riesenalken den nordeuropäischen Völkern unter dem Namen Geyrfugl bekannt, eine Bezeichnung, die in Island noch lange Zeit erhalten blieb. Man findet sie auch in den isländischen Edden und Sagas erwähnt; im Altskandinavischen bedeutet sie soviel wie »Spießvogel«. Die Riesenalken hatten nämlich große, ziemlich spitz »zugefeilte« Schnäbel, mit denen sie kräftig zuzuhacken vermochten.

Von weitem konnte man die Vögel ihrem Äußeren und ihrem Verhalten nach tatsächlich für Pinguine halten. Sie wirkten zwar ebenso plump, doch an Land bewegten sie sich auf ihren kurzen Beinen in aufrechter Haltung. Ihre Flügel waren wie die der Pinguine verkümmert. Aber während sie sich bei den Pinguinen in Flossen verwandelten, mit denen diese Vögel hervorragend rudern können, blieben sie bei den Alken nutzlose Anhängsel.[2] Ebenso wie die Pinguine konnten die Riesenalken auch nicht fliegen. Sie hatten ungefähr die Größe einer Gans und wiesen unter der Haut eine dicke Schicht von bestem Fett auf. Gerade das aber sollte ihnen zum Verhängnis werden.

In der Zeit, als sich die europäischen Nationen herauszubilden begannen, lebten die Riesenalken fast überall im und am Meer zu beiden Seiten der nördlichen Hälfte des Atlantischen Ozeans: im Westen von Grönland bis Neufundland, entlang der Atlantikküste der heutigen USA bis nach Florida; im Osten von Island, Schottland, Irland, Skandinavien bis zu den französischen und südspanischen Küstengebieten. Im Eis-

---

1) Für die Herkunft des Wortes »Pinguin« gibt es übrigens noch eine andere Erklärung. Im Keltischen hieß Kopf »pen«, und »gvin« bedeutete weiß. »Pengvin« hieße danach also »weißköpfig«. Zwar war der Kopf des Riesenalks nicht weiß, sondern schwarz, doch wies er vor den Augen zwei große weiße Flecken auf, so daß er von weitem tatsächlich weiß wirken konnte.

2) Nach Ansicht anderer dienten die »Flügel« den Riesenalken als Flossen. Alle heute lebenden Alke rudern beim Tauchen mit ihren angewinkelten Flügeln, während die Füße vor allem als Steuer dienen. Die »Flügel« brauchten die Riesenalken auch, um beim Klettern auf den Felsen das Gleichgewicht zu halten.

zeitalter, vor etwa sechzigtausend Jahren, gab es Riesenalken sogar auf der Spitze des »europäischen Stiefels«, in Apulien, im Süden Italiens.

Im Winter und außerhalb der Brutzeit lebten die Alken auf die verschiedenen Länder und Meere verstreut. Im Frühjahr und im Sommer aber, in der Zeit von Mai bis Juli, fanden sie sich dann in riesiger Zahl auf einigen wenigen Felseninseln im nebligen Norden ein, zum Beispiel vor der isländischen Küste. Wahrscheinlich nisteten sie auch auf den Orkneys, den Hebriden, den Färöer und natürlich auf der berühmten »Insel der Pinguine« bei Neufundland (in der Steinzeit wohl auch in

Schottland und an der ganzen skandinavischen Westküste. Als sich die Seefahrer auf ihren Schiffen den von Pinguinen dicht besiedelten Küsten näherten, empfingen jene sie neugierig und ohne Furcht. In aufrechter Haltung, den Kopf würdevoll erhoben, standen sie in großen Gruppen da und sahen den Menschen ruhig entgegen, wie respektable Mitglieder einer Ehrenabordnung, die hohe Gäste zu empfangen hat.

Die Menschen aber waren weniger ehrenwert. Mit Knüppeln bewaffnet, stürzten sie sich auf die armen »Aborigines« und metzelten sie kurzerhand nieder. Wohin hätten die Vögel auch fliehen sollen? Unmittelbar aus dem Meer ragten hohe Felswände auf, die sie niemals zu erklimmen vermochten, und fliegen konnten sie ja nicht. In ihrem blinden Vertrauen zum Menschen betrogen, irrten sie am Ufer hin und her und schwangen hilflos ihre unnützen Stummelflügel.

Es war eine erfolgreiche »Jagd«, wie die Geschichte ihresgleichen wohl kaum eine zweite kennt. Jacques Cartier, der Entdecker Labradors, berichtete einmal, wie seine Matrosen an einem Tag, fast ohne sich von der Stelle zu rühren, mehr als tausend »nördliche Pinguine« erlegten. An jener Küste seien aber noch so viele am Leben geblieben, daß man vierzig Schaluppen damit hätte füllen können.

Ein anderer Kapitän prahlte damit, daß seine Leute in einer halben Stunde zwei Boote randvoll mit fetten Pinguinen beladen hätten, die sie mit bloßen Händen fingen.

In Europa lebten nicht weniger Riesenalken als auf Labrador. Auch hier gab es eine »Insel der Pinguine«, Geyrfuglasker genannt, die zum wichtigsten Fangplatz isländischer Jäger wurde. Amüsant ist, daß die Kirche ihr seelsorgerisches Augenmerk auch den Alken zuwandte: Einen großen Teil des aus der Pinguinjagd erzielten Erlöses mußten die Jäger an sie entrichten. Die Kirche in Kirkjuvogur forderte die Hälfte des Fangerlöses und die in Utskala nochmals die Hälfte vom Rest, so daß den Jägern selbst also nur ein Viertel blieb. Trotzdem war das wohl immer noch genug, denn das Abschlachten der Alken ging weiter.

Zur Zeit der napoleonischen Kriege entsandte man sogar große Schiffe aus Europa nach Island und zur Insel der Pinguine, die Fleisch für die Soldaten holen sollten. Im Jahre 1814 wurden von den Matrosen des Schoners »Färöer« unter dem Befehl von Kapitän Peter Hansen fast alle Riesenalken auf Geyrfuglasker getötet. Zum Schluß belud man die

Schaluppen sogar noch mit Eiern (es war gerade Brutzeit), und unzählige Eier wurden blindlings zertreten. Ganze Berge toter Pinguine blieben an der Küste zurück und verwesten. Ein Sturm war aufgekommen, so daß die Seeleute nicht ein zweitesmal die Insel ansteuern konnten, um die restliche Beute zu holen.

Mit dem scharfen Gespür eines jungen Raubtieres witterte der aufkommende Kapitalismus leichte Beute. Eiligst gegründete Gesellschaften schickten Schiffe an die Küste der arktischen Inseln, um Fett und Federn, die aus irgendeinem Grund sehr hoch im Kurs standen, zu erbeuten. Die wehrlosen Vögel wurden mit Knüppeln erschlagen oder in Netzen gefangen. Die Laderäume der Schiffe füllten sich. Das »oil-business« war in vollem Gange und warf guten Profit ab.

Sammler vollendeten die Tragödie, der Riesenalk wurde zu einer Seltenheit. Museen und Liebhaber zahlten viel Geld für Eier und Bälge. Mit dem Oil-Business war es vorbei, die Vorräte waren erschöpft, doch nun blühte das Sammlergeschäft auf. Für einen Balg eines Riesenalkes zahlte man schon fast hundert Kronen. Das war mehr, als Fett und Federn von einer ganzen Schaluppenladung eingebracht hatten.

Doch diese hundert Kronen zu verdienen war auch schon nicht mehr leicht. Überall dort, wo früher unzählige Alken mit Knüppeln erschlagen worden waren, kannte man diese Vögel nur noch vom Hörensagen. Im Jahre 1790 war in der Kieler Bucht der letzte »Pinguin« der Ostsee erlegt worden. Auf den Orkney-Inseln wurden die zwei letzten Riesenalken 1812, in England und Irland 1834 gefangen. Seit jener Zeit waren die hundert Kronen nur noch in Island zu verdienen; nur dort gab es offensichtlich noch »Pinguine«, und dorthin steuerte in der dunklen Nacht des 2. Juni 1844 Kapitän Hakonarsson sein Schiff – zur kleinen Felseninsel Eldey vor der isländischen Südküste. Heimlich und in großer Eile war er in See gestochen. Niemand an Land wußte, wohin die Reise gehen sollte, außer Karl Siemsen, einem Unternehmer und Makler. Er hatte diese unselige Expedition ausgerüstet, die noch ein Jahrhundert später schwer auf dem reinen Gewissen Islands lastete.

Zwei müde Vögel hatten sich kurz zuvor an die Felsküste des Eldey-Riffs geschleppt. Lange waren sie bei stürmischer und bei ruhiger See unterwegs gewesen, hatten auf ihrem Weg aus den wärmeren Breiten des Atlantischen Ozeans nach Norden Tausende von Meilen zurückgelegt, um auf dieser kleinen Insel ihrer Heimat ein Ei zu legen – so wie es die Riesenalken immer getan hatten. Weder die Vögel noch jemand sonst konnten ahnen, daß dies das einzige Paar war, das das aussterbende Geschlecht der nördlichen Pinguine noch erhalten konnte.

Die Vögel suchten sich am Ufer einen geeigneten Platz für das Ei. Sie wärmten es, dieses letzte und einzige Ei, das unter seiner dicken Schale das nur noch schwach flackernde, von der Vernichtung bedrohte Lebensflämmchen barg.

Im Morgengrauen des 3. Juni legte ein Boot mit drei Ruderern am Eldey-Riff an. Die Männer sprangen an Land und schauten sich um. Schreiend flatterten aufgescheuchte Vögel umher. Achtlos die Nester zertretend, gingen die Männer am Ufer entlang. Gleichgültig blickten sie mit finsteren Gesichtern auf die zerstörten Hoffnungen der Vogelfamilien.

»Ich kann keine Pinguine entdecken, John!« sagte der eine.

»Ich habe es euch ja gesagt, hier gibt es keine. Sie sind alle auf Geyrfuglasker umgekommen. Ich habe mit eigenen Augen gesehen, wie die Insel zur Hölle gefahren ist.«[3]

Die Männer umgingen einen Felsen, hinter dem sich eine breite Untiefe verbarg.

Da schrie Sigurd Islefsson auf:

»Daß mich der Teufel hole wie Geyrfuglasker, da sind ja Pinguine!«

»Laßt sie nicht ins Meer entwischen, Leute!« rief der bärtige John Brandsson. Die drei Männer stürzten, einander beiseite stoßend, auf die beiden seltsamen Vögel zu, die in ratloser Verzweiflung ihre letzten unbeholfenen Schritte auf diesem gnadenlosen Planeten machten, um sich vor den drei brüllenden Vertretern des Homo sapiens in Sicherheit zu bringen.

John Brandsson packte den einen »Pinguin« vor einer Felswand, die der Vogel verzweifelt, doch vergeblich hinaufzuklettern versuchte. Sigurd Islefsson holte den anderen am Rand eines Felsvorsprungs ein, der

---

3) Nach einem Vulkanausbruch im Jahre 1830 verschwand Geyrfuglasker tatsächlich mitsamt den darauf lebenden Vögeln im Meer.

über einer Schlucht hing. Ketil Kentilsson, der dritte, ging leer aus. Er lief zurück zu der Stelle, an der sie die »Pinguine« zuerst erblickt hatten. Ein Pinguinei ließ sich ja auch zu Geld machen. Er fand es, doch seine Hoffnungen zerschlugen sich, als er das Ei sah: Es war zertreten.

Das also war das Ende der beiden letzten Riesenalken, der beiden letzten rechtmäßigen Träger des Namens »Pinguin«. Seit der Zeit hat niemand mehr in den Meeren des Nordens oder auf den Inseln der Alten Welt lebende »Pinguine« gesehen. In Amerika waren sie schon früher ausgestorben, irgendwann zwischen 1750 und 1800, und das 19. Jahrhundert hat wohl kein amerikanischer Riesenalk mehr erlebt.

Die Tragödie nahm ein recht prosaisches Ende. Als alle Alken ausgerottet waren, entsann man sich in Amerika dieser Vögel und beschloß, wenigstens aus dem noch Nutzen zu ziehen, was von ihnen zurückgeblieben war: aus dem Guano. Auf der Funk-Insel, unweit von Neufundland, wo früher Millionen von »Pinguinen« genistet hatten, fand man Vogelmist in großen Ablagerungen, den man abtransportierte und an Farmer verkaufte. Bei dem Abbau des Guanos fand man massenweise Knochen und sogar einige mumifizierte Kadaver von Riesenalken. Die wertvollen Funde wurden nach England geschickt, wo Professor Richard Owen die Kadaver untersuchte und eine umfangreiche Monographie über die Riesenalken schrieb. Sie erschien einundzwanzig Jahre nach dem Zeitpunkt, da auf dem Eldey-Riff das letzte Ei mit dem letzten Embryo dieser Vogelart zertrampelt worden war. Zwar berichtete der berühmte amerikanische Tiermaler und Ornithologe Audubon 1833, daß auf verschiedenen kleinen Inseln vor der Küste von Labrador noch Riesenalken nisteten, doch hatte er selbst nie welche gesehen. Wahrscheinlich waren seine Informationen falsch.

Die Ausrottung der Riesenalken endete mit einem phantastischen Triumph: Ihre Überreste sind heute wertvoller als Gold. Sammler zahlen für die Eierschale eines »ping-wing« bis zu sechshundert und für einen Balg bis zu zwanzigtausend Pfund Sterling!

Ende des vergangenen Jahrhunderts hat man ausgerechnet, daß in Museen in aller Welt und in Privatsammlungen nur noch 79 (nach anderen, weniger zuverlässigen Quellen 81) Bälge des Geyrfugl, zwei Dutzend vollständige Skelette, zwei in Spiritus konservierte Exemplare und

75 Eier erhalten geblieben sind. In dieser Aufstellung nicht enthalten sind die Knochen, die bei Ausgrabungen auf der Funk-Insel gefunden wurden.[4]

Wen würde es wundern, wenn sich herausstellte, daß einige dieser seltenen Exponate Fälschungen sind! Und die hat es tatsächlich gegeben. So wurde im Museum von Darmstadt lange Zeit und höchst sorgsam ein ausgestopfter Riesenalk aufbewahrt, das heißt, die Mitarbeiter des Museums waren überzeugt, daß es ein Riesenalk sei. Doch kam da nicht so ein Banause auf die Idee, dies zu überprüfen! Sorgfältig untersuchte der Skeptiker eine Feder nach der anderen, doch von jenem Vogel, dessen Name so lange Zeit stolz an dem Ausstellungsstück geprangt hatte, fand er keine einzige. Die Federn stammen zwar von Alken, aber nicht von flugunfähigen, sondern von gewöhnlichen, die auch heute noch in großer Zahl über den Meeren des Nordens umherfliegen. Lediglich der Schädel war echt, er stammte von einem Riesenalk. Wahrscheinlich hatte man ihn in einem Guanoklumpen gefunden und ihn nachträglich höchst kunstgerecht mit Federn ausgestattet.

Die traurige Geschichte der Dronten

1506 oder 1507 entdeckte der Portugiese Pedro Mascarenhas im Indischen Ozean eine Inselgruppe, die später seinen Namen erhielt. Die Maskarenen stellten einen geeigneten Umschlagplatz auf dem Weg nach Indien dar und wurden sehr bald von Scharen von Abenteurern heimgesucht wie von Heuschreckenschwärmen. Hier machten Schiffsbesatzungen, um ihren Proviant aufzufüllen, in den Wäldern des Archipels Jagd auf alles, was lebte. Zuerst landeten alle Riesenschildkröten in den Mägen hungriger Matrosen. (Allein von der Insel Rodriguez wurden in weniger als anderthalb Jahren einmal dreißigtausend Riesenschildkröten ausgeführt.) Danach kamen die Dronten an die Reihe.

---

4) Max Schönwetter, ein bekannter Kenner von Vogeleiern, schreibt in dem 1963 erschienenen »Handbuch der Oologie«, daß bei Sammlern und in Museen noch 128 Eier von Riesenalken erhalten seien, von denen jedes einen Schätzwert von sechstausend Goldmark besitze.

Die Portugiesen nannten sie »Dodo« (d. h. Einfaltspinsel, Trottel) und die Holländer, die nach ihnen auf die Insel kamen, »Dronten«. Immer wieder waren diese phantastischen Vögel, die fett und plump aussahen wie gemästete Kapaune und wie Tölpel wirkten, Zielscheibe ihres Spottes. Die schutzlosen Tiere watschelten schwerfällig hin und her, schwangen hilflos ihre armseligen Flügelstümpfe und versuchten vergeblich, sich vor den Menschen durch Flucht in Sicherheit zu bringen.

Die Laderäume der Schiffe füllten sich mit lebenden und toten Dronten. Holländische Siedler führten Hausschweine, Katzen und Makaken auf den Maskarenen ein, und diese Tiere waren nicht weniger eifrig als die Menschen, wenn es darum ging, Eier und Jungtiere der Dronten zu vernichten. Mit vereinten Kräften hatten sie es dann auch gegen Ende des 18. Jahrhunderts geschafft: Die Dronten waren ausgerottet. Ein paar klägliche Skelette in den Museen, ihre Darstellungen auf Bildern holländischer Maler und die englische Redensart »tot wie die Dronte« (»dead as the Dodo«) – das ist alles, was heute noch an diese eigenartigen Vögel erinnert.

Die Zoologen konnten über die Dronten nicht viel in Erfahrung bringen. Diese massigen, fetten, plumpen Vögel – etwas größer als Truthähne – wogen achtzehn bis zwanzig Kilogramm und waren vermutlich

Ein paar Skelette in Museen, einige »Porträts« holländischer Maler und Karikaturisten und die englische Redensart »dead as the Dodo« sind alles, was noch an diese einst auf den Maskarenen vorkommenden Vögel erinnert, die von den Europäern gleichfalls schon vor Jahrhunderten ausgerottet wurden

entartete Tauben. Den kahlen Kopf der Dronte zierte ein kräftiger ha-kenförmiger Schnabel, und anstelle des Schwanzes und der Flügel be-saß sie abstehende kleine Federbüschel.

Auf den drei Inseln des Maskarenen-Archipels – Mauritius, Réunion und Rodriguez – lebten vermutlich drei verschiedene Drontenarten. Die Mauritius-Dronte – der dunkle Dodo – hat den Zoologen ein wert-volles Erbe hinterlassen: mehrere Knochen, einen Fuß, einen Schnabel (oder zwei Füße und zwei Schnäbel?), nicht mitgerechnet Dutzende von

Zeichnungen und Bildern, auf denen sie mehr oder weniger meisterhaft dargestellt wird. Im Jahre 1599 brachte Admiral van Neck die erste lebende Dronte nach Europa. In der Heimat des Admirals, in Holland, erregte der Vogel großes Aufsehen, und man konnte ihn nicht genug bestaunen. Von besonderem Interesse für Künstler war sein geradezu groteskes Aussehen. Pieter-Holstein, Hufnagel, Franz Franke und viele andere berühmte Maler widmeten sich der »Drontenmalerei«. Wie es heißt, wurde die gefangene Dronte zu dieser Zeit mehr als vierzehnmal »porträtiert«.

Das zweite Exemplar kam ein halbes Jahrhundert später, nämlich 1638, nach Europa. Dem Vogel oder, besser gesagt, dem ausgestopften Tier widerfuhr so mancherlei. Zunächst wurde die lebende Dronte nach London gebracht und jedem gezeigt, der einen Obolus zu entrichten bereit war. Als der Vogel starb, wurde er mit Stroh ausgestopft und gelangte später aus einer Privatsammlung in ein Oxforder Museum, wo er ein ganzes Jahrhundert lang in einer staubigen Ecke zubrachte. Im Winter des Jahres 1755 begann der Kustos mit einer Generalinventarisierung der Exponate. Lange und verständnislos betrachtete er den von Motten zerfressenen Balg dieses surrealistischen Vogels mit der unsinnigen Bezeichnung »Ark« (Arche?) und ordnete an, ihn in den Müll zu werfen.

Glücklicherweise kam jemand des Wegs, der sich besser auskannte. Erstaunt ob des unerwarteten Glücks zog er aus dem Müll den hakennäsigen Kopf der Dronte und ihren plumpen Fuß hervor — mehr war von ihr nicht übriggeblieben — und eilte mit seinem wertvollen Fund zu einem Antiquitätenhändler. Kopf und Fuß wurden später, diesmal mit allen Ehren, wieder ins Museum aufgenommen. Dies seien die einzigen Überreste, die von dem einzigen Balg dieser drachenartigen »Taube« erhalten sind, schreibt Willy Ley, ein Kenner der traurigen Geschichte der Dronten. Doch Dr. James Grinway aus Cambridge vertritt in seiner ausgezeichneten Monographie über ausgestorbene Vögel die Ansicht, daß im Britischen Museum noch ein Bein und in Kopenhagen noch ein Kopf aufbewahrt werden, die ohne Zweifel dem von der Insel Mauritius lebend eingeführten Dodo gehörten.

Die letzte Dronte wurde auf Mauritius im Jahre 1681 gesehen. Hundert Jahre später hatten die Bewohner der Insel bereits vergessen, daß die Wälder ihrer Heimat einst von solchen schwergewichtigen Kapaunen bewohnt wurden. Als Ende des 18. Jahrhunderts Naturforscher auf den Spuren der Dronten nach Mauritius kamen, antwortete man auf ihre Fragen stets nur mit einem ungläubigen Kopfschütteln.

»Nein, Sir, solche Vögel hat es bei uns nie gegeben«, sagten Hirten und Bauern.

Enttäuscht mußten die Forscher unverrichteterdinge heimkehren. Doch J. Clark, der den Überlieferungen keinen Glauben schenkte, setzte die Suche nach den vergessenen Kapaunen unverdrossen fort. Er kroch zwischen Bergen und in Sümpfen umher, grub Erdreich um, wühlte in Staubhalden an Flußböschungen und in Schluchten. Beharrlichkeit führt zum Ziel, wie man so sagt. In einem Sumpf stieß Clark auf die kräftigen Knochen eines großen Vogels. Richard Owen unterzog sie einer eingehenden Untersuchung und wies nach, daß sie von Dronten stammten. Er bestätigte auch, was vor ihm der Deutsche Reinhardt festgestellt hatte: Bei den Dronten handelte es sich ohne Zweifel um Verwandte der Tauben. (Einige Forscher behaupteten übrigens, daß sie nicht mit Tauben, sondern mit Rallen verwandt seien.)

Ende des vergangenen Jahrhunderts ordnete die Regierung der Insel Mauritius an, gründlichere Ausgrabungen in dem von Clark entdeckten Sumpf vorzunehmen. Viele Drontenknochen und sogar mehrere vollständige Skelette kamen dabei zutage. In einigen Museen der Welt gehören sie jetzt zu den wertvollsten Exponaten.

Die benachbarte Insel Réunion wurde durch die weißen Dronten berühmt, die ihre dunklen Schwestern um mehr als ein halbes Jahrhundert überlebten. Die letzte weiße Dronte wurde vermutlich im Jahre 1750 getötet.

Die Dronten von Réunion unterschieden sich nur wenig von denen der Insel Mauritius, doch sahen sie viel heller, fast weiß aus. Weil sie einen großen Teil ihres Lebens in Einsamkeit verbrachten, nannte man sie Einsiedler-Dronten.

»Einsiedler« wurden auch jene Dronten genannt, die – wie einige Forscher meinen – einer anderen Art, ja sogar einer anderen Gattung angehörten und einst auf der kleinen Rodriguez-Insel lebten. Ihre Flügel (oder richtiger: das Rudiment von Flügeln) waren länger als die der anderen Dronten. An ihren Spitzen baumelten seltsame runde Knochengebilde, je eines an jedem Flügel, herab, die die Größe einer Musketenkugel hatten. Mit diesen »Kugeln« konnten die Dronten einander wie mit Schlagringen bekämpfen und sich zum Beispiel auch vor Hunden schützen. Zudem konnten die gefiederten Einsiedler kräftig beißen, besaßen sie doch große hakenförmige und scharfe Schnäbel. Ganz wehrlos waren sie also nicht. Furchterregend wie ein Raubtier sahen sie aus, gar nicht wie Pflanzenfresser. Doch ernährten sie sich nur von Blättern, Früchten und Baumsamen.

Nichtsdestoweniger erlangten sie auch in der Astronomie Berühmtheit. Nach den Dronten von Rodriguez wurde ein Sternbild benannt. Im Juni des Jahres 1761 verbrachte der französische Astronom Pingré einige Zeit auf dieser Insel, um das seltene Ereignis eines Venusdurchgangs vor der Sonne zu beobachten. Fünf Jahre später gab sein Kollege Le Monier zur Erinnerung an den Aufenthalt seines Freundes auf der Rodriguez-Insel und zu Ehren des auf dieser Insel beheimateten Vogels der von ihm zwischen dem Sternbild der Schlange und dem des Skorpions entdeckten neuen Sterngruppe den Namen »Einsiedler«. Da er das Sternbild nach altem Brauch mit einem Symbol auf der Karte eintragen wollte, zog er die damals in Frankreich populäre Brissonsche »Ornithologia« zu Rate. Er konnte nicht wissen, daß Brisson die Dronten gar nicht in sein Werk aufgenommen hatte, und so zeichnete er, als er einen Vogel namens Solitarius (Einsiedler) darin fand, im guten Glauben jenes Tier ab: Anstelle eines imposanten Dodo wurde das neue Sternbild auf der Sternenkarte nun durch die nicht sonderlich bemerkenswerte Blaumerle Monticola solitarius symbolisiert, die in Südeuropa und in verschiedenen Gegenden der Sowjetunion heute noch vorkommt. Die Dronten waren also auch in dieser Hinsicht vom Pech verfolgt.

Außer den genannten drei Dronten beschrieben die Forschungsreisenden und Naturforscher der Vergangenheit weitere Arten. Doch die Zoologen sind heute nach langem Hin und Her zu dem Schluß gekommen, daß diese Dronten lediglich Ergebnisse von Mißverständnissen sind. Sie haben in Wirklichkeit niemals existiert.

So gab der französische Seefahrer François Leguat, der Ende des 17. Jahrhunderts die Maskarenen besuchte, der Welt Kunde vom »Soli-

taire« (Einsiedler) der Rodriguez-Insel und von einer mysteriösen Rie-
sendronte. Diese sei, so behauptete Leguat, sechs Fuß groß und habe
ein rosafarbenes Gefieder! Wie man heute meint, hat Leguat ganz ge-
wöhnliche Flamingos, die heute auch nicht mehr auf diesen Inseln leben, für Riesendronten gehalten.

Zwei weitere Pseudododos verdankten ihre Existenz dem Umstand,
daß die verschiedenen Namen, mit denen niederländische Einwanderer
die Dronten bezeichneten, falsch übersetzt wurden.

Die letzte Dronte wurde Ende des 18. Jahrhunderts auf Rodriguez getötet. Das aufgeklärte 19. Jahrhundert hat keiner dieser »unwahrscheinlichen« Vögel mehr erlebt.

Moas – Riesenstrauße

Seltsame Dinge gibt es in Neuseeland zu sehen! Hier findet man noch die sonst überall verschwundenen prähistorischen Farnwälder, ein Relikt aus der Steinkohlenzeit. Von den Bergen kriechen Gletscher bis in Täler mit Geiserfontänen herab. Auf den beiden Inseln gibt es weder Raubtiere noch Säugetiere. Es ist das ungeteilte Reich der Vögel.

Viele Arten von neuseeländischen Vögeln haben in der langen Geschichte ihrer ungestörten Existenz die Fähigkeit zum Fliegen eingebüßt und besitzen keine oder nur noch rudimentäre Flügel. Wozu auch, da sie in ihrer Heimat keine Raubtiere zu fürchten hatten!

In den Bergen und auf den Ebenen von Neuseeland leben die Kiwis, deren Federn wie Haare sind, und die Maorihühner, unter anderem die Wekaralle, die ebensowenig fliegen kann wie eine Schildkröte. Sogar stummelflügelige Kraniche gab es hier, und auch heute noch trifft man den seltsamen Eulenpapagei, den Kakapo, an, der sich tagsüber in Höhlen verbirgt und nur nachts hervorkommt. Der Kakapo hat zwar Flügel, doch nutzen sie ihm nichts – es fehlen ihm der Kiel des Brustbeins und die zum Fliegen notwendigen Muskeln. Deshalb kann der Eulenpapagei bestenfalls von oben nach unten gleitend fliegen.

Die eigentümlichsten neuseeländischen Vögel waren freilich die Moas, gewaltige flügellose Riesenvögel, die sich täppisch auf massigen »Elefantenbeinen« vorwärts bewegten.

Seit 1840 haben die Gelehrten an Hand von ausgegrabenen Überresten rund zwanzig Arten dieser flügellosen neuseeländischen Strauße beschrieben. Manche Moas waren nur so groß wie Schnepfen, andere wieder konnten sich mit Elefanten messen. Es gab Moas von fast vier Meter Höhe und dem Gewicht eines Pferdes – über dreihundert Kilogramm!

1839 wurde erstmals ein Knochen dieses Riesenvogels gefunden. Anfangs dachte man, es handle sich um einen Rinderknochen. Das Fundstück wurde nach England gebracht, und dort wies der Paläontologe Richard Owen nach, daß der Knochen von einem ungeheuer großen Vogel stammte. Richard Owen widmete dem Studium der Großvögel fünfundvierzig Jahre seines Lebens. Drei Jahre lang – von 1847 bis 1850 – sammelte Walter Mantell, ein unermüdlicher Erforscher der eigenartigen neuseeländischen Tierwelt, für ihn mehr als tausend Knochen von Moas und eine Menge Schalen von Eiern, die so groß waren wie ein Eimer. Owen untersuchte die Knochen und die Eierschalen, beschrieb eine Vielzahl von Moa-Arten und stellte mehrere Skelette dieser Riesenvögel für Museen zusammen.

Auch jetzt werden in Neuseeland noch gut erhaltene Skelette von Moas, zuweilen auch ganze »Lagerstätten« riesiger Knochen gefunden – gewissermaßen Friedhöfe dieser märchenhaften Riesen. Um die Knochen herum liegen gewöhnlich kleine Häufchen abgerundeter Steinchen: der Mageninhalt des betreffenden Moas. Ebenso wie unsere Hühner pickten die Moas nämlich Steinchen auf und verschluckten sie. Im Magen der Tiere zerrieben sie wie Mühlsteine die gefressenen Körner. In Neuseeland werden nicht nur Knochen von Moas, sondern auch Federn mit Muskel- und Hautfetzen sowie Sehnen, ja selbst Eier mit Embryos gefunden!

Im vergangenen Jahrhundert machten von Zeit zu Zeit Augenzeugen von sich reden, die mit eigenen Augen lebende Moas gesehen haben wollten. So wurde zum Beispiel von Robbenfängern berichtet, die ihr Lager auf der Südinsel an der Cookstraße aufgeschlagen hatten und eines Tages von rätselhaften, vier bis fünf Meter großen Tieren aufgeschreckt wurden, die aus dem Wald zur Küste kamen.

Ein andermal, und zwar im Jahre 1860, bemerkten Landvermesser die Spuren riesiger Vögel; sie waren sechsunddreißig Zentimeter lang, siebenundzwanzig Zentimeter breit und verloren sich im Dickicht zwischen Felsen. Nun gibt es in dieser Gegend viele Kalksteinhöhlen, und so glaubten die Landvermesser, die letzten Moas hielten sich dort verborgen.

Das gibt einigen optimistischen Zoologen Grund zu der Hoffnung, in den Bergwäldern Neuseelands eines Tages doch noch diese Riesenvögel zu finden, aber bisher blieben alle Bemühungen ohne Erfolg. Die Spuren der Moas sind heute nicht im Dickicht von Wäldern, sondern in der

Erde zu suchen: Diese Tiere sind ausgestorben, allerdings erst in jüngster Zeit. Bei den Maori gibt es einige alte Männer, die berichten, sie hätten noch in ihrer Jugend an Jagden auf Moas teilgenommen. Bei den Maori ist auch noch die Erinnerung wach an jene sagenhaften Zeiten, da Rebhühner so groß gewesen wären wie Pferde. Man erzählt sich, der letzte Moa verberge sich auf dem Bakapunaka-Berg. Er lebe von Luft, und zwei Riesenechsen bewachen ihn – leider ist das eine Sage.

Dreizehn Flaschen Rum in einer Eierschale

Erstaunlicherweise finden wir Riesenstrauße auch auf der anderen Seite der Erdkugel, auf der Tausende von Meilen von Neuseeland entfernten Insel Madagaskar, wieder.

Zu den ersten Nichtafrikanern, die die Tierwelt dieser eigentümlichen Insel kennenlernten, gehörten Araber. Auf Madagaskar wurde ein Fabeltier der arabischen Märchen geboren – in den Wäldern eben – dieser Insel lebten jene Riesenvögel, die das Urbild des Vogels Roch darstellten.

So manche Wunderdinge hat Sindbad der Seefahrer, der Held der arabischen »Märchen aus Tausendundeiner Nacht«, gesehen! Ungeheuerlichen Schlangen und Affen begegnete er und dem Vogel Roch.

Was war das für ein riesiger Vogel! Erhob er sich in die Lüfte, verdeckte er die Sonne. In seinen Fängen konnte er einen Elefanten fortschleppen, ja sogar ein Einhorn, auf dessen Horn drei Elefanten aufgespießt waren!

Auf einer südlichen Insel fand Sindbad sogar ein Ei des Vogels Roch – einen Berg von einem Ei!

»Nach einer Weile aber fielen meine gierigen Blicke weit in die Ferne, im Innern der Insel, auf etwas Weißes ...«, erzählte der Münchhausen des Orients, »... es war eine riesenhafte weiße Kuppel, die sich hoch in die Luft erhob. Ich ging ganz um sie herum, ... denn ich wollte den Umfang messen, und siehe, es waren fünfzig gute Schritte ...

Siehe, da wurde plötzlich das Sonnenlicht von mir abgeschnitten, und die Luft wurde dunkel und finster ... so daß ich staunend den Kopf hob und scharf gen Himmel spähte; und endlich sah ich, daß die Wolke nichts anderes war als ein ungeheurer Vogel von riesenhaftem Leibesumfang und unermeßlicher Flügelweite; und während er dahinflog durch die Luft, verhüllte er die Sonne und verbarg sie der Insel ...

Der Vogel setzte sich auf die Kuppel, bedeckte sie mit den Flügeln und brütete darauf; seine Beine aber streckte er hinter sich bis auf den Boden; in dieser Haltung schlief er ein (Ruhm aber sei Ihm, der nimmer schläft!).«

Im 13. Jahrhundert begegnete der berühmte venezianische Reisende Marco Polo dem Vogel Roch. Auf der nach seinen Beschreibungen angefertigten Karte fand sich sogar die Eintragung »Insel des Vogels Roch«.

Über die Tierwelt von Madagaskar weiß Marco Polo erstaunliche Dinge zu berichten:

»Es gibt verschiedenartige Vögel, und sie sind den unsrigen nicht im mindesten gleich, so eigentümlich sind sie!

... Dort lebt der Vogel Greif. Freilich ist er anders anzusehen, als man bei uns glaubt und als man ihn darstellt; bei uns heißt es, der Greif sei zur Hälfte Vogel, zur Hälfte Löwe. Doch dies ist nicht wahr. Diejenigen, die ihn gesehen haben, berichten, er sehe einem Adler gleich, nur sei er unerhört groß ... Der Greif ist von gewaltiger Kraft und Größe. Einen Elefanten packt er, trägt ihn hoch in die Lüfte, läßt ihn fallen, so

Manche der auf Neuseeland lebenden Moas erreichten die Höhe eines Elefanten. Auch sie sind leider längst »tot wie die Dronte«

27

daß er zerschmettert wird, zerhackt ihn mit dem Schnabel und frißt ihn auf. Wer den Greif gesehen hat, berichtet ferner, seine Schwingen seien dreißig Schritt lang, die Federn allein seien schon zwölf Schritt lang und stark.

... Vom Greif ist noch zu vermerken, daß er auf den Inseln Roch genannt wird.«

Marco Polo berichtet weiter, der Mongolenkhan Kublai, bei dem er zu Gast gewesen war, habe von einem Riesenvogel namens Roch gehört, der fern von seinem Reich lebte. Der Khan schickte zuverlässige Leute aus, die Genaueres über den rätselhaften Vogel in Erfahrung bringen sollten. Diese Kundschafter fanden die Heimat des Vogels Roch – die Insel Madagaskar. Den Vogel selbst bekamen sie zwar nicht zu Gesicht, doch brachten sie eine Feder von ihm; sie war neunzig Spannen lang.[5]

Die Kundschafter des Khans hatten die Heimat des Vogels Roch genau angegeben. Begeben wir uns also nach Madagaskar, um in den Wäldern der Insel nach dem legendären Vogel zu suchen.

In der Vergangenheit haben Zoologen eine solche Reise schon vor uns unternommen. Zum erstenmal erfuhr man in Europa nicht nur von sagenhaften, sondern von lebenden Riesenvögeln – den »Madagaskarstraußen« oder Worompatras, und zwar aus der »Geschichte der großen Insel Madagaskar« des französischen Admirals Flacourt, die Mitte des 17. Jahrhunderts erschien. Doch erst zweihundert Jahre später wurden Eier und Knochen dieses Vogels gefunden: Im Jahre 1832 entdeckte ein französischer Naturforscher auf Madagaskar die Schale eines Rieseneis, das sechsmal so groß wie ein gewöhnliches Straußenei war.

Um Rum einzuhandeln, kamen später Madagassen auf die Insel Mauritius. Anstelle von Fässern führten sie die Schalen von riesigen Eiern mit – eine jede faßte dreizehn Flaschen Rum!

---

5) Forscher der Gegenwart sind allerdings der Ansicht, daß die Kundschafter keine Vogelfeder, sondern ein Blatt der auf Madagaskar wachsenden Palme Sagus ruffia mitgebracht hätten. Diese Palme hat einen fünfzehn Meter hohen Stamm und sieben oder acht riesige, von der Spitze herabhängende Blätter, die Ähnlichkeit mit Vogelfedern haben.

Riesenstrauß Aepyornis

Schließlich fand man auch Knochen jenes sagenhaften Vogels, die 1851 in einem Pariser Museum landeten. Der berühmte französische Gelehrte Isidore Geoffroy Saint-Hilaire untersuchte diese Knochen und gab an Hand derer eine wissenschaftliche Beschreibung dieses Vogels ab. Er bezeichnete ihn als Aepyornis, als den »allergrößten Vogel«.

An dieser Stelle muß ich den Leser allerdings ein wenig enttäuschen. Es stellte sich nämlich heraus, daß der Riesenvogel von Madagaskar bei weitem nicht so riesenhaft war, wie die alten Sagen zu berichten wußten. Zwar hatte er etwa die Größe eines Elefanten, doch einen Elefanten in seinen Fängen wegtragen konnte er nicht. Geoffroy Saint-Hilaire nahm an, daß einige dieser Riesenvögel fünf Meter maßen. Er hat sich aber wohl getäuscht. Aepyornithidae von drei Meter Größe waren allerdings keine Seltenheit; das entspräche der Durchschnittsgröße eines Elefanten, und solch ein Vogel wog fast eine halbe Tonne!

Sollte Saint-Hilaire recht haben, so würden diese Vögel neben den Giraffen zu den größten Tieren der Welt gehören und an Körperhöhe den Elefanten, ja das oligozäne Nashorn Baluchitherium (Paraceratherium) übertroffen haben, das allgemein als größtes Landsäugetier gilt. Nur der Brachiosaurier, der vor hundert Millionen Jahren die Seen Afrikas bewohnte, war größer. Bis zum Widerrist betrug seine Rumpfhöhe fast sechs Meter, und wenn er den Hals streckte, befand sich der Kopf zwölf Meter über dem Erdboden.

Fliegen konnte der Madagaskarstrauß allerdings nicht; anstelle der Flügel hatte er verkümmerte Stümpfe. Auf dicken, massigen Beinen bewegte er sich vorwärts. Der Kopf war klein, und der Hals war schlangenartig.

Ein solcher Vogel wog kaum weniger als ein Rind, und die Eier, die er legte, waren so groß wie ein kleines Faß. Man findet sie manchmal im Torf der Sümpfe auf Madagaskar. Jedes von ihnen faßt neun Liter, das entspricht dem Inhalt von 184 Hühnereiern! Jemand hat sich den Spaß gemacht und ausgerechnet, daß man aus einem einzigen Ei Rührei für fast hundert Menschen zubereiten und mit den Eiern eines Geleges zweitausend Menschen beköstigen könnte.

Bis Mitte des vergangenen Jahrhunderts behaupteten die Madagassen, daß in den entlegensten Winkeln der Insel noch »Elefantenvögel« lebten, und noch 1860 hörten Missionare aus waldigen Sumpfgebieten her das dumpfe Trompeten dieser geheimnisvollen Vögel. Heute sind die Madagaskarstrauße völlig ausgestorben.

Wer wohl mag in kaum zugänglichen Sümpfen binnen so kurzer Zeit die ganze Welt jener Riesenvögel ausgerottet haben? Die Madagassen stellten wahrscheinlich dem Riesenstrauß nicht nach. Am Aussterben dieser wohl eigenartigsten Vögel, die die Erde je gekannt hat, sind die Europäer schuld, die als Eroberer auf die Insel kamen. Sie vernichteten neun Zehntel des Waldbestandes. Zusammen mit dem Urwald verschwanden auch die Riesenvögel, die inmitten der unberührten, undurchdringlichen Sümpfe gelebt hatten.

Strauße aus Odessa

Vor einiger Zeit, sagen wir: vor etwa einer Million Jahren gab es für Strauße offenbar günstigere Lebensbedingungen. Sie waren damals in Indien, in China, ja selbst in Südeuropa zu finden. Jetzt leben sie, d. h. die echten afrikanischen Strauße nur noch in Afrika und vielleicht in wenigen Exemplaren noch im Süden der Arabischen Halbinsel. Ferner gibt es in Südamerika eine straußenähnliche Art – den Nandu –, und in Australien finden wir den Emu und den Kasuar.

Im Jahre 1916 wurde bei Odessa ein großer alter, schwarz gewordener Vogelknochen ausgegraben. Fachleute untersuchten ihn sorgfältig und

Strauße haben einst auch in der Ukraine gelebt

	Anzahl der Arten und Unterarten
Völlig ausgerottete Vögel	107
Wahrscheinlich ausgerottete Vögel	19
In den letzten dreihundert Jahren ausgestorbene Vögel, deren Existenz noch nicht durch Fachleute bestätigt wurde	27
Sehr seltene Arten, die auszusterben drohen und die des Schutzes bedürfen	312

stellten fest, daß es sich um den Beinknochen eines Straußes handelte. Der Strauß selber hatte vor etwa zehn Millionen Jahren hier gelebt und wurde nun Struthio novorossicus, d. h. Neurussischer Strauß, genannt.

Auch an anderen Stellen in der Odessaer Gegend fand man fossile Überreste von Straußen, in der Nähe von Cherson sogar ein Straußenei. Offensichtlich waren diese Vögel zu jener Zeit im Süden der Ukraine und auf der Krim keine Seltenheit, sie sind aber schon in phähistorischer Zeit ausgestorben. Der Mensch hat daran keine Schuld.

Mehr als hundert andere Vogelarten sind aber zweifellos unter unmittelbarer Einwirkung des Menschen vom Erdboden verschwunden. Nachstehende Tabelle mag veranschaulichen, wie viele Vögel ausgestorben sind oder von der Vernichtung bedroht werden.

Diese Zahlen sind der Monographie von James Grinway entnommen, die 1958 in New York erschien. Bei anderen Forschern findet man andere Zahlen. Unterschiedlich sind jedoch nur deren zwei letzte Stellen, die Größenordnung ist gleich. Die Existenz jener Vögel, von denen weder Knochen noch Federn erhalten geblieben sind, die jedoch von Forschungsreisenden und Naturforschern früherer Zeiten beschrieben wurden, wird von manchen Zoologen angezweifelt, während andere dagegen keine Zweifel hegen und diese Vögel bei ihren Aufstellungen berücksichtigen. Ferner besteht in manchen Fällen keine Gewißheit darüber, ob einige der in der letzten Rubrik in obiger Tabelle mit enthaltenen Vögel bereits ausgestorben sind oder nicht. Auch ist man sich nicht einig über die Einteilung in Arten, Unterarten oder Familien, und so erklären sich die Unterschiede in den Aufstellungen.

Geschichte der Entdeckung und des Aussterbens so vieler Vögel weist weder große Namen noch dramatische Ereignisse auf. Die Entdeckung bisher unbekannter Vögel fand keine große Beachtung beim breiten Publikum, und noch weniger wurde von ihrem Verschwinden Notiz genommen. Eigentlich gäbe es also jetzt gar nichts über sie zu berichten, ausgenommen vielleicht die nordamerikanischen Wandertauben. Von all den Tragödien, die sich in der Natur unter Beteiligung des Menschen abgespielt haben, muß uns die Ausrottung der Wandertauben wohl am meisten erschüttern.

Sonnenfinsternis, von Tauben verursacht

Erzählungen über Wandertauben lesen sich wie ein phantastischer Roman. Diese Vögel tauchten am Himmel in so dichten Schwärmen auf, daß die Sonne buchstäblich nicht mehr zu sehen war. Es wurde schummrig wie während einer Sonnenfinsternis, von Horizont zu Horizont sah man nichts als fliegende Tauben, Vogelmist fiel wie Schnee vom Himmel, und das pausenlose Rauschen der Flügel klang wie das Brausen des Sturmwindes. Stunden vergingen, doch immer noch flogen die Wandertauben, und das Ende des Schwarms war ebensowenig zu erkennen wie sein Anfang. Weder Schreie noch Gewehr- oder Kanonenschüsse konnten die wie Heuschrecken zahlreichen Scharen von ihrem Kurs abbringen.

Der amerikanische Ornithologe Wilson behauptet, einen Taubenschwarm gesehen zu haben, der vier Stunden über ihm hinweggeflogen sei, eine Länge von 360 Kilometern hatte und nach seinen Berechnungen aus mehreren hundert Millionen Vögeln bestanden habe.

Audubon, ein anderer Ornithologe, berichtete von einem Schwarm von über einer Milliarde Wandertauben. Das sind mehr, als zum Beispiel in Finnland Landvögel leben.

Weitere Berechnungen ergeben noch erstaunlichere Zahlen. Gesetzt den Fall, jede Taube wiegt etwa zweihundert Gramm, so hat ein solcher Schwarm insgesamt ein Gewicht von rund einer halben Million Tonnen! An einem Tag verschlang diese gefräßige Vogelarmee 617 000 Kubikmeter verschiedenartigen Futters. »Dies ist mehr als die Tagesration der Soldaten aller kriegführenden Staaten gegen Ende des zweiten Weltkrieges!« schreibt der britische Naturforscher Frank Lane.

Wie war es möglich, eine so unwahrscheinlich große Zahl von Vögeln binnen kurzem auszurotten? Das Schicksal der Wandertauben zeigt uns, daß dies möglich ist, wenn mit entsprechenden Mitteln ans Werk gegangen wird.

Die Wandertauben wurden mit allen zur Verfügung stehenden Mitteln vernichtet. Mit Karabinern, Jagdflinten, Pistolen und Musketen aller Systeme und Kaliber schoß man auf sie. Sogar Töpfe mit Schwefel kamen zum Einsatz, die man unter den Bäumen, auf denen die Tauben übernachteten, in Brand setzte. Mit Netzen, mit Knüppeln und mit Steinen wurde auf die Vögel Jagd gemacht. Die Taubenschwärme waren so dicht und flogen zuweilen so niedrig, daß die Kolonisten mit langen Stangen und die Fischer mit ihren Rudern auf die wehrlosen Tiere einschlugen.

Kein Gegenstand, der in die Luft geworfen wurde, fiel auf den Erdboden zurück, ohne daß wenigstens ein oder zwei Tauben getroffen worden wären. Wie berichtet wird, nahmen Landarbeiter einfach ihre Scheren, die sie zur Schafschur verwendeten, um damit Tauben zu töten. Hunde sprangen von Anhöhen aus in die Luft und schnappten sich fliegende Tauben aus der Luft. Die unglaublichsten Dinge werden einem da berichtet …

Flogen die Tauben über ein Fort hinweg, so luden die Soldaten die Kanonen mit Schrot und erlegten Hunderte von Vögeln. Mitte des 19. Jahrhunderts beschrieb einmal ein amerikanischer Schriftsteller, wie ein großer Taubenschwarm über Toronto hinwegflog. Während jener drei oder vier Tage erzitterten die Wände von der pausenlosen Schießerei, als lieferten die Einwohner einem Feind regelrechte Straßenschlachten. Alle Geschäfte, alle Behörden waren geschlossen. Die Menschen gingen mit allen zur Verfügung stehenden Flinten, Pistolen und Musketen auf den Dächern in Stellung. Selbst ehrbare Mitglieder der Stadtverwaltung, Advokaten, solide Geschäftsleute, ja sogar der Sheriff der Grafschaft beteiligten sich an dem »amüsanten« Sport – der Jagd auf unschuldige Vögel.

Die Wandertauben ernährten sich von Eicheln, Kastanien, Buchekkern und anderen Baumfrüchten, die ihnen die unberührten Wälder

Nordamerikas in Hülle und Fülle boten. Sie wechselten häufig ihre Futterplätze, doch zur Nacht kamen sie gewöhnlich zum selben Ort zurück, wo sie schon ungeduldig erwartet wurden. Aus der ganzen Umgebung waren die Mörderbanden herbeigeeilt.

Audubon erwähnt ein Waldstück, wo Tauben zu übernachten pflegten, das fast fünf Kilometer breit und rund 65 Kilometer lang war. Die Tauben hatten sich noch nicht eingefunden, als die Jäger schon Stellung bezogen. Auf Fuhrwerken brachten sie Fässer zum Einpökeln der Beute sowie andere Gerätschaften mit, und zwei Farmer hatten aus mehr als hundert Meilen Entfernung ihre Schweineherden herangetrieben, um sie mit Taubenfleisch zu mästen.

Als die Sonne unterging, tauchte am Horizont eine dunkle Wolke auf – die Wandertauben. Schnell kamen diese näher. Tausende fielen schon den ersten Schüssen zum Opfer. Doch immer neue Scharen von Vögeln trafen ein. Alle Bäume waren schließlich besetzt, kein einziges freies Zweiglein gab es mehr im ganzen Wald, auf einigen Ästen hockten die Vögel in mehreren Schichten, einer auf dem Rücken des anderen.

Die Luft dröhnte vom pausenlosen Schießen, vom Krachen der Bäume, die unter der Last der Tauben niederbrachen, vom Rauschen von Millionen Flügeln. In diesem Höllenlärm verstand man sein eigenes Wort nicht mehr, selbst Gewehrschüsse hörte man nicht, man sah nur das Mündungsfeuer. Die ganze Nacht dauerte das Gemetzel an. Gegen Morgen lagen unter den Bäumen ganze Berge von getöteten und sterbenden Vögeln.

Verächtlich blickten die Europäer auf die Gesetze der »unwissenden« Indianer herab, die die Jagd auf Vögel während der Brutzeit verboten. Zu Millionen töteten sie nistende Tauben. Allein im Staate Michigan erstreckte sich 1878 die Nistkolonie der Tauben über ein Waldgebiet von 15 × 57 Kilometern, das Areal in Kentucky war sogar doppelt so groß. Zuweilen befanden sich auf einem einzigen Baum bis zu hundert Nester, und oft kam es vor, daß die Äste unter der Last der schnell wachsenden Jungvögel brachen.

Waren die jungen Tauben groß genug, um verspeist zu werden, so kamen die Farmer von überall herbei. Sie kamen mit ihren Familien, mit ihren Arbeitern, und sie trieben auch ihre Schweineherden mit. Die

Bäume, auf denen die Vögel nisteten, wurden einfach gefällt und die noch nackten Jungvögel mit Knüppeln erschlagen.

Damals gab es in den USA viele Tausende von Jägern, die berufsmäßig auf Tauben Jagd machten und für damalige Zeiten sagenhafte Summen verdienten – 10 Pfund Sterling am Tag! Ihr »Geschäft« war in großem Stil aufgezogen. Ein Netz von Agenten gab ihnen telegrafisch Bescheid, wo neue Taubenschwärme aufgetaucht waren, wo sie übernachteten und in welche Richtung sie flogen. Dorthin eilten auch die Jäger.

Seit es mehr und bessere Eisenbahnverbindungen gab, konnten Hunderte von Tonnen erlegter Tauben schnell auf die Märkte des Landes gebracht werden. So wurden zum Beispiel aus der Nistkolonie im Staate Michigan täglich 12 500 Jungtauben und ausgewachsene Tiere per Eisenbahn abtransportiert, und von März bis Juli, also während der Brutzeit der Vögel, wurden insgesamt 1,5 Millionen Tauben erlegt.

Das war die »Ausbeute« in nur einer Taubenkolonie. Auf dem gesamten Gebiet der USA und in Kanada wurden in den siebziger Jahren des vorigen Jahrhunderts Hunderte von Millionen Tauben erlegt.

Fanden sich in dem großen Land nicht Menschen, die ihre Stimmen zum Schutz der Vögel erhoben? Gab es in den USA keine Gesetze, die die Naturreichtümer schützten?

Natürlich gab es solche Gesetze. Bereits 1848 war im Staat Massachusetts eine Anordnung erlassen worden, nach der es verboten war, Tauben mit Netzen zu fangen. Drei Jahre später wurden im Staate Vermont alle nicht jagdbaren Vögel, darunter auch die Wandertauben, unter Schutz gestellt. Bald nahmen auch andere Staaten Gesetze an, die die Jagd auf Tauben verboten. Doch wer kümmerte sich darum, wenn es um das »big business« ging!

1880 gab es noch starke Schwärme von Wandertauben, aber schon zwanzig Jahre später waren sie spurlos verschwunden. Diese so ungeheuer zahlreiche Vogelart verschwand so urplötzlich, daß man sich in Amerika wohl heute noch darüber wundert. Es gab verschiedene Theorien, die das unerhört schnelle, »explosionsartige« Verschwinden der Tauben erklären sollten. Eine davon besagt, die Tauben hätten im Atlantischen Ozean den Tod gefunden, als sie nach Australien »emigrieren« wollten. Nach einer anderen sollen die Wandertauben zum Nordpol geflogen und dort erfroren sein.

Nach all dem Gesagten erübrigt sich die Erklärung, daß an der Ausrottung der Wandertauben weder der Nordpol noch der Atlantische Ozean – also Kälte und Wasser – die Schuld trägt, sondern ein anderes, schrecklicheres »Naturelement« – das Buseß.

Anfang unseres Jahrhunderts lebten in zoologischen Gärten und bei verschiedenen Liebhabern noch einige wenige Wandertauben. Die letzte Vertreterin dieser Art – man nannte sie »8. März« – ging im September 1914 in Cincinnati ein.

Häute für Getreidesäcke

Im Jahre 1812 – die Dronten waren längst von hungrigen Seefahrern verspeist – »entdeckte« der Naturforscher William Burchell in Südafrika Herden spaßig anzuschauender Wildpferde, die in der Folge das bittere Los der wilden »Kapaune« von den Maskarenen teilen sollten – es waren die Quaggas, braune Zebras mit nur wenigen Streifen an Kopf, Hals und Vorderleib.

Das Wort »entdeckte« ist mit Bedacht in Anführungsstriche gesetzt, denn schon vor Burchell war das Quagga von verschiedenen Naturforschern und Forschungsreisenden mehrfach beschrieben worden. Allerdings hatten diese es für das Weibchen des gewöhnlichen Zebras gehalten, ein Irrtum, der sich in der wissenschaftlichen Literatur lange gehalten hat. Burchell gelang es, der Wahrheit auf die Spur zu kommen.

Der Genauigkeit halber muß allerdings gesagt werden, daß Burchell keineswegs der Entdecker war. Schon 1775 kam der Schwede Sparmann, der das Land der Hottentotten bereiste, zu dem Schluß, daß das Quagga eine besondere Zebraform sei. Die Ansicht von Burchell hatte in wissenschaftlichen Kreisen jedoch größeres Gewicht, und daher wurde er der Ehre teilhaftig, als Entdecker des bereits entdeckten Quaggas zu gelten.

Daß in Afrika gestreifte Wildpferde leben, war im alten Rom wahrscheinlich schon seit dem 2. Jahrhundert unserer Zeitrechnung bekannt. Jedenfalls fand das Zebra in der antiken Literatur erstmals bei dem griechischen Historiker Diodoros Erwähnung, der zu Beginn unserer Zeitrechnung lebte und der von »tigerähnlichen Sonnenpferden« berichtete.

In die Zoologie wurde das Quagga übrigens von Georges Edwards, einem Naturforscher und Bibliographen vom Königlichen Medizinischen College, eingeführt, ohne daß dieser sich dessen selbst bewußt war. Im Jahre 1758 gab er die seinerzeit sehr beliebten »Annalen der Naturgeschichte« heraus, und der erste Band dieses reich illustrierten Werkes enthielt das wunderschöne Bild eines Quagga mit der Unterschrift »Zebraweibchen«.

Edwards schrieb dazu: »Dieses interessante Tier wurde lebend zusam-

Im Gegensatz zum Quagga ist das Zebra nicht nur am Kopf, Hals und Vorderteil gestreift

men mit einem männlichen Tier vom Kap der Guten Hoffnung eingeführt. Das Männchen ging auf dem Weg nach London ein, ich habe es
nicht gesehen. Das Weibchen aber lebte noch mehrere Jahre auf dem
Besitz Seiner Königlichen Hoheit, des Prinzen von Wales, in Kew ...

Der Schrei dieses Tieres hatte keine Ähnlichkeit mit dem eines Esels, er erinnerte eher an das Bellen einer Dogge. Das Tier war ungebärdig und grimmig, so daß sich ihm niemand zu nähern wagte. Doch der Gärtner des Prinzen, der es auch fütterte, ritt ohne Furcht auf dem Tier.«

Edwards versicherte, er habe mit eigenen Augen gesehen, wie diese »Zebralady« voller Appetit große Tabakblätter, auch Papier, ja selbst Fleisch gefressen habe. Welche Art Nahrung man ihr auch anbot, sie verschmähte keine. Edwards fuhr fort: »Ich nehme an, daß sie sich während der Seereise dran gewöhnt hat. Wie alle Esel und Pferde ist dieses Tier ein ausgesprochener Pflanzenfresser.«

Das Quagga war das Weibchen der Zebras – damit hatte sich die Sache für Edwards erledigt. Die Irrtümer von Kapazitäten auszurotten ist nicht leicht, die Geschichte der Menschheit bietet viele Beispiele dafür. Das Schicksal der Quaggas ist nur eine kleine Episode in der langen Reihe tief eingewurzelter Mißverständnisse. Selbst der Franzose Buffon, einer der bedeutendsten Naturforscher aller Zeiten und Völker, bezeichnete in seiner berühmten 1787 erschienenen »Geschichte der Vierfüßer« das Quagga als Zebraweibchen.

Die Buren aber, die holländischen Siedler in Südafrika, lasen sicher keine zoologischen Streitschriften. Vielleicht erlagen sie aus diesem Grunde auch nicht den Irrtümern der Fachleute. Sie wußten nämlich, daß das Quagga eine besondere Wildpferdform darstellte, die dem Zebra ähnelte. Die Streifen waren beim Quagga nur an Kopf, Hals und Vorderleib deutlich sichtbar. Der Rumpf hatte eine braune Färbung, während Beine und Schwanz weiß aussahen. Das Quagga hatte einen gedrungeneren, massigeren Körperbau als das Zebra, und in seinen Proportionen glich es eher einem Pony als einem Pferd.

Die Buren nannten es »Quakka« und die Hottentotten, von denen die Holländer diesen Namen übernommen hatten, »Kchoua-kchoua«. Man nimmt an, daß es sich bei letzteren um eine lautnachahmende Bezeichnung handelte: Das Quagga »bellte« mit seiner Baßstimme tatsächlich fast wie eine Dogge – »kchoua-kchoua«.

Bevor die Europäer in Afrika erschienen, weideten vieltausendköpfige Herden solcher »Halbzebras« auf den endlosen Steppen zwischen dem Kap der Guten Hoffnung und dem Oranje und nach Norden zu bis fast zum Limpopo. Die Quaggas lebten fast immer in Gemeinschaft mit weißschwänzigen Gnus und mit Straußen. Strauße haben ein besseres Sehvermögen, Quaggas und Gnus eine bessere Witterung. In einer solchen Herde fanden sich beide Sinne vereint: Löwen und Menschen konnten von den gemeinschaftlich lebenden Tieren viel früher bemerkt werden als von Herden, die nur aus Tieren einer einzigen Art bestanden.

Doch auch die freundschaftliche Allianz mit Gnu und Strauß konnte das Quagga nicht vor dem Untergang bewahren. Die Buren brauchten Quaggafelle, um Säcke zum Aufbewahren von Getreide herzustellen. Das Fleisch der Quaggas überließen sie den afrikanischen Arbeitern, die für sie die Felder bestellen mußten. Aus dem Fell von den Beinen der Quaggas nähte man Hausschuhe. Damals soll es anfangs so viele Quaggas gegeben haben, daß den Buren bei der Jagd das Blei knapp wurde. Deshalb schnitten sie aus den erlegten Tieren die Kugeln heraus, luden ihre Waffen erneut damit und feuerten auf das nächste wehrlose Tier, das nicht einmal weit geflohen war.

Siebzig Jahre nach der Zeit, da das Quagga in die Wissenschaft einge-

Das erste und zugleich letzte Foto, das je von einem Quagga aufgenommen wurde

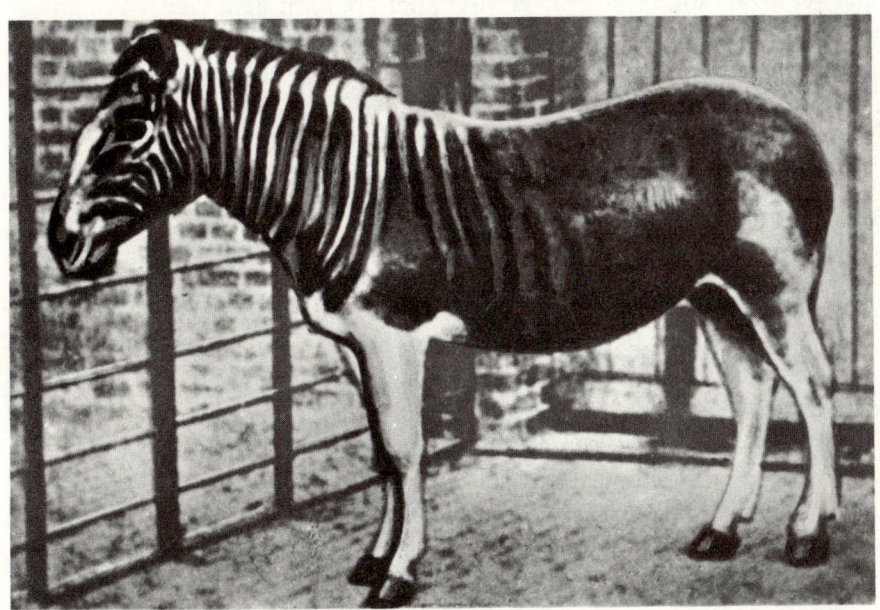

gangen war, hielt es seinen Einzug in paläontologische Museen, denn 1850 wurden auf dem Tigerberg die beiden letzten Quaggas der Kapprovinz erlegt. Bis 1878 lebten noch ein paar Quaggas in den entlegenen Halbwüstensteppen des Oranje-Freistaates. Dann kamen auch sie um.

Mehr als hundert Jahre vor diesen tragischen Ereignissen waren sechzehn Quaggas nach Europa gebracht worden. Eines von ihnen lebte in Ruhe und Frieden sechzehn Jahre in Paris. Im Zoo Berlin gehörte von 1863 bis 1867 und von 1872 bis 1877 je ein Quagga zum wertvollen Tierbestand. Ein weiteres Quaggapaar trabte, vor eine Equipage gespannt, jeden Morgen feierlich durch den Londoner Hydepark. Ein Quagga, das zwanzig Jahre im Londoner Zoo gehalten wurde, erlebte sogar die Zeit Daguerres und wurde fotografiert – die einzige Aufnahme von einem lebenden Quagga! Länger noch als das Londoner Quagga lebte eines im Amsterdamer Zoo. Damals stand bereits außer Zweifel, daß es wirklich das letzte war und es nirgendwo, weder in Afrika noch in Europa, sonst noch Quaggas gab. Traurig verbrachte das gestreifte Pferd seine Tage im Zoologischen Garten von Amsterdam. Naturliebhaber und Menschen, für die Lederschläuche nicht zu den größten Schätzen der Welt zählten, mußten sich wohl oder übel mit dem Gedanken abfinden, daß künftige Generationen von Menschen diese schönen Tiere nicht mehr zu Gesicht bekommen würden, weil diese Art in ein, zwei Jahren nicht mehr existieren würde.

Am 12. August 1882 war es soweit: Das letzte Quagga verendete.

1917 kehrte ein gewisser Major Manning von einer Reise durch das Kaokoveld in Südwestafrika (Namibia) mit einer aufregenden Neuigkeit zurück: Er habe mit eigenen Augen eine ganze Herde lebender Quaggas gesehen, die auf jeden Fall höchst ungewöhnlich aussahen, das heißt braun, und nur vorn gestreift. Auch viele andere Forschungsreisende und Jäger behaupteten später, braunen, nur zur Hälfte gestreiften Wildpferden begegnet zu sein. Sogar von Buschmännern kam die Kunde, daß es in ihren Steppen noch solche Zebras gäbe.

Sollten sich einige wenige, in entlegenen südafrikanischen Steppen zurückgezogen lebende Quaggas derart vermehrt haben? Ausgeschlossen war dies nicht. Doch es konnte auch sein, daß es sich um eine Kreuzung zwischen Esel und Zebra handelte, die den Quaggas ähnlich war.

Wie Fachleute behaupten, müssen jene Tiere, die die Jäger gesehen haben wollten, aller Wahrscheinlichkeit nach Hartmannzebras gewesen sein. Wenn die Sonne im Zenit steht und eine Fata Morgana über der Steppe schwebt, sehen Hartmannzebras von weitem wie braune Esel aus: Ihre schwarzen und weißen Streifen verschwimmen zu einem einheitlich braunen Farbton.

Diese optische Täuschung hat wahrscheinlich auch jene Mär vom Wiederauftauchen der Quaggas entstehen lassen, einer Tierart, die für immer vom Antlitz der Erde verschwunden ist. Bisher ist es keinem ernst zu nehmenden Forscher gelungen, hinlänglich gewichtige Beweise zu finden, die uns vom Gegenteil überzeugen könnten.

Entdeckung und Vernichtung der Riesenseekühe

Am Donnerstag, dem 4. Juni 1741, lief das Paketboot »St. Peter« aus dem Hafen von Petropawlowsk auf Kamtschatka aus und nahm Kurs nach Osten. Das Schiff stand unter dem Kommando von Kommodore Svendsen, einem Dänen in russischem Dienst, den Zar Peter, wenn er bei guter Laune war, wohlwollend Iwan Iwanowitsch rief. Der Kommodore nannte sich Vitus Bering. Zwar hieß sein Vater Svendsen, doch Bering hatte es vorgezogen, den Mädchennamen seiner Mutter anzunehmen. Der Kommodore und nahezu die Hälfte der Besatzung kehrten von dieser berühmt gewordenen, schwierigen Seereise nicht zurück.

Am Ende seines schaffensreichen Lebens hatte sich Peter I. auf etwas besonnen, was ihm seit langem vorgeschwebt, das zu unternehmen ihn aber andere Angelegenheiten gehindert hatten – auf den Weg durch das Eismeer nach China und Indien. Drei Wochen vor seinem Tod erteilte er dem liebwerten Iwan Iwanowitsch kaiserliche Order, »... auf einem Schiff von Kamtschatka aus in Landnähe nordwärts zu fahren, ... zu erforschen, wo das Land an Amerika grenzt, ... den Fuß auf das Ufer zu setzen, den Punkt auf die Karte einzutragen ... und wieder zurückzukehren«.

Im Sommer des Jahres 1728 passierte die Expedition die Mündung des Kamtschatka-Flusses. Langsam war sie nach Norden vorgedrungen, durch die Beringstraße in die Tschuktschensee gefahren und wieder zurückgekehrt, ohne die amerikanische Küste überhaupt zu Gesicht bekommen zu haben.

Dreißig Jahre waren seit diesem ersten, erfolglosen Versuch vergangen, als der sechzigjährige, nun schon müde Vitus Bering den Befehl über ein neues, in Ochotsk gebautes Schiff[6] mit achtundsiebzig Matrosen und Offizieren übernahm, um von Kamtschatka aus die Küste Amerikas zu suchen.

Einer dieser achtundsiebzig Männer, die ihr Schicksal fortan mit dem ihres Kommodore Bering verbanden, war der junge Naturforscher Georg Wilhelm Steller. Er hat diese dramatische Reise und auch jene friedlichen Riesen des Meeres beschrieben, die gegen Ende der Rückreise von Amerika ganz unverhofft entdeckt wurden, und ist dadurch berühmt geworden.

Steller stammte aus Deutschland. Als Fünfundzwanzigjähriger kam er nach Petersburg, sein Glück zu suchen. Zunächst war er Arzt, später wurde er Adjunkt für Naturgeschichte in der Beringschen Expedition.

Steller sei ein begabter Naturforscher und der geborene Forschungsreisende, sagte sein Fachkollege und Zeitgenosse Johann Gmelin von ihm. Schwierigkeiten brachten ihn nie in Verlegenheit. Unterwegs kam er mit dem Nötigsten aus. Sein einziges Hab und Gut war ein flacher Napf, in dem er sich das Essen bereitete und aus dem er aß und trank. »Ihm paßte jeder Rock und jeder Stiefel, er war immer guter Dinge.« Steller war ein »sehr scharfer Beobachter«, sein Charakter allerdings, wie berichtet wird, nicht eben der beste. Er hatte ein anmaßendes Wesen und »die sehr unangenehme Neigung, sich in Angelegenheiten einzumischen, die ihn eigentlich nichts angingen«, was ja bekanntlich bei begabten Leuten keine Seltenheit ist ...

Nach zweiundvierzigtägiger Fahrt über unruhiges und nebliges Meer erspähten Berings Leute am Horizont die schneebedeckten Höhen eines riesigen Berges. Es war der Mount Elias an der Südküste von Alaska, an dessen Fuß riesige Zedern und Tannen wuchsen.

---

6) Das zweite Schiff dieser Expedition – die »St. Paul« – unter dem Befehl von Alexej Tschirikow, einem »zweiten, tüchtigen, russischen Kapitän«, segelte mit Bering zusammen auf der gleichen Route, doch zwei Wochen später trennten sich die Wege der beiden Schiffe für immer.

44

Die »St. Peter« drehte nach Westen ab und ging zwei Tage später in der Bucht einer kleinen Insel vor Anker, die heute Kajak heißt. Eine Jolle wurde zum Ufer geschickt, die Trinkwasser holen sollte. Auch Steller fuhr mit, obwohl Bering ihm nur widerstrebend die Erlaubnis dazu erteilt hatte.

Bering war damals bereits krank und von schweren Zweifeln gequält, deshalb hatte er es eilig mit der Rückkehr. Bitter vermerkte Steller in seinem Tagebuch: »So wären wir also von Asien nach Amerika gefahren, nur um amerikanisches Trinkwasser nach Asien zu bringen ... Zehn Jahre währte die Vorbereitung zu diesem großen Endzweck, zehn Stunden wurden der Sache selbst gewidmet ...«

Während dieser zehn Stunden, die Steller auf der Insel verbrachte, sammelte er interessante Angaben über Einwohner, Tiere und Pflanzen (er beschrieb 163 Pflanzenarten!). Auch entdeckte er eine der Wissenschaft unbekannte Häherart, die später seinen Namen erhielt – Cyanocitta stelleri.

Ja, und selbst mit Trinkwasser deckte man sich nicht ausreichend ein; nicht einmal alle Fässer auf dem Schiff waren gefüllt, als die Rückreise begann.

Ein Seemann nach dem anderen wurde von Skorbut befallen. Schon litt ein Drittel der Schiffsbesatzung an dieser Krankheit, und als man den Südwestzipfel von Alaska umfuhr, starb der erste Matrose – Nikita Schumagin. Er wurde auf einer der neu entdeckten Inseln begraben, die seither seinen Namen tragen. Schumagininseln.

Dann nahm man direkten Kurs nach Westen, nach Kamtschatka, aber man hatte schon keine Hoffnung mehr, es je zu erreichen. Bei stürmischer See wurde das Schiff wie ein Spielzeug hin und her geschleudert, das Trinkwasser faulte, der Proviant ging aus, der Hunger quälte die Besatzung, der Skorbut griff um sich, und die Männer kamen völlig von Kräften.

Am 4. November tauchte vor ihnen im Nebel ein Steilufer auf. Kamtschatka! Gott sei Dank ...

Man versuchte zu ankern, aber da rissen die Ankerseile, und eine gewaltige Welle schleuderte das Schiff durch die Brandung in eine Lagune nahe am Ufer. Dort war es ruhiger, so daß man versuchen konnte, an Land zu gehen. Nur zehn Mann konnten sich noch eben auf den Beinen halten. Sie hoben Gruben aus, deckten sie mit Segeltuch ab, und damit die Kranken es etwas wärmer hatten, deckten sie diese mit Sand zu. Zur Hälfte mit Erde bedeckt, lag auch Bering in einem Sandloch. Einen Monat später starb er, »zwei Stunden vor Sonnenaufgang«.

Seine Leute wanderten am Ufer entlang.[7] Bei ihrem Rundgang mußten sie nun die bittere Wahrheit erkennen: Sie befanden sich gar nicht auf Kamtschatka, sondern auf einer den Russen bis dahin unbekannten Insel. Später erhielt sie nach dem Expeditionsleiter den Namen Beringinsel.

Unter solch tragischen Umständen also wurden Stellers Seekühe entdeckt. Am Tage nach der Landung bemerkte Steller im Meer am Ufer seltsame schwarze Buckel, die wie die Böden gekenterter Boote aussahen. Die Buckel schwammen umher, tauchten unter, kamen jedoch nicht ans Ufer. Als Matrosen im Juni des folgenden Sommers wieder solche Buckel entdeckten, stürzten sie zu ihren Booten und ruderten zu den unbekannten Tieren hin, die ihren hungrigen Mägen eine reiche Mahlzeit verhießen. Natürlich konnte es sich auch um Raubtiere handeln, dann allerdings mußten sie gewärtig sein, samt ihren Schaluppen verschlungen zu werden.

Zum Glück aber waren die Tiere friedlich. Als man eines von ihnen an einem Haken ans Ufer schleppte, begriff Steller, daß er vor einer großen Entdeckung stand. Vorn glich das Tier einer Robbe und hinten einem Fisch.

Der bekannte russische Naturforscher Krascheninnikow, der Kamtschatka schon einige Jahre vor Steller erreichte und diese Halbinsel als erster wissenschaftlich erforschte, schreibt, man habe diese Tiere »für ein Mittelding zwischen einem Meeressäuger und einem Fisch halten können«.

Gleich auf den ersten Blick entschied Steller, daß er einen Manati, einen Vertreter der Sirenen oder Seekühe, vor sich hatte, und er behielt recht.

Seekühe sehen wegen ihrer plumpen Gestalt den Robben ähnlich.

---

7) Auf Kamtschatka glaubten sie zu sein, weil sie am Ufer Pferdemist bemerkt zu haben meinten. Später stellte sich heraus, es war Kot von Seekühen, der Pferdemist sehr ähnlich sah.

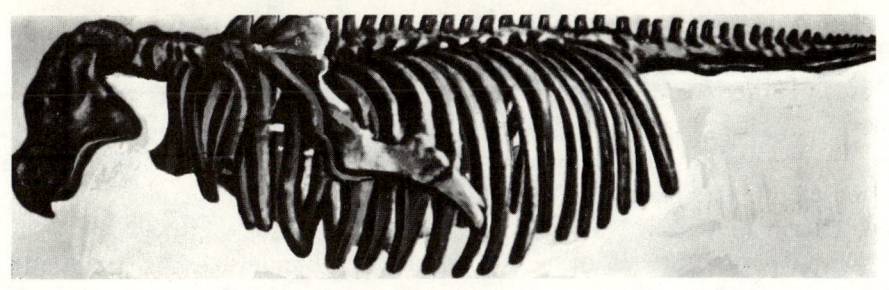
Skelett einer Stellerschen Seekuh, das im Zoologischen Museum Moskau ausgestellt ist

Anstelle der Hinterflossen haben sie aber einen Fischschwanz (die Schwanzflossen sind übrigens nicht vertikal gestellt wie bei den Fischen, sondern horizontal wie bei den Walen)!

Ursprünglich vertraten die Wissenschaftler die Ansicht, Seekühe seien Verwandte der Wale. Eine Zeitlang wurden sie sogar als pflanzenfressende Wale bezeichnet. Es stellte sich aber heraus, daß sie nicht mit Walen, sondern mit Elefanten verwandt sind.

Seekühe und Elefanten haben gemeinsame Vorfahren – das steht heute fest. Obwohl Seekühe äußerlich mit Walen, Fischen und Robben Ähnlichkeit haben, mit Mastodonten dagegen nicht, ist die Verwandtschaft mit letzteren dennoch zu erkennen.

Heutzutage sind Seekühe ziemlich selten geworden. Die Wissenschaft kennt drei Gattungen, die in tropischen Meeren und Flüssen leben. Die größte heute lebende ist der Dugong, sie ist noch im Roten Meer und in den Küstengewässern des Indischen Ozeans, bei den Philippinen und an der Nordküste von Australien anzutreffen. Der kleinere Lamantin lebt in Flüssen und Buchten Westafrikas, und der ihm ähnliche Manati ist vor der amerikanischen Ostküste von North Carolina bis nach Brasilien zu finden. Im Einzugsgebiet des Amazonas und im Orinoco und seinen Nebenflüssen ist der Amazonas-Manati beheimatet.

Seekühe sind stumme Geschöpfe. Schnauben ist das einzige Geräusch, das ausgewachsene Tiere hervorbringen.

»Was die Stimme dieses Lebewesens angeht«, so schreibt Krascheninnikow, »so ist es stumm, es hat lediglich einen lauten Atem, und wenn es verletzt ist, ächzt es schwer.«

47

Die Jungtiere haben ein vielfältigeres Repertoire von Lauten, sie können zuweilen sogar pfeifen. Seekühe haben weder Fell noch Behaarung, nur hier und da eine Borste, kläglicher Rest eines einst üppigen Felles.

Seekühe sind ausgesprochene Pflanzenfresser. Tang und Seegras bilden die einzige Nahrung. Wie Kühe auf der Weide, so weiden sie unter Wasser – daher der Name Seekuh.

Bei dem von Steller entdeckten Lebewesen handelte es sich ebenfalls um eine Seekuh, allerdings um eine sehr große, eine Riesenseekuh: Sie war an die acht Meter lang und wog rund vier Tonnen.

Steller hat Aussehen und Lebensweise dieser Tiere eingehend beschrieben.

Trotz der verzweifelten Lage, in die die Männer von der »St. Peter« geraten waren, fand der junge Arzt nicht nur die Kraft, die Kranken zu behandeln, sondern er führte auch ein Tagebuch, in das er täglich sorgfältig seine Beobachtungen eintrug. Seine Aufzeichnungen sind für die Wissenschaft vor allem deshalb von so großem Wert, weil er der einzige Naturforscher war, der lebende Riesenseekühe gesehen hat. Die Tiere lieben, wie Steller berichtete, flache und sandige Stellen in Ufernähe. Wo Flüsse und Bäche ins Meer mündeten und der Meeresboden dicht mit Seegras und Tang bewachsen war, versammelten sich ganze Herden. Die ausgewachsenen Tiere waren sorgsam bemüht, die Jungtiere zu schützen. Wenn sie weideten, ließen sie diese voranschwimmen, um sie besser im Auge zu haben. Befanden sie sich dagegen auf der Suche nach neuen Weidegründen, hielten sich die Jungtiere in der Mitte der Herde, wo es am ungefährlichsten war.

Während der Flut kamen die Riesenseekühe so dicht an den Strand, daß man sie nicht nur mit einem Speer erreichen, sondern sie sogar mit der Hand berühren konnte. Taten die Menschen ihnen etwas zuleide, so entfernten sie sich friedlich, um Streit und Schlägen aus dem Wege zu gehen, kehrten jedoch kurze Zeit später, als sei nichts geschehen, wieder ans Ufer zurück. Offenbar hatten die unschuldigen Geschöpfe keine Vorstellung davon, welch gefährlicher Feind jenes zweibeinige Wesen für sie war, das da am Ufer stand und einen Knüppel schwang. Hatten die Seekühe sich gesättigt, so schwammen sie ein Stück aufs Meer hinaus, drehten sich auf den Rücken und schliefen.

Ich kann an dieser Stelle nicht umhin, einen hübschen Abschnitt aus Krascheninnikows großartiger »Beschreibung des Landes Kamtschatka« zu zitieren. Wenn Krascheninnikow auch von Steller abgeschrieben hat, so ist ihm doch eine recht farbenprächtige Darstellung gelungen. Vergleicht man seine lebendige, bildhafte Sprache mit den blassen Phrasen mancher wissenschaftlicher Bücher von heute, so begreift man, wie arm doch die Fachsprache geworden ist.

»Die Haut der Riesenkuh ist schwarz und dick wie die Borke einer alten Eiche, rauh, zerklüftet, nackt und so hart, daß man sie kaum mit einer Axt durchschlagen kann. Im Vergleich zum Rumpf ist der Kopf der Seekuh klein. Ihre Augen sind fast so winzig wie die von Schafen, so daß man sie bei diesem gewaltigen Tier fast übersieht. Brauen und Wimpern fehlen. Anstelle der Ohren hat sie zwei Löcher, die man nur mit Mühe findet. Der Hals ist ebenfalls kaum sichtbar, Rumpf und Kopf gehen fast ineinander über, doch enthält er Wirbel, so daß das Tier den Kopf bewegen kann, was es tatsächlich tut, insbesondere beim Fressen, denn es beugt ihn wie eine Kuh auf der Weide. Der Rumpf ist rundlich wie bei einer Robbe, zum Kopf und zum Schwanz hin verjüngt er sich und verbreitert sich in der Nabelgegend. Dicht unterhalb des Halses sitzen zwei Flossen von etwa drei Viertel Arschin (das sind etwa 55 cm) Länge, mit denen das Tier schwimmt und läuft, sich am Gestein festhält und, wird es an einem Haken gezerrt, so starken Widerstand leistet, daß die Haut zerfetzt. Das Weibchen hat im Gegensatz zu anderen Meeresbewohnern zwei breitständige Zitzen …

Ihre Gefräßigkeit ist höchst sonderbar anzusehen, denn da sie unentwegt mit Fressen beschäftigt sind, heben sie kaum den Kopf aus dem Wasser und sorgen sich wenig um ihre Sicherheit, so daß man ruhig mit einem Boot zwischen ihnen herumfahren oder im Sande gehen, sich ein Tier auswählen und es töten kann. Ihre einzige Beschäftigung beim Weiden besteht darin, daß sie alle vier oder fünf Minuten aus dem Wasser auftauchen und wie Pferde schnauben. Beim Schwimmen rudern sie gemächlich mit den Flossen, so wie Bullen oder Schafe auf der Weide ein Bein vors andere setzen. Zur Hälfte, nämlich mit Rücken und Seite, ragen sie immer aus dem Wasser heraus, und dann lassen sich auf ihren Rücken Möwen in Scharen nieder und lesen ihnen die Läuse ab, so wie es die Krähen bei Schweinen und Schafen tun … Sind die Riesenseekühe satt, so drehen sie den Bauch nach oben und schlafen, und während der Ebbe schwimmen sie hinaus aufs Meer, um nicht auf das Trokkene zu geraten.«

Während der ersten Zeit ihres Aufenthaltes auf der Beringsinsel machten die Seeleute keine Jagd auf Seekühe. Nicht weil sie Mitleid mit den Tieren hatten, sondern weil sie noch zu schwach waren, um es mit ihnen aufzunehmen. Wer sich auf den Beinen halten konnte, ging mit Knüppeln am Ufer entlang und erschlug Seeotter, – Kalane, die in großer Zahl auf der Insel lebten. Diese Tiere waren so zutraulich, daß sie die Menschen nahe herankommen ließen, ja sie krochen sogar selbst zum Feuer hin und ergriffen erst die Flucht, wenn einige von ihnen getötet waren. Die Seeleute aßen das Seeotterfleisch und hoben die kostbaren Felle auf, um sie später zu verkaufen – sie hatten ja immer noch Hoffnung, bald zum Festland zurückzukehren.

Als sich die Kranken erholt hatten und viele schon wieder bei Kräften waren, begann die Jagd auf die Seekühe. Sie ging folgendermaßen vor sich: Ein langes Tau, an dem ein großer Eisenhaken befestigt war, wurde an einem Ende von mehr als zwanzig Mann am Ufer gehalten. Fünf Mann ruderten mit einem Boot hinaus, wobei der stärkste Matrose am Bug stand und das andere Tauende mit dem Haken in Bereitschaft hielt. Vorsichtig näherten sie sich einer Herde von Riesenseekühen und hielten auf ein Tier zu. Dann stieß ihm der Harpunier den Haken in den Leib. Die Männer am Ufer zogen mit aller Kraft an dem Tau. Wild peitschte das verwundete Tier das Wasser, die Männer im Boot schlugen mit Bajonetten, Messern, Speeren, mit allen zur Verfügung stehenden scharfen Eisenwerkzeugen nach Kräften auf das Tier ein. Das Tier wurde immer schwächer, verblutete und gab schließlich Ruhe. Doch fast dreißig Mann hatten noch alle Mühe, die tonnenschwere Beute langsam, Zug um Zug, an Land zu holen. Dann stürzten sie sich, mit Messern und Säbeln bewaffnet, auf das noch lebende Tier und schnitten große Stücken Fleisch und Fett heraus. Während das sterbende Tier noch seinen letzten Seufzer tat, bereiteten sich die Seeleute unter fröhlichen Zurufen und Scherzen ihr Mahl.

Geriet ein Tier in Bedrängnis, so blieb die Herde nicht teilnahmslos. Sobald das verwundete Tier um sich zu schlagen begann, eilten alle anderen zu Hilfe. Wie Steller berichtete, schwammen manche Tiere von unten heran, versuchten das Boot zum Kentern zu bringen, während andere sich auf das Tau warfen, als wollten sie es durchreißen, und mit dem Schwanz nach dem Haken schlugen. Manchmal gelang es ihnen sogar, den Haken aus der Wunde herauszustoßen.

Als einmal ein Weibchen gefangen wurde, versuchte das Männchen, ohne Rücksicht auf die Gefahr und auf die Schläge, die es von den Seeleuten bekam, seine Gefährtin zu befreien. Verzweifelt umkreiste es die Jäger und ihre Beute, und selbst als das Weibchen schon tot war, schwamm das Männchen bis zum Ufer in seiner Nähe. Als die Seeleute am nächsten Morgen zum Ufer kamen, um sich von dem ausgeweideten Tier mehrere Fleischstücke abzuschneiden, sahen sie das Männchen neben seiner toten Gefährtin.

Als Steller am dritten Tag kam, um die Eingeweide der toten Seekuh zu untersuchen, war das Männchen immer noch da. Angesichts dieses rührenden Beweises von Treue verging den Seeleuten die Lust, weiterhin Jagd auf diese Tiere zu machen. Sie waren froh, an die Arbeit gehen zu können, um ein neues Schiff zu bauen.

Das war aber auch nicht so einfach. Unter den gesunden Offizieren und Matrosen fand sich keiner, der jemals ein Schiff gebaut hatte. Die Meister, die sich darauf verstanden, waren an Skorbut gestorben.

Unverhofft fand sich ein geschickter Mann. Sawwa Starodubzew, ein Krasnojarsker Kosak, zeigte sich unerwartet als talentierter Schiffbauer. »Ohne ihn wäre das Werk kaum gelungen«, schrieb Sven Waxell, der nach Berings Tod das Kommando über die Expedition übernommen hatte. Für diesen Beweis von Fähigkeit und Tüchtigkeit erhielt Sawwa Starodubzew später den Titel »Bojarensohn«, das heißt, er wurde in den Adelsstand erhoben.

Das neue Schiff erhielt ebenfalls den Namen »St. Peter«. Die sechsundvierzig Überlebenden schifften sich ein und traten am 13. August 1742 die Heimreise an. Vier Tage später kam Kamtschatka in Sicht. Sie fuhren in Küstennähe nach Süden, nach Petropawlowsk, das sie ohne besondere Vorkommnisse erreichten.

In ihrem Gepäck befanden sich rund tausend Seeotterfelle – eine begehrte Ware. Kaum hatten die Pelzhändler erfahren, daß nur zweihundert Kilometer östlich von Kamtschatka Inseln lagen, die ein wahres Paradies für diese Tiere waren, rüsteten sie auch schon Schiffe aus.

Die Kommandeurinseln – zu denen auch die Beringinsel gehört – wurden zur wichtigsten Rohstoffbasis für das rasch aufblühende Pelzgewerbe des Fernen Ostens. Das wollte schon etwas heißen: Binnen fünf Jahren erbeuteten hier allein drei Jäger beispielsweise elftausend Eisfüchse und zweitausend Seeotter. Das war selbst für damalige Zeiten viel.

Die Seekühe waren ohne besonderen kommerziellen Wert, doch wurden sie in Massen getötet, denn die Jäger schätzten ihr Fleisch. So berichtete ein zaristischer Beamter, der 1754 die Beringinsel besuchte: »Eine Riesenseekuh lieferte dreiunddreißig Menschen für einen Monat Fleisch zur Genüge.«

Oft wurden die Riesenseekühe sinnlos und ohne jeden Grund abgeschlachtet. Die Pelzjäger überwinterten gewöhnlich in kleinen Gruppen zu zwei, drei Mann. Sie waren daher natürlich nicht imstande, eine erlegte Seekuh an Land zu ziehen. Deshalb stachen sie sie einfach vom Ufer aus ab, oder sie befestigten Stahlbänder an langen Stangen und gingen damit ins seichte Wasser, um Seekühe zu erschlagen. Die verwundeten Tiere schwammen dann ins Meer hinaus, wo sie verendeten. Manche wurden von den Wellen ans Ufer gespült, dann schnitten sich die Jäger Fleischstücke heraus. »Aber ihnen fällt keine einzige lebende Seekuh in die Hände«, berichtete der Beamte weiter. »Unnötig verursachen sie unter den Seekuhherden, die in Küstennähe im Meer auftauchen, schlimmen Schaden.«

Nach Kamtschatka zurückgekehrt, empfahl er, die »schadenbringende« Jagd auf Seekühe zu verbieten. Doch wen kümmerte das! Siebenundzwanzig Jahre nachdem die Beringsche Expedition die Kommandeurinseln verlassen hatte, gab es dort keine einzige Seekuh mehr. Wie es heißt, ist die letzte von einem gewissen Popow und seinen Gefährten 1768 erlegt worden. Seit jener Zeit wurden diese seltsamen Tiere nirgendwo, weder bei den Kommandeurinseln noch anderswo, gesehen (von anderslautenden Meldungen soll später noch die Rede sein).

Georg Steller, der wohl zu den bedeutendsten Naturforschern gehört, war es nicht vergönnt, der Akademie der Wissenschaften über seine Entdeckung persönlich Bericht zu erstatten. Nach seiner Rückkehr von der Beringinsel war er noch zwei Jahre mit Forschungen auf Kamtschatka beschäftigt, dann machte er sich auf die Reise nach dem europäischen

Rußland. Doch er hatte kein Glück. Sein Weg von Petropawlowsk nach Petersburg war abenteuerlich und schwierig. Auf Grund einer falschen Anschuldigung wurde er sogar verhaftet und unter Bewachung nach Irkutsk zurückgeschickt. Unterwegs ließ man ihn jedoch wieder laufen. Eines Tages aber befiel ihn Fieber, und 1746 starb er einsam und verlassen in der westsibirischen Stadt Tjumen, ohne die russische Hauptstadt wieder zu Gesicht bekommen zu haben.

Stellers Beobachtungen, in lateinischer Sprache geschrieben, wurden erst drei bis fünf Jahre nach seinem Tod veröffentlicht. Zwei weitere Jahre darauf übersetzte man sie ins Deutsche, später auch in andere Sprachen.

Die Stellersche Seekuh wurde 1780 von dem Deutschen Zimmermann Rhytina gigas genannt und entsprechend beschrieben, allerdings erst viele Jahre nach der Zeit, da Pelzjäger die letzte dieser Riesenseekühe aufgegessen hatten.

Stücke der dicken, trockenen Haut, ein paar Skelette und Schädel, dazu Zeichnungen, die von der Seekarte der »St. Peter« kopiert wurden – das ist alles, was von den maritimen Vettern der Elefanten geblieben ist.

In den letzten Jahren häuften sich Gerüchte, daß irgendwo irgendwann jemand Stellersche Seekühe gesehen hätte. Im Fernen Osten berichteten Walfänger, sie hätten ein seltsames Tier im Meer gesehen: es sei riesengroß, ähnele einem Fisch, sei jedoch weder Fisch noch

1963 brachte die sowjetische Zeitschrift »Priroda« eine Mitteilung, in der behauptet wurde, daß im vergangenen Sommer vom Walfangschiff »Buran« aus »eine Gruppe sehr großer Tiere von ungewöhnlicher Art« beobachtet worden sei, die allem Anschein nach den vor zweihundert Jahren ausgestorbenen Riesenseekühen ähnelten. Die Tiere seien nördlich von Kamtschatka im Beringmeer, unweit von Kap Nawarin, im flachen Wasser gesichtet worden, wo der Meeresgrund dicht mit Seekohl bewachsen war.

Die Stellerschen Seekühe haben wahrscheinlich nicht nur bei den Kommandeurinseln gelebt. Wissenschaftler, die sorgfältig das Archivmaterial studierten, kamen zu dem Schluß, daß, will man den alten Aufzeichnungen Glauben schenken, Riesenseekühe auch an der Küste der Tschuktschenhalbinsel, an der kalifornischen Küste sowie an der Küste der Aleuten anzutreffen waren und daß noch 1803 bis 1806, 1854, ja sogar 1910 an verschiedenen Orten des Fernen Ostens lebende und tote Riesenseekühe gesichtet wurden.

Daraus schließen die Autoren des Artikels, bei den von der »Buran« beobachteten Lebewesen könne es sich durchaus um Riesenseekühe gehandelt haben. Möglich ist es, aber doch wohl unwahrscheinlich. Wenn sich irgendwo wie durch ein Wunder noch die Stellerschen Seekühe tatsächlich erhalten hätten, so würde es kaum bei Gerüchten bleiben. Käme auch nur ein einziges lebendes Exemplar Zoologen in die Hände, so wären alle Zweifel beseitigt.

Soziologen und Wirtschaftsfachleute sind sich einig darüber, daß die Reichtümer des Meeres schon in nächster Zukunft von der klug gewordenen Menschheit besser als heute genutzt werden und daß in absehbarer Zeit nicht die Produkte der Erde, sondern die Gaben des Meeres unsere Hauptnahrungsmittel liefern werden. Noch oft werden es die Menschen dann bedauern, daß ihre Vorfahren die Stellerschen Seekühe sinnlos ausgerottet haben. Diese ruhigen, zutraulichen Tiere hätten sich sicher domestizieren lassen (ja vielleicht hätte man durch künstliche Zuchtwahl eine hervorragende Rasse großer hornloser »Unterwasserrinder« züchten können!). Aber selbst wenn eine Domestikation nicht gelungen wäre, hätten sie sich (natürlich nicht ohne Mithilfe des Menschen), unter strengen Schutz gestellt, in allen Meeren der nördlichen und gemäßigten Breiten, in denen Algen und Seegras wachsen, vermehren können. Ohne weiteres hätten die »Stummen Graubraunen« von der Größe eines Wales auch gejagt werden können. Wie heißt es doch in dem alten Bericht: »Fleisch und Fett enthielten sie mehr als zweihundert Pud!« Das sind mehr als drei Tonnen.

Noch vor zweihundert Jahren lebten in der Nähe der Kommandeurinseln so viele Seekühe, daß man mit ihrem Fleisch, wie der sowjetische Geograph L. S. Berg schreibt, »die gesamte Bevölkerung von Ostkamtschatka hätte ernähren können«.

Das Fleisch war vorzüglich, nicht wie Walfleisch, das selbst Hunde nicht mögen. Das von jungen Seekühen schmeckte »wie Kalbfleisch«, und das der ausgewachsenen Tiere »unterschied sich nicht von Rindfleisch«. Unter der Haut hatte die Stellersche Seekuh eine »vier Daumen dicke« Schicht weißes Fett. Wurde es ausgelassen, so hatte es »das

Aussehen und den Geschmack von Olivenöl, und Stellers Gefährten tranken es tassenweise«. Was Wunder, daß »die Skorbutkranken nach dem Genuß von Fleisch und Fett dieser Tiere eine wundertätige Wirkung verspürten. Auch die Milch war etwa wie die von Kühen, nur süßer und fetthaltiger«.

Und nun stelle man sich einmal jene märchenhaften Zeiten vor (die nicht mehr fern hätten zu sein brauchen): Die Kühe der »Meerfarmen« wiegen über zweihundert Pud, sie geben hundert Liter Milch am Tag, sie brauchen weder Futter, noch müssen sie gehütet werden. Sie entfernten sich nicht weit, denn Seekohl wächst nur am Ufer. Dort finden die Tiere Futter und Unterkunft, und zum Melken kommen Taucher mit elektrischen Melkmaschinen …

Diese Träume sind heute irreal. Die Stellerschen Seekühe gibt es nicht mehr, und der Mensch kann sie niemals mehr auferstehen lassen. Die Riesenseekühe haben wie auch Auerochse und Tarpan keine Nachfahren.

Vom Eohippus zum Reitpferd

Würde man heutzutage im Walde dem Vorfahren unseres Pferdes begegnen, so hielte man ihn wahrscheinlich für einen Terrier. Der Eohippus, wie dieser Ahne genannt wird, war nicht größer als ein Fuchs. Er hatte einen kleinen Kopf, einen kurzen Hals, einen krummen Rücken, ein gestreiftes Fell und an den Vorderpfoten vier, an den Hinterpfoten drei Zehen. Er lebte vor fünfzig Millionen Jahren in den feuchten Wäldern Nordamerikas, ernährte sich von Blättern, und seine Lebensgewohnheiten ähnelten denen des Tapirs.

Es gab mehrere Eohippusarten, von denen einige frühzeitig nach Europa kamen – offenbar über die Landbrücke, die damals zwischen Kanada, Grönland, Island und Skandinavien bestand. Der europäische Nachfahr des Eohippus, das Palaeotherium, ähnelte, was seinen gedrungenen Körperbau anging, einem Nashorn. Die ersten Pferde in Europa hatten Pech, sie starben alle' aus.

In Amerika dagegen hielten sie sich weiterhin. Aus dem Eohippus entwickelte sich der Orohippus, aus dem Orohippus der dreizehige Mesohippus, der schon so groß war wie ein Schaf. Nun kam es zu einem bedeutsamen Ereignis in der Geschichte der Pferde: Die feuchten tropischen Wälder, die seinerzeit einen großen Teil unseres Planeten bedeckten, begannen überall zu verschwinden. An ihrer Stelle breiteten sich Steppen und Wiesen aus. Der Mesohippus wagte sich aus dem Walddickicht hervor und lebte fortan unter dem offenen Himmel der Prärien. Seitdem ernährte er sich von Gras. In der Steppe wurde er von den schnellfüßigen Vorfahren der Wölfe verfolgt, und nur eines konnte ihn vor diesen retten: Er mußte schneller laufen können als die Raubtiere. Dabei behinderten ihn allerdings die überflüssigen Zehen. Denn auf einer einzigen Zehe läuft es sich nämlich besser. Wir können heute an den fossilen Knochenresten erkennen, wie bei den Vorfahren der Pferde eine Zehe nach der anderen zurückgebildet wurde, bis an jedem Fuß nur noch eine einzige übrigblieb: Das Pferd entwickelte sich zu einem Einhufer. Natürlich vollzog sich dieser Wandel ganz allmählich, im Laufe großer Zeiträume.

Aus dem Mesohippus gingen der Merychippus und später das schlanke Hipparion hervor, das fast so groß wie ein Zebra war. An jedem Fuß hatte es zwei verkümmerte Zehen, die den Erdboden nicht berührten. Obwohl es ein Dreizeher war, lief es bereits auf nur einer Zehe.

Kaum ein anderes vierbeiniges Lebewesen lebte in so riesigen Herden wie das Hipparion. Zu Millionen kam dieses graziöse Tier über die Landenge, die seinerzeit die Tschuktschenhalbinsel und Alaska miteinander verband, von Nordamerika nach Asien und später auch nach Europa. Zahllose Hipparionherden galoppierten über die Ebenen Eurasiens. Fossile Reste gibt es von diesen Tieren in so großer Zahl, daß die Paläontologen die gesamte Gemeinschaft von Lebewesen, die gleichzeitig mit diesen Pferden die Steppen bewohnten, als »Hipparionfauna« bezeichnen.

Nach dem heutigen Afrika, Südamerika und Australien gelangte das Hipparion nicht, denn diese Gebiete waren von Nordamerika, Asien und Europa damals durch breite Buchten und Meere getrennt. Einige Millionen Jahre später war das Hipparion ausgestorben.

Ein glücklicheres Schicksal wurde einem »Vetter« des Hipparions – dem Pliohippus – zuteil, von dem unsere heutigen Pferde abstammen. Einstmals bewohnten Pliohippusherden ganz Nord- und Südamerika,

Europa, Asien und Afrika (zu der Zeit waren die Kontinente wieder durch Landengen miteinander verbunden). Von diesen urzeitlichen Pferden gab es mehrere interessante Arten: Einige waren so groß wie ein schweres Lastpferd, andere kleiner als ein Zwergpony. Aus einem unerklärlichen Grund starben vor einer Million Jahren alle Pferde im heutigen Amerika aus. In Afrika blieben die Zebras und die Esel übrig, während sich in Europa und Asien zwei, drei Wildpferdarten hielten, deren Geschichte seither eng mit der des Menschen verknüpft ist.[8]

In der Eiszeit bewohnten die Wildpferde noch ganz Europa. Neben dem Mammut und dem Ren dienten sie häufig genug den Höhlenmenschen als Nahrung. Davon zeugen die »Küchenabfälle« unserer Vorfahren – riesige Haufen zerkleinerter Knochen, die heute von den Anthropologen untersucht werden. In einem einzigen solchen Haufen wurden die Überreste von zehntausend Pferden gefunden – an Appetitmangel hatten unsere Vorfahren offenbar nicht gelitten.

Zuerst waren die Pferde nur Jagdbeute, die verspeist wurde, später begann man sie zu zähmen. Domestiziert wurden sie offenbar erstmals in Asien, und zwar wahrscheinlich im sechsten oder siebten Jahrtausend vor der Zeitrechnung. Merkwürdigerweise haben die Araber, allgemein anerkannte Pferdekenner, später als viele andere Völker Bekanntschaft mit Pferden gemacht. Arabertrupps, die im 5. Jahrhundert vor unserer Zeitrechnung die Heerscharen des persischen Herrschers Xerxes auf ihren Kriegszügen gegen die Griechen begleiteten, ritten in der Schlacht nicht Pferde, sondern Kamele. Auch aus der Zeit des Hellenismus und des Römischen Reiches ist von arabischen Pferden nichts bekannt. Erst als der Islam von den Wüsten der Arabischen Halbinsel aus zum Angriff auf die blühenden Nachbarländer ansetzte, wurden arabische Pferde überall berühmt.

Interessant ist es zu verfolgen, wie sich mit dem Pferd selbst auch das Pferdegeschirr immer mehr vervollkommnete. Als erstes lernte es der Mensch, einen Zaum zu verwenden. Schon auf prähistorischen Darstellungen kann man Pferde sehen, die mit einer Trense gezäumt sind.

---

8) In jüngster Zeit wurde von einigen Forschern allerdings vorgeschlagen, sie alle zu einer einzigen Wildpferdeart zu zählen.

Lange ritten die Menschen ohne Sattel. Griechische und römische Reiter breiteten eine Decke über den Pferderücken, bevor sie in den Kampf oder in die Arena ritten. Die Germanen verachteten sogar das. Julius Cäsar sagte, für sie gäbe es nichts Beschämenderes und Kleinmütigeres, als auf einer weichen Unterlage zu Pferde zu sitzen. Solche Reiter galten als Feiglinge und wurden selbst dann furchtlos angegriffen, wenn sie in großen Abteilungen angetroffen wurden. Nichtsdestoweniger ritten die Germanen, die im 4. Jahrhundert Rom zerstörten, auf gesattelten Pferden. Zu beiden Seiten des Widerrists befestigten sie zwei flache Bretter so, daß die Kruppe zwischen ihnen herausragte. Darüber breiteten sie ein Fell. Die »Barbaren« waren es auch, die den Steigbügel erfanden. Er bestand aus drei Stöckchen, die zu einem Dreieck verbunden wurden.

Sporen waren schon im 4. Jahrhundert vor unserer Zeitrechnung aufgekommen, lange vor Sattel und Steigbügel. Anfangs waren es nur zugespitzte Holzpflöcke, die man sich an den Fuß band. Das Hufeisen wurde sehr frühzeitig erfunden und blieb zweitausend Jahre lang in seiner Konstruktion fast unverändert. Der Damensattel kam im 12. Jahrhundert in Gebrauch, aber noch vor vierhundert Jahren saß Königin Elisabeth von England auf ihren Spazierritten nach Männerart im Sattel, und zwar hinter ihrem Stallmeister.

Dann kam die letzte Verbesserung – die Kandare. Sie wurde vom Begründer der ersten Reitschule, dem Italiener Pignatelli, im 17. Jahrhundert erfunden. Seitdem hat das Pferdegeschirr wohl keine wesentliche Vervollkommnung mehr erfahren.

... und weiter zum letzten Tarpan

Neben den Hauspferden gab es in Europa noch lange Zeit Wildpferde. Der Römer Varro (1. Jahrhundert v. u. Z.) und der Grieche Strabon (er lebte zu Beginn unserer Zeitrechnung) schreiben, daß es sogar in Spanien und in den Alpen Wildpferde gab. In vielen dramatischen Episoden der germanischen und skandinavischen Heldensagen spielen Wildpferde eine Rolle. Das Nibelungenlied berichtet zum Beispiel, daß Siegfried ein wildes Pferd tötete. Und der Meeresriese Ise machte an der

Küste Jagd auf Apfelschimmel (Prof. E. A. Bogdanow, ein Spezialist für Haustiere, schreibt allerdings, daß diese Färbung bei Wildpferden nicht vorkomme und es sich offenbar um eine spätere Ausmalung der alten Sage handele).

Im Mittelalter galt Wildpferdfleisch in vielen europäischen Ländern als Festtagsschmaus. Besonderer Beliebtheit erfreute es sich bei Mönchen.

»Das Fleisch der Hauspferde ließest du sie alle essen. Das der Wildpferde gestattetest du nur einigen«, schrieb im 8. Jahrhundert Papst Gregor III. an den heiligen Bonifatius. »Von nun an, lieber Bruder, gebiete dem Einhalt!«

Doch die frommen Feinschmecker setzten sich über das Verbot des Heiligen Vaters hinweg, und noch lange Zeit galt Wildpferdfleisch in den Klöstern als Delikatesse. In einer Sammlung von Tischgebeten empfiehlt Ekkehardt, der Abt des Klosters von Sankt Gallen in der Schweiz, seinen Brüdern in Christo unter anderem folgendes: »Unter dem Zeichen des Kreuzes lasset euch munden das Fleisch des wilden Pferdes!«

Bis zu Beginn des 17. Jahrhunderts hielten sich verschiedene europäische Städte ganze Abteilungen Schützen, die Wildpferde abschießen mußten, da diese die Felder verwüsteten. In den Wäldern des östlichen Mitteleuropa sollen noch vor etwa hundertfünfzig Jahren Wildpferde anzutreffen gewesen sein. Oder sind es vielleicht verwilderte Pferde gewesen? Diese Frage kann heute nicht mehr entschieden werden.

Im Jahre 1814 trieben mehrere tausend Treiber die letzten Wildpferdherden in einem Wald bei Duisburg zusammen und machten sie nieder. Es wurden zweihundertsechzig Tiere getötet.

»Vernehmt nun, was ich in Tschernigow getan habe: In den dichten Wäldern habe ich mit eigener Hand zehn oder auch zwanzig lebende Wildpferde gefesselt, außerdem beim Ritt durch die Rus solche Wildpferde auch mit eigenen Händen gefangen.« Das schrieb der Kiewer Fürst Wladimir Monomach in seiner »Belehrung für Kinder«. Demnach gab es noch im 12. Jahrhundert und später auch in Rußland Wildpferde. Wie Historiker berichten, wurde der spätere Hetman Iwan Mazeppa 1663 von Kosaken wegen eines Vergehens folgendermaßen bestraft: Sie banden ihn auf ein Wildpferd, das ihn in die Steppe trug.

Doch Mazeppa konnte sich von seinen Fesseln befreien, und vierundvierzig Jahre später führte er in der Ukraine einen Aufstand gegen Zar Peter an.

Die Ukraine war das einzige europäische Land, in dem bis zur zweiten Hälfte des vorigen Jahrhunderts Wildpferde lebten. Es handelte sich um die berühmten Tarpane, die seinerzeit in aller Munde waren, heute jedoch fast vergessen sind. Selbst bei den Bewohnern jener Gegenden, in denen vor hundert Jahren noch Wildpferde frei herumliefen, haben sich keine Erinnerungen an sie erhalten.

Der Tarpan (oder Turpan, wie das ursprüngliche tatarische Wort lautet) war nicht groß, aber ausdauernd und mutig. Sein Fell hatte eine mausgraue Färbung und einen dunklen Aalstrich (Längsstreifen auf dem Rücken). Mähne, Schweif und Beine waren schwarz oder schwarzbraun, und an den Vorderbeinen fanden sich bei manchen Tarpanen dunkle Querstreifen – ein kaum wahrnehmbarer Zebroidismus.

Noch in jüngster Zeit lebten Tarpane in den südrussischen Steppen und Waldsteppen und sogar in den Wäldern von Litauen und Belorußland (im Urwald von Belowesh sogar bis Ende des 18. Jahrhunderts, wie der sowjetische Zoologe Prof. Heptner schreibt), über die gesamte Ukraine verstreut, in den Steppen der Krim, im Vorland des Kaukasus, am Don und im unteren Wolgagebiet – bis zur Wolga selbst, ja vielleicht sogar bis zum Ural. Jenseits des Ural war eine andere Wildpferdart zu Hause – die dshungarischen Tarpane, die unter dem Namen Przewalskipferde bekannt sind. Wenn jene Zoologen recht haben, die – wie schon berichtet – Tarpane und Przewalskipferde als identisch ansehen, so kann man sagen, daß die Tarpane auch jenseits des Ural, in den sibirischen Steppen bis zum Irtysch, Altai und bis zum heutigen Nowosibirsk hin anzutreffen waren. In den daurischen Steppen jenseits des Baikal finden wir ebenfalls Wildpferde bezeugt, die bis Ende des 18. Jahrhunderts dort gelebt haben müssen.

Die russischen Steppen waren damals noch nicht unter den Pflug genommen. Durch mannshohes Gras, Reihergras, Schafschwingelgras, trabten ganze Herden von Wildpferden über die menschenleeren Weiten der Steppe. Eine Herde bestand gewöhnlich aus zehn bis zwanzig Tieren und wurde von einem alten, erfahrenen Hengst geführt.

Der zaristische Verwaltungsbeamte Koltschanow war seinerzeit ein begeisterter Sammler von Mitteilungen über das Leben der Tarpane in der Freiheit. Er beschrieb ihre Lebensweise wie folgt: »Die Tarpane waren sehr vorsichtige, leichtfüßige und schnelle Tiere. Jede Tarpanherde wurde von einem Hengst geführt, der die Herde bewachte, wenn sie äste. Er stand dabei stets auf einem Hügel oder auf einem anderen erhöhten Platz. Nahte Gefahr, warnte er die Herde und verließ den Platz stets als letzter. Bevor die Herde zur Tränke ging, musterte er die Stelle zuvor genau, ob sich nicht etwa eine Gefahr dort verbarg. Dazu entfernte er sich nicht selten einen Kilometer und mehr. Wenn in trockenen Sommern alles Wasser in der Steppe verdunstet war, kamen die Tarpane zum Dnepr, wo sie bei Kasazki Brod, etwa vierzig Kilometer von Seljonaja entfernt, anzutreffen waren. Wie berichtet wird, konnten die Tarpane lange Durst ertragen. Etwas Tau, den der Tarpan mit der Zunge vom Gras ableckte, genügte, um seinen Durst zu löschen.

Man fing die Tarpane, und zwar vor allem die Füllen und die trächtigen Stuten, im Frühjahr. Alte Tarpanhengste wurden nur selten mit dem Lasso gefangen: Sie liefen zu schnell, außerdem waren sie außerordentlich vorsichtig. Niemals aber ist es gelungen, sie zu zähmen, nicht einmal als Reittiere abzurichten. Füllen ließen sich aufziehen und als Reittiere verwenden, doch hielten sie gewöhnlich nicht lange durch und gingen ein. Es kam vor, daß sich Steppenpferde, vorwiegend Stuten, Tarpanherden anschlossen. Es wird sogar berichtet, daß Tarpanhengste Stuten von Hauspferdherden abzusprengen versucht und sich in Kämpfe mit zahmen Hengsten eingelassen hätten. Dabei seien sie jedoch niemals Sieger geblieben.«

In der Ukraine, in der Orenburger Gegend und überall, wo es Tarpane gab, waren diese Tiere höchst ungern gesehen. Und das nicht nur, weil sie gelegentlich eine Stute entführten, sie schadeten den Saaten und fraßen im Winter das Heu, das die Siedler in der Steppe zu Schobern aufgetürmt hatten. Überall wurden sie bekämpft. An Tränken und Heuschobern lauerte man ihnen auf. Der alte russische Naturforscher Ewersmann, der seinerzeit noch in der Orenburger Gegend lebende Tarpane gesehen hat, schreibt dazu: »Die dortigen Bewohner fangen sie häufig als junge Tiere und zähmen sie, trotzdem bleiben sie immer wild und scheu. Im Winter bei tiefem Schnee macht man Jagd auf sie: Sobald eine Wildpferdherde gesichtet wird, versammeln sich die Leute, nehmen die besten und schnellsten Pferde und versuchen die Tarpane in weitem Kreis zu umzingeln. Wenn das gelingt, reiten die Jäger geradewegs auf sie los. Die Tarpane versuchen zu fliehen, und die Reiter setzen ihnen auf ihren Pferden nach, bis schließlich die kleinen Füllen vom Laufen im Schnee ermüden. Alte Tarpane laufen so schnell, daß es ihnen stets gelingt zu entkommen.«

Je mehr die südlichen Steppen Rußlands besiedelt wurden, desto mehr wurde den Tarpanen nachgestellt. »Der Tarpan war schon allein auf Grund der ökonomischen Entwicklung unseres Landes zum Untergang verurteilt«, meinte der schon erwähnte Heptner. Wie immer, kam auch ihr Ende hier schneller, als selbst die unverbesserlichsten Pessimisten es erwartet hatten. Während zu Beginn des vorigen Jahrhunderts im Süden der Ukraine und auf der Krim noch zahlreiche Tarpanherden lebten, starb schon 1879 der letzte frei lebende Tarpan, eine einäugige Stute. Ihre Geschichte ist interessant und recht gut belegt, man findet sie in der Chronik der Familie Falz-Fein verzeichnet.

Ende des 19. Jahrhunderts erwarb Friedrich Falz-Fein in den Steppen nördlich der Krim Land für ein Reservat, wo die ursprünglich hier beheimatete Fauna und Flora bewahrt werden sollten. Später wurden in diesem in seiner Art einmaligen Naturschutzgebiet, das heute unter dem Namen Askania Nowa bekannt ist, erfolgreich Versuche zur Akklimatisierung einer Reihe exotischer Tiere vorgenommen.

Falz-Feins Nachbar Alexander Durilin besaß ebenfalls große Ländereien. In der Rachmanower Steppe am linken Ufer des unteren Dnepr weideten auf seinem Besitz große Pferdeherden. Tarpane hatte schon seit Jahren in dieser Gegend niemand mehr gesehen (dies trug sich in den siebziger Jahren des vergangenen Jahrhunderts zu). Da kam eines Tages aus unbekannter Richtung ein Wildpferd angetrabt – nach Meinung von Falz-Fein das letzte – und lief, aufmerksam nach allen Seiten witternd, auf eine Herde Hauspferde zu. Offenbar fühlte es sich einsam, fürchtete sich aber, sich den »zivilisierten« Artgenossen zu nähern. Von Tag zu Tag wurde es jedoch kühner, und schließlich hatte es sich an die Hauspferde gewöhnt, die es bald als ihresgleichen betrachteten. Wenn die Hirten weit waren, weidete die Tarpanstute gemeinsam mit den anderen Pferden. Sobald sie aber näher kamen, galoppierte die Stute davon und wartete, bis sich die Menschen wieder entfernt hatten.

Wie berichtet wird, ist niemals beobachtet worden, daß sich die Tarpanstute zum Ausruhen hingelegt hätte, wie es die Hauspferde tun. Sie war unentwegt auf den Beinen und schlief auch im Stehen.

Drei Jahre dauerte es, bis das Wildpferd friedlicher und zutraulicher zum Menschen wurde. Es lief nicht mehr, wie früher, davon, wenn sich die berittenen Hirten näherten, und an der Tränke und an den Futterstellen, die im Winter eingerichtet wurden, ließ es sie ganz nahe herankommen. In diesen drei Jahren fohlte die Stute zweimal, der Vater dieser Füllen war der Leithengst der Durilinschen Herde. Als die Füllen ausgewachsen waren, wurden sie als Gespannpferde eingesetzt, doch sie waren schwach und als Arbeitspferde ungeeignet.

Nach drei Jahren entschloß sich die wilde Stute, zusammen mit der Herde ins Wintergehege zu gehen, wo die Pferde gefüttert wurden. Durilin befahl, die Stute einzufangen. Die Hauspferde wurden hinausgetrieben, nur die Tarpanstute blieb im Gehege. Wie irrsinnig rannte sie gegen die Einzäunung an und raste im Gehege umher, wobei sie sich ein Auge ausschlug. Dann zog sie sich in eine Ecke zurück und verharrte wie in Trance. Mehrere Tage stand sie dort, ohne zu fressen, aber Hunger und Durst trieben sie schließlich hinaus. Allmählich gewöhnte sie sich an die Menschen, sie nahm auch aus den Händen des Pferdeknechts Heu an. Sie ließ sich zur Tränke führen, doch versuchte sie immer, sich loszureißen, und satteln ließ sie sich überhaupt nicht.

Als die Stute im Frühjahr zum drittenmal gefohlt hatte, diesmal im Pferdestall, ließ man sie zusammen mit der Herde frei weiden; man dachte, sie sei nun völlig zahm. Doch die Tarpanstute zog die Freiheit einem vollen Magen vor. Kaum war das Tor geöffnet, der Stute das Halfter abgenommen, als sie laut wiehernd in die Steppe davonjagte. Später kehrte sie zurück, doch nicht für lange: Sie lockte ihr Füllen und verschwand mit ihm auf Nimmerwiedersehen.

Nun spielt die Geschichte in der Nähe von Askania Nowa weiter. Bauern des Dorfes Agaiman, das in der Taurischen Steppe fünfunddreißig Kilometer von Askania Nowa entfernt lag, erzählten, sie hätten einen Tarpan gesehen. Um ihre Pferde auf Herz und Nieren zu prüfen, wollten sie den Tarpan mit vereinten Kräften fangen. In der ganzen Gegend wurden berittene Posten aufgestellt – die besten Reiter mit den besten Pferde (mancher obendrein mit einem Beipferd), die die ermüdeten Verfolger ablösen sollten. Die Jagd fand an einem Dezembertag statt. Pferde und Reiter wechselten einander ab, und vielleicht hätten die Jäger den Tarpan dennoch nicht eingeholt, wenn das Tier nicht Pech gehabt hätte. Es geriet mit einem Vorderbein in einen Murmeltierbau, stürzte und lag hilflos mit gebrochenem Bein im Schnee. Die Männer umringten das Tier, fesselten es, legten es auf einen Schlitten und brachten es nach Agaiman. Dort stellten sie fest, daß es jene einäugige Stute war, die die Freiheit einem satten Magen im Durilinschen Pferdestall vorzog.

Die Tarpanstute genoß in der ganzen Umgebung solche Verehrung, daß selbst die Bauern – einfache Menschen, die nichts für Sentimentalitäten übrig hatten – sie von Herzen bedauerten. Sie wollten die Tarpanstute retten, deshalb ließen sie den Barbier des Dorfes, der sich auf Pferdekrankheiten verstand, einen neuen Huf, eine Prothese, für sie anfertigen. Doch das von der Verfolgung erschöpfte und von Schmerzen gequälte Tier nahm von seinen Feinden keine Gnade an. Ende Dezember 1879 ging die Stute, der letzte freie Tarpan, in der verhaßten Gefangenschaft ein.

Das war also das Schicksal des letzten freien Tarpans. In Gefangenschaft lebte freilich noch einer: der berühmte Schatilowsche Tarpan, der nur eine einzige Woche in der Steppe lebte, die übrigen zwanzig Jahre seines Lebens aber in Gefangenschaft zubrachte.

Der berühmte
Schatilowsche Tarpan

Schatilow war ein großer Pferdefreund. Er beschäftigte sich eingehend mit den Tarpanen, schrieb über sie, tat sein Möglichstes, um sie vor dem Untergang zu bewahren. Auf Ersuchen der Petersburger Gesellschaft für die Akklimatisierung von Tieren brachte er Ende vorigen Jahrhunderts einen Tarpan nach Moskau und einen nach Petersburg. Es sind dies die einzigen Exemplare, die von Zoologen eingehend untersucht wurden und von denen Knochen erhalten sind: Der Schädel des einen befindet sich im Zoologischen Museum der Universität Moskau, und das Skelett des anderen, des taurischen Tarpans, wird in Leningrad, im Zoologischen Institut der Akademie der Wissenschaften, aufbewahrt.

Der taurische Tarpan wurde auf dem Besitztum eines gewissen Obolenski in der Taurischen Steppe gefangen und im Jahre 1862 nach Petersburg gebracht. Als Akademiemitglied Brandt das Wildpferd sah, meinte er, es habe sich nicht gelohnt, das Tier von so weit her zu holen: Es handele sich nicht um einen Tarpan, sondern um ein ganz gewöhnliches Bauernpferd. Schatilow widersprach: Das Pferd lasse schon auf den ersten Blick die typischen Merkmale eines Wildpferdes erkennen, man brauche es nur zu betrachten, da sähe man, daß es sich bei den Tarpanen nicht um verwilderte Hauspferde, sondern um eine ursprüngliche, wilde Art der Familie der Pferde handele.

Eine spätere Untersuchung des Schädels und des Skeletts dieses Tarpans zeigte, daß Schatilow recht hatte.

Wenn aber der taurische Tarpan dem Schatilowschen ähnlich sah, so ist Brandt vermutlich ein kleiner Irrtum unterlaufen. Der Schädel eines Wildpferdes unterscheidet sich kaum von dem eines Hauspferdes. Bei der Untersuchung eines Schädels herauszufinden, ob es sich um den eines Wildpferdes oder um den eines Hauspferdes handelt, ist vermutlich sehr schwer. Urteilt man an Hand der äußeren Merkmale, so sah der Schatilowsche Tarpan einem Wildpferd sehr wenig ähnlich. Als der Tarpan, der als einwöchiges Füllen in der Gegend von Cherson gefangen worden war, in den Moskauer Zoologischen Garten gebracht wurde, fotografierte Schatilow das Tier von vorn, von hinten und von der Seite. Dies sind die einzigen Bilder von einem lebenden Tarpan, die der Wissenschaft zur Verfügung stehen. Leider ist es aber wohl doch kein reinblütiger gewesen.

Auf den Fotografien, von denen eine in diesem Buch enthalten ist, wird ersichtlich, daß es sich um ein primitives Pferd (von offenbar recht friedlichem Gemüt) mit einem Rentierhals, einer langen Rücken- und Stirnmähne und mit Kötenbehang an den Hinterbeinen handelte, also mit Merkmalen, die bei reinblütigen Wildpferden fehlen.

Der Schatilowsche Tarpan lebte zwei Jahre im Zoo und ging Ende der achtziger Jahre ein. Er war der letzte Tarpan oder zumindest das letzte Pferd, in dessen Adern viel Tarpanblut floß, wenn auch zweifellos gemischt mit dem Blut von Hauspferden.

War es wirklich der letzte Tarpan? Vor dem Krieg bekamen sowjetische Zoologen einen Hinweis, der Zweifel daran aufkommen ließ. Im Frühjahr 1934 wurden Professor Heptner die von mehreren Zeugen beglaubigten Aussagen des Zootechnikers Leontowitsch übermittelt.

»Von 1914 bis 1918 konnte ich das letzte Exemplar eines Tarpans beobachten. Das Tier lebte auf dem Gut Dubrowka, Kreis Mirgorod, Gouvernement Poltawa.«

Es handelte sich um einen alten Hengst, den die Besitzer des Gestüts einer Herde von kirgisischen Stuten beigegeben hatten. Der Hengst kam seinen Pflichten höchst eifersüchtig nach und galt als »unerhört böse und wild«. Keinen Fremden ließ er an seinen Harem heran, ja er griff selbst Reisende in der Steppe an, »wenn sie Stuten im Gespann hatten«. Der mausgraue Hengst stürmte so ungestüm und entschlossen auf das Fuhrwerk los, daß die Menschen es mit der Angst bekamen und die Flucht ergriffen. Dann befreite der Tarpan seine neuen Geliebten, indem er das Geschirr durchbiß, und trieb sie mit triumphierendem Wiehern seiner Herde zu.

Dieser mutige Hengst war deutschen Kolonisten abgekauft worden. Sie hatten ihn aus einer Herde von Wildpferden gefangen, die alle getötet wurden. Noch als Füllen war er nach Dubrowka gekommen, wo sich aber »niemand für ihn interessierte«. Heptner meint, die deutschen Kolonisten hätten die Herde, aus der der Tarpan stammte, ebenfalls in der Taurischen Steppe erlegt, und zwar Anfang der neunziger Jahre des vorigen Jahrhunderts. »In dieser Zeit ist wahrscheinlich der letzte frei lebende Tarpan zugrunde gegangen. Demnach starb der letzte in Gefangenschaft lebende Tarpan nicht in den achtziger Jahren, sondern 1918 oder 1919«, schließt der Wissenschaftler.

Ein biologisches Wunder – die »Auferstehung« des Tarpans

Damit könnte die Geschichte der Tarpane abgeschlossen sein, wenn es nicht Wissenschaftler gegeben hätte, die sich mit dem Verschwinden des Tarpans nicht abfanden und die beschlossen, ihn wieder »auferstehen« zu lassen.

Tarpane lebten nicht nur in der Steppe, sondern auch in Wäldern, zum Beispiel in Litauen, in Polen, im ehemaligen Ostpreußen. Im Urwald von Belowesh waren sie noch gegen Ende des 18. Jahrhunderts anzutreffen, und im Tierpark der Pans von Zamojść erlebten sie noch den Beginn des vorigen Jahrhunderts. Im Jahre 1808 wurden dort zwanzig Wildpferde an Bauern verkauft. Die Bauern zähmten sie, ritten auf ihnen und spannten sie vor den Pflug. Die Nachkommen dieser Tarpane, die natürlich mit Hauspferden gekreuzt waren, haben sich bis in die Gegenwart zahlreiche Merkmale ihrer wilden Ahnen bewahrt.

Aus den tarpanartigen »Konik«, wie diese Pferde in Polen genannt wurden, wollten Genetiker durch sinnvolle Kreuzung und Zuchtwahl eine neue Pferderasse mit den äußeren Merkmalen des Tarpans züchten, ein Unternehmen, das unter der Leitung von Wetulani stand. Es begann 1936 und ging trotz Krieg und Okkupation – während der viele Tiere, mit denen die Polen experimentierten, nach Deutschland gebracht wurden – erfolgreich voran. Der Tarpan erstand neu, für alle sichtbar: Schritt für Schritt wurden seine während der letzten anderthalb Jahrhunderte in der Masse der bäurischen Halbblüter untergegangenen Merkmale wieder neu gezüchtet. Die auf Hunderte von Pferden verstreuten Familienmerkmale des mausgrauen Wildpferdes konnten wie im Brennpunkt einer Linse in wenigen Tieren »gesammelt« und konzentriert werden. Einige Stuten brachten Füllen mit der kurzen, aufrecht stehenden Mähne eines Zebras oder eines Przewalskipferdes zur Welt – ein Merkmal, das für das Wildpferd besonders typisch ist und den Nachfahren von Hauspferden besonders schwer anzuzüchten ist.

Die »rückgezüchteten« oder, wie die Zoologen sagen, »regenerierten« Tarpane von Belowesh leben frei im Wald und brauchen auch bei Schneesturm und Frost keine Unterkunft. Selbst im Winter werden sie nur selten gefüttert.

Fast zur gleichen Zeit beschloß man auch in Deutschland, den Tarpan wieder »auferstehen« zu lassen. Auf dem Besitz der Fürsten von Lippe-Detmold lebten seit mehreren Jahrhunderten verwilderte Pferde frei im Wald. Niemand störte sie dort, nur einmal im Jahr wurde die Herde zusammengetrieben, damit die neugeborenen Füllen gekennzeichnet werden konnten. Für die Bewohner der Umgebung war das stets ein großes Fest, bei dem wie in früheren Jahrhunderten fröhliche Lieder gesungen und Gelage veranstaltet wurden.

Aus dieser Herde wählten die Brüder Lutz und Heinz Heck für ihre Versuche Pferde aus, bei denen die äußeren Wildpferdmerkmale am stärksten ausgeprägt waren. Diese beiden Biologen hat die Wissenschaft im wesentlichen auch die Rettung des Wisents zu verdanken. Sie unternahmen sogar erfolgreiche Versuche zur Regenerierung des Auerochsen. Nun also hatten sie sich vorgenommen, den Tarpan zu »regenerieren«. Beide Brüder waren Zoodirektoren – Lutz Heck in Berlin, Heinz Heck in München-Hellabrunn, und so wurde der Tarpan gleichzeitig in zwei zoologischen Gärten »wiedergeboren«.

In seinem Buch »Meine Abenteuer mit Tieren« schreibt Lutz Heck: »Wir gingen von dem Prinzip aus, daß kein Wesen als völlig ausgestorben gelten kann, solange seine Erbanlagen noch in seinen Nachfahren erhalten sind. Diese Anlagen können durch Kreuzung mit anderen Tierarten in Hybriden deutlich zum Vorschein gebracht werden. Unter Anwendung moderner genetischer Erkenntnisse ist es sogar möglich, ein ausgestorbenes Tier erbmäßig zu regenerieren. Wenn sich die Mischlinge vermehren, so kann man durch künstliche Zuchtwahl ihr Aussehen von Generation zu Generation in der gewünschten Richtung verändern. Das Endergebnis ist, daß ein Tier wiederersteht, das seit Hunderten von Jahren ausgestorben ist. Das ausgestorbene Tier wird wieder leben!«

Und er fährt fort: »Es gibt viele Pferde, die unmittelbar vom Waldtarpan abstammen: die nordischen Zwergwuchspferde, die sogenannten skandinavischen Ponys, die isländischen Ponys, die gotländischen Pferde, die Dartmoor-Wildpferde und auch die Bauernpferde in Polen, in Galizien und in den benachbarten Gebieten. Von allen Pferden haben diese den ursprünglichen Typ des Wildpferdes am besten bewahrt.

Mein Bruder und ich wählten eine Methode, die unser Vater durch langjährige Versuche im Berliner Zoo entwickelt hat. Wenn man zum Beispiel eine Steinziege mit einer Hausziege kreuzt, so finden sich unter ihren Nachkommen merkwürdigerweise nicht nur Ziegen mit der Färbung der Steinziege und der Hausziege sowie mit allen Zwischentönungen, sondern auch Ziegen, die die gleiche Färbung wie die Bezoarziege, der wilde Vorfahr der Hausziege, haben, obgleich diese Besonderheit seit Jahrhunderten nicht mehr zu beobachten ist. Das ist ein erstaunliches Ergebnis! Verständlich ausgedrückt heißt es, daß die Steinziege durch die Vererbung die Hausziege sozusagen zwingt, die viele Jahre in den Erbanlagen verdeckten ursprünglichen Eigenschaften ihrer wilden Vorfahren preiszugeben.

Das gleiche haben wir auch bei Pferden durchgeführt. Wir versuchten, ihren Sprößlingen die uralten Merkmale des wilden mausgrauen Waldpferdes, das unter dem Namen Tarpan bekannt ist, zurückzugeben.

Wir kreuzten einen falben Hengst einer anderen wilden Steppenpferdart (d. h. einen Przewalski-Hengst) mit den domestizierten Nachfahren des mausgrauen Tarpans: mit isländischen Pony-Stuten und mit polnischen Konik-Stuten. Schon bei der zweiten Kreuzungsserie erhielten wir in München ein märchenhaftes Füllen! Es trug gleichsam eine graue Uniform: es war grau wie eine Maus, nur die Mähne, der Schweif und der Aalstrich waren schwarz. Als es größer war, wurde die Unterseite heller, während die Beine dunkel wurden wie bei einem alten Teutonenpferd. Das war unser erstes primitives Pferd! Es wurde geboren, als niemand mehr daran glaubte, je eines zu Gesicht zu bekommen. Es war gekommen wie im Märchen.«

Doch die Regenerierung des Tarpans erwies sich als weit schwieriger, als es nach den ersten erfolgreichen Versuchen den Anschein gehabt hatte. Nach den Erfolgen stellten sich Mißerfolge ein. Die Wissenschaftler erprobten die verschiedensten Varianten, kombinierten hin und her: Dem Blut der Detmolder Pferde »mischten« sie in verschiedenen Proportionen Blut von Koniks, von primitiven Ponys und von dshungarischen Tarpanen bei.

Dann ging es erfolgreich voran. Aber da begann der zweite Weltkrieg, und die Arbeit wurde unterbrochen. Alle Tarpanoiden des Berliner Zoos kamen bei Bombenangriffen und während der Kämpfe um die Stadt um. Doch die Münchener Exemplare überlebten. Jetzt gibt es einige Dutzend Tiere, die schon »wie Tarpane aussehen«.

Noch ein interessantes Detail: Die Genetiker hatten nicht beabsichtigt, Pferde mit stärkeren Hufen zu züchten. Doch es ergab sich ganz von selbst, daß die Sprößlinge neben anderen primitiven Merkmalen auch dieses atavistische, von ihren wilden Vorfahren herrührende Merkmal aufwiesen – sie hatten sehr kräftige Hufe.

Philipp Street berichtet in seinem Buch über ausgestorbene Tiere, nach dem Kriege habe ein Münchener Tarpan als Gespannpferd rund tausend Meilen (1 600 Kilometer) auf schlechter Wegstrecke zurückgelegt. »Obwohl er nicht beschlagen war, befanden sich seine Hufe danach in ausgezeichnetem Zustand.« Damit hat die Wissenschaft ein weiteres phantastisches Wunder vollbracht: Es gibt wieder Tarpane.

»Tapfer wie ein Auerochse«

»Das Tier sieht einem Pferde ähnlich, doch ist es furchtgebietend und unbesiegbar. Zwischen den Ohren trägt es ein riesiges Horn. Sein Körper ist braun, und im Horn liegt seine ganze Kraft. Wird es gejagt, so rast es auf einen Berg, von wo es sich hinabstürzt und das Horn einbüßt. Es lebt allein und wird 532 Jahre alt. Wenn es sein Horn am Meeresufer abwirft, wächst aus ihm ein Wurm; deshalb ist es ein Einhorn. Ein altes Tier ohne Horn ist schwach und verlassen und stirbt.« So wissen die russischen Asbukowniks, die alten russischen Enzyklopädien des sechzehnten und siebzehnten Jahrhunderts, vom Einhorn zu berichten.

Eine mehr populäre Form des Einhorns findet man in christlichen Legenden – das einhörnige Pferd. Das Urbild war jedoch offensichtlich ein Ochse. Archäologen fanden bei Ausgrabungen alter Städte im Mittleren Osten assyrische und babylonische Basreliefs und Schriftzeichen, aus denen hervorging, daß das althebräische Wort »Reem«, das die »Redakteure« des ins Griechische übersetzten Alten Testaments mit »Einhorn« wiedergaben, in Wirklichkeit den Auerochsen bezeichnete.[9]

Vielleicht wurden die Bibelübersetzer, die den Auerochsen als Einhorn bezeichneten, von verschiedenen assyrischen und babylonischen Basreliefs irregeführt, auf denen der Auerochse nur ein einziges Horn trägt. Zwar wiesen in diesen in Stein gehauenen Jagdszenen auch die Wagen weniger Räder und die Pferde weniger Beine auf, als sie in Wirklichkeit hatten, doch das fand bei den Übersetzern keine Beachtung. Den »Reem« aber erhoben die Künstler des Altertums, verliebt in die elegante symbolhafte Darstellung, in den hohen Rang eines Einhorns, wobei sie dieses mit allen Eigenschaften des Auerochsen bedachten: Es war schnellfüßig, furchtlos, mit Riesenkräften ausgestattet, und es hatte sogar jene Vorliebe für sumpfige Auen, die, wie wir noch sehen werden, den schwarzen Waldbüffel auszeichnete.

Was war das für ein Tier – dieser einhörnige Auerochse, von dem Legenden und Überlieferungen vieler Völker des Westens und Ostens mit so viel Furchtsamkeit und Respekt zu berichten wissen?

Dieser wilde Ur war ein außerordentlich großes und mutiges Tier. Bis zum Widerrist gemessen, erreichte er, wie berichtet wird, eine Höhe von fast zwei Metern, sein Gewicht betrug rund eine Tonne. Übrigens ist der Auerochse in den letzten Jahrhunderten viel kleiner geworden.

Schwarz, mit einem weißen Aalstrich am Rist (Kühe und Kälber waren rotbraun oder braun), war er mit seinen mächtigen, spitzen Hörnern, seiner Schnelligkeit und Kühnheit für mit Speeren bewaffnete Menschen ein ebenbürtiger Gegner.

Noch in geschichtlicher Zeit lebten Auerochsen über ganz Europa verstreut, sogar in England und in Südschweden; ferner in Nordafrika, in Syrien, Palästina, Mesopotamien, in der Türkei. Auf dem Gebiet der heutigen Sowjetunion kam er in Litauen und in Belorußland, in der Ukraine, am Don, im Vorland des Kaukasus, im Norden Rußlands bis nach Nowgorod und bis zum Südufer des Ladogasees, in der Gegend um Smolensk, Kalinin, Jaroslawl, Moskau, Rjasan und Tula vor.

In kleinen Herden zogen diese Tiere durch Steppen, Flußwälder und durch dichte Sumpfdickichte. Sie schätzten selbst »feuchte, sumpfige Stellen, wo ihnen freie offene Flächen ausreichend zur Verfügung standen«.

---

9) Erstmals wurde das hebräische Alte Testament während der Herrschaft von Ptolemäos II. Philadelphos (284–247 v. u. Z.) in Alexandria übersetzt. Diese Übersetzung wird als Septuaginta (»siebzig«) bezeichnet, offenbar unter Anspielung auf die Zahl der beteiligten Redakteure und Übersetzer.

In den sogenannten Bylinen – den altrussischen Heldenliedern –, in russischen Sprichwörtern und Chroniken findet man die Lebensweise des Auerochsen ziemlich genau dargestellt, fachmännischer gesagt, werden gewisse Züge seiner Biologie skizziert. Hören wir also:

»Nun such dir Gras im Sumpf und trinke faules Wasser!« sagt Marinka Ignatjewna in einer der Bylinen zum Recken Dobrynja Nikititsch[10]. Vorher heißt es von Marinka:

»Sie führte Dobrynja hinaus auf die Weide,
verzaubernd ihn in einen Ur.«

Hinterher spottet Marinka:

»Hinaus aufs Feld, du brauner Ur,
hinaus zu Bruderfellen!
Auch dir gab ich den Zauberschwur,
nun seid ihr zehn Gesellen.«

Als sie der Einsamkeit überdrüssig ist, erinnert sie sich wieder an Dobrynja:

»Wo bist du hin, mein zehnter Ur,
verlaß doch Schlamm und sumpfge Flur
und komm nun her zu mir! ...
Genug warst du auf schwankem Weg
der Sümpfe Tag und Nacht.«

In den Bylinen werden die Auerochsen übrigens immer als braun, nie als schwarz bezeichnet. Unsere Vorfahren waren doch nicht farbenblind, daß sie Schwarz und Braun verwechselten! Oder lebten im Dneprgebiet braune Auerochsen? Auch die nordafrikanischen Auerochsen sollen, wie Professor Heptner behauptet, hellbraun gewesen sein. Dieses Rätsel wird heute wohl niemand mehr lösen.

Aber lesen wir nach, welche Eigenschaften dem Auerochsen in den russischen Bylinen und Chroniken noch zugeschrieben werden. Vor allem rühmen sie seinen Mut, seine Kraft und seine Schnelligkeit. In der Ipatjew-Chronik heißt es von Roman Mstislawowitsch: »Tapfer war er

---

10) Einer der altrussischen Helden, die der Maler Wasnezow auf seinem auch in der DDR gut bekannten Gemälde »Recken« dargestellt hat. Die Taten dieser drei Recken – Ilja Muromez, Dobrynja Nikititsch und Aljoscha Popopitsch – werden in zahlreichen epischen Gesängen, den obenerwähnten Bylinen, behandelt.

wie ein Ur.« Und im berühmten »Lied von der Heerfahrt Igors« wird Igors Bruder Wsewolod ebenfalls mit einem wilden Ur verglichen. Mit solchen Epitheta wurden nur die allertapfersten Helden bedacht.

Der Auerochse war so behende und gewandt, ging seinen Gegner so stürmisch an, daß er in Märchen und Bylinen häufig zum Symbol für die Schnelligkeit selbst wird: Die Helden verwandeln sich manchmal in Auerochsen, um den Feind einzuholen oder um ihm zu entfliehen. Interessant ist, daß vor einem halben Jahrhundert der Zoologe und Genetiker Prof. Bogdanow schrieb, im Gouvernement Kostroma sei bis heute ein Dialektwort für »eilen« im Gebrauch, das sich vom russischen Wort für »Ur« ableite (»turitsja«). In einem alten russischen Rätsel wird der Auerochse mit einem Blitz verglichen: »Kaum hat er unser Aug erreicht, schon zittern unsre Glieder; da reißt er seinen Rachen auf, fährt brüllend auf uns nieder ...« Und im Alten Testament (freilich nur im hebräischen Original, nicht in der Übersetzung) werden selbst Gott Jahve Eigenschaften des Auerochsen zugewiesen: »Schnell ist er wie ein Reem.«

Das Gebrüll des Auerochsen muß sehr laut und furchterregend gewesen sein. Wer nicht gerade zu den Tapfersten zählte, geriet in Panik und Schrecken, wenn er es vernahm:

Als Ilja Muromez, wie in der Byline »Ilja Muromez und die Räuber« berichtet wird, die »Räubernachtigall« zum Bojarenhof brachte, sprach er zu ihr:

»Singe wie die Nachtigall!

Zische wie die Schlange!

Brülle wie der Auerochs!

O Wladimir – nun bange!«

Die »Räubernachtigall« tat, wie ihr geheißen. Sie führte auch den dritten Befehl aus und brüllte wie der Auerochs:

»Der Schreck auf unserm Bojaren saß,

auf Knien kroch er hinaus.«

In einer anderen Byline heißt es, das Gebrüll eines Auerochsen habe »dreihundert Hengste in panischer Angst vom Hofe des Fürsten getrieben«.

So also war der Auerochse. War – denn jetzt gibt es ihn nicht mehr, der Mensch hat ihn ausgerottet. Und obwohl das noch gar nicht so lange her ist, geriet der Auerochse fast überall, wo er einst lebte, völlig in Vergessenheit. Nur in Bylinen, in Sprichwörtern und in manchen Sitten lebt er fort (z.B. verkleidete man sich in einigen Gegenden an manchen Festtagen als Auerochse), und auch einige Orts- und Familiennamen in slawischen Ländern erinnern an ihn: Turowo, Tury, Turow Log, Turshez, Turów. Auch der Schweizer Kanton Uri verdankt seinen Namen dem Auerochsen, der lateinisch Urus, im Deutschen bekanntlich auch Ur heißt.

Eine Zeitlang wurde selbst von Naturforschern bezweifelt, daß es je Auerochsen gegeben hat.[11] Was von diesem überliefert ist, schrieben sie dem Wisent zu. Doch dann wurde der Auerochse sozusagen rehabilitiert, anerkannt. Der berühmte französische Anatom und Paläontologe Cuvier wies nach, daß noch in der Eiszeit ein sehr großer Ochse mit langem Gehörn gelebt haben muß. Bei den Semiten hieß er Reem, Raim oder Rimu, bei den Römern Urus, bei den Polen und Russen Tur. Von ihm stammen wie schon Cuvier meinte, alle, zumindest aber einige Rinderrassen ab.

Was wissen wir noch von ihm?

Auf einem Obelisk steht geschrieben, daß der assyrische Herrscher Tiglatpileser I. (Ende des 12.Jahrhunderts v.u.Z.) bei der Stadt Arazik, die in der Nähe des Landes der Hethiter am Fuße des Libanon gelegen war, »riesige, wütende Rimu getötet, ihre Jungen lebend gefangen, ihre Herden vernichtet« habe.

Und Assurbanipal habe »in wenigen Tagen fünfzig mächtige Rimu getötet und zwanzig weitere lebend gefangen«.

Während seiner Kriegszüge gegen die Germanen bekam auch Julius Cäsar Auerochsen zu Gesicht. Er berichtet darüber in seinen »Kommentaren«:

Der herzynische Wald ist so groß, daß man neun Tage braucht, um

---

11) Noch im Jahre 1837 schrieb Georg Pusz in seiner »Polnischen Paläontologie«, daß der Ur niemals existiert und daß »tur« (Ur) und »zubr« (Wisent) im Polnischen lediglich zwei Formen ein und desselben Wortes seien.

ihn zu durchqueren. Er erstreckt sich von der helvetischen Grenze bis zur Donau und an ihrem Laufe entlang. Es ist ein unberührtes, undurchdringliches Walddickicht, in dem viele Wisente und noch mehr Auerochsen leben. Diese Tiere sind fast so groß wie Elefanten, doch »in Aussehen und Färbung gleichen sie dem Rind ... und ihre Kraft und Schnelligkeit ist gewaltig«. Weder Mensch noch Tier wagt es, sich ihnen in den Weg zu stellen. Man fängt sie in Fallgruben. Das Fleisch wird gegessen, und aus den Häuten werden Schilde hergestellt. Das Horn des Auerochsen gilt bei den Kriegern als Zeichen besonderen Mutes. »Es wird sorgsam aufbewahrt und an den Enden mit Silber beschlagen. Bei Feierlichkeiten dient es als Trinkgefäß.« Auch Wladimir Monomach, Großfürst von Kiew (1053–1125), erwähnt in seiner »Belehrung für Kinder« einen Auerochsen, der ihn – mitsamt dem Pferd! – mit seinen Hörnern zweimal beiseite geschoben habe.

Aus all dem ist zu schließen, daß der Auerochse für den Jäger ein begehrtes und ehrenhaftes Beutetier gewesen ist, daß dieses aber sein Leben teuer verkaufte und ein gefährlicher Gegner war.

Die Barden Karls des Großen haben uns nicht nur Beschreibungen von Festmählern und Kriegszügen hinterlassen, sondern auch sehr anschaulich einen Kampf mit einem Auerochsen geschildert.

Karl wollte sich arabischen Gesandten, die ihm ein Geschenk des Kalifen überbracht hatten, erkenntlich erweisen und veranstaltete eine Jagd auf Auerochsen. Doch für die Araber war sie alles andere als ein Vergnügen. »Als sie dieser schrecklichen Tiere ansichtig wurden, durchfuhr sie ein Schreck, und sie ergriffen die Flucht.« Karl der Große, von dem berichtet wird, er habe zum Scherz einmal zwei Krieger in voller Rüstung mit der Spitze seines Speeres hochgehoben, stürzte sich unerschrocken in den Kampf und stieß einem Auerochsen seinen Speer ins Genick. Aber das Tier war nicht tot, sondern nur verwundet, es griff den König an und verletzte ihn am Bein. Da warf sich der Krieger Isenbart, der beim König in Ungnade gefallen war, dem Auerochsen entgegen und durchbohrte ihn mit dem Speer, so daß er auf der Stelle tot war. Die Höflinge umringten ihren Herrn, doch Karl erklärte, seine Wunde sei nicht groß, und begab sich unmittelbar danach zu Irmengard, dem Weib seines Sohnes Ludwig. »Er zeigte ihr seine Wunde und das Horn des Ungetüms von Auerochsen, der ihn verletzt hatte.«

Noch im Mittelalter wurden in Europa Auerochsen gejagt. Auch darin standen die Mönche den weltlichen Herren nicht nach. Der Heilige Vater selbst hatte ihnen empfohlen, Auerochsenfleisch zu genießen (das Fleisch des Tarpans war ihnen päpstlicherseits verboten worden, doch die Mönche hielten sich nicht daran).

Bald lebten Auerochsen in Westeuropa aber nur noch in der Erinnerung der Menschen. Schon um 1400 waren sie dort ausgerottet. Doch in Polen und in Litauen hielten sie sich noch. Freiherr von Herberstein, der Gesandte Maximilians I. und Karls V., besuchte zweimal, 1517 und 1526, auch Moskau. Was der wißbegierige Herberstein in diesem Land und auf der Reise dahin sah, hörte und las, beschrieb er in seinem Buch »Rerum moscovitarum commentarii«, das er 1549 in Basel veröffent-

So stellte Freiherr von Herberstein den Auerochsen in seinem bekannten Werk »Rerum moscovitarum commentarii« dar

lichte. Darin findet auch der Auerochse häufig Erwähnung. Wie Herberstein berichtete, sei der Auerochse behende und gewandt. Er spiele und tummele sich und werfe dabei Mist hoch in die Luft, fange ihn mit seinen Hörnern im Fluge auf und schleudere ihn erneut in die Höhe. Für diesen urwüchsigen »Jongleur« sei es eine Kleinigkeit, ein Pferd mitsamt dem Reiter auf die Hörner zu nehmen und in die Luft zu werfen. Ein einziger Auerochse nehme es mit einem ganzen Wolfsrudel auf. Auch den Menschen fürchte er nicht, weiche ihm auch nicht aus ... Wenn er auf einem Wege äse oder anderswo stehe, müsse man ihn umgehen, selbst wenn man mit einem Wagen fahre, denn das Tier gebe den Weg nicht frei.

So kreuzten sich die Wege von Mensch und Auerochse, und bald hatte der Mensch dieses störrische Tier ausgerottet. Überall in Europa wurden die Wälder gerodet, die Auerochsen verloren ihre letzten Zufluchtstätten, und rasch nahm ihre Zahl ab. Noch im 11. Jahrhundert traf man sie in den Vogesen an, doch schon im 16. Jahrhundert hatten sie sich nur noch in Polen gehalten, wo sich die Herzöge von Masowien der letzten Auerochsen annahmen. Sie stellten sie unter Schutz und veranlaßten, daß sie im Winter gefüttert wurden. Doch das stolze Geschlecht der Auerochsen war auch in den hochherrschaftlichen Wäldern bald erloschen. 1565 lebten in einem den Herzögen von Masowien gehörenden Wald bei Warschau (Wildpark von Jaktorowka) nur noch dreißig dieser Tiere. Fünfunddreißig Jahre später wurden nur noch vierundzwanzig, im Jahre 1602 vier Auerochsen gezählt.

Der letzte Vertreter der Art war eine magere Kuh; sie verendete 1627. (Der deutsche Zoologe Dr. Hilzheimer behauptete allerdings, im Tiergehege von Königsberg, dem heutigen Kaliningrad, habe noch bis 1669 ein Auerochse gelebt.)

Der Ur ist also verschwunden, jedoch nicht ganz spurlos; er hinterließ zahlreiche Nachfahren. In ausgeprägter Form findet man seine Merkmale bei den holländischen Ochsen und Kühen, noch besser aber beim ungarischen und ukrainischen Steppenrind und beim englischen Parkrind. Einige britische Lords halten in ihren Wäldern halbwilde Kühe und Bullen, die mit dem Auerochsen große Ähnlichkeit haben, jedoch nicht schwarz, sondern weiß sind.

Heute gibt es in England fünf solcher Parks. Der berühmteste ist der fast siebenhundert Jahre alte Chillingham-Park. Ende des 13. Jahrhunderts hatte der Earl of Northumberland befohlen, einen Teil seiner Wälder mit den Herden halbwilder weißer Kühe und Bullen, die in der Gegend aufgetaucht waren, zu umfrieden. Woher die Tiere kamen, ist unbekannt. Seither haben die Grafen streng darauf gesehen, daß ihr weißes Parkrind vor Einkreuzungen bewahrt blieb. Zweimal drohte der Herde die Vernichtung. 1760 grassierte eine Seuche, von der nur wenige Kühe und drei Bullen verschont blieben. Zwei von ihnen kamen bei einem Zweikampf um. Zum Glück war der letzte Bulle sehr fruchtbar, so daß die Nachkommenschaft gesichert war. Im harten Winter des Jahres 1947 kamen von dreiunddreißig Tieren zwanzig um, doch schon nach wenigen Jahren war es wieder eine stattliche Herde.

Dieses Parkrind hat nicht nur äußerlich Ähnlichkeit mit seinem Urahn, dem Auerochsen, sondern auch in physiologischer Hinsicht: Die Tiere erlangen erst im vierten oder fünften Lebensjahr die volle Geschlechtsreife. Unsere Hauskühe dagegen können schon zwei Jahre nach ihrer Geburt kalben.

Einen solchen Bullen wählte der schon erwähnte Zoodirektor Lutz Heck für seine Versuche aus. Vor seinen Versuchen mit dem Tarpan wollte er durch rückläufige Kreuzung den Auerochsen zurückzüchten. Sein Bruder Heinz Heck experimentierte zum gleichen Zweck mit ungarischen Steppenrindern. Sie kreuzten auch andere Rassen ein, und nach einiger Zeit – »viel schneller, als ich gedacht hatte«, schrieb Dr. Heck – erhielten sie schon Tiere mit vielen typischen Merkmalen des Auerochsen. Die Aufgabe sei leichter gewesen als die Züchtung einer erstklassigen Milchviehrasse, und das sei ganz verständlich, meinte Dr. Heck. Unsere Bullen und Kühe seien Millionen Jahre Auerochsen gewesen, während sie ihr jetziges »Haustier«-Aussehen erst vor einigen Jahrtausenden angenommen hätten.

Die Worte »schnell« und »leicht« haben hier natürlich relative Bedeutung: Mehr als ein Jahrzehnt verging, bevor es so weit war, daß von

---

12) Aus dem Altertum und aus dem Mittelalter sind etliche Darstellungen des Auerochsen erhalten, die beste ist die »Augsburger«. Sie wurde von Hamilton Smith in einem Augsburger Antiquariat entdeckt. Es handelt sich vermutlich um das Werk eines polnischen Meisters vom Anfang des 16. Jahrhunderts. Das Bild trug die Inschrift »Thur«.

Hunderten von Kälbern ein einziges die typischen Merkmale des Auerochsen aufwies. Die Auerochsenherde des Berliner Zoos kam während des zweiten Weltkrieges um, doch die in München überlebte. Die Bullen haben jetzt die schwarze Farbe des Auerochsen, einen weißen Aalstrich auf dem Rücken und die großen, spitzen, geraden Hörner. Die Kühe und die Kälber aber sind braun. Die Münchener Genetiker haben die schwerste Aufgabe bewältigt: Die Tiere weisen einen geschlechtlichen und altersmäßigen Dimorphismus auf, d. h., Bullen, Kühe und Kälber unterscheiden sich in Färbung und Aussehen.

Wie Prof. Heptner schreibt, wird allgemein die Ansicht vertreten, der regenerierte Auerochse sei eine nur auf das Äußere des Tieres beschränkte Kopie des ausgestorbenen Originals. Ziehe man jedoch den Dimorphismus in Betracht, der bei allen Hausrindarten fehlt, müsse man darin »doch wohl schon etwas mehr sehen«.

Jedenfalls weisen die Fotografie eines regenerierten Auerochsen und die Darstellung des Augsburger »Originals« solche Ähnlichkeiten auf, daß man meint, es handele sich um »Porträts« desselben Tieres.[12]

Die beste überlieferte Darstellung eines Auerochsen. Der englische Naturforscher Smith fand dieses Bild eines unbekannten polnischen Künstlers in einem Augsburger Antiquitätenladen

Der Beutelhund mit dem Wolfskopf

»Wir haben ihn gefangen, Sir.«

»Wen?«

»Den Tiger oder die Hyäne oder was es sonst ist.«

Harris warf seine Berechnungen beiseite und sprang auf.

»Was? Eine Hyäne? Einen Tiger?« rief er.

»Jawohl, eine Hyäne oder einen Tiger«, antwortete der Trapper gelassen und knüllte seinen Hut in den roten Händen.

»Das Tier ist uns ins Fangeisen gelaufen. Wir hatten ein Känguruh getötet und das Fleisch ringsum ausgelegt. Na, und da ist die Hyäne eben gekommen und in die Falle geraten.«

»So gehen wir doch!«

»Wie Sie meinen, Sir.«

Die Männer schritten auf einem schmalen Pfad bergan in den Dschungel.

Das Tier – »Hyäne oder Tiger« – wollte vor ihnen zurückweichen, doch die eisernen Zähne der Falle hielten es fest. Es stieß einen Schrei aus, der heiser und kehlig klang. Es war ein Klageschrei. Das Tier schaute die Männer aus seinen braunen Augen ohne Arg und teilnahmslos an, als sähe es sie gar nicht. Es hatte einen Wolfskopf mit einem riesigen Rachen, den es weit aufriß – » wie ein Krokodil«, sagten die Jäger, wie Harris berichtete. Der Körper war graubraun wie bei einem Hund, jedoch hatte er sechzehn dunkelbraune Streifen quer auf dem Rücken, die breitesten und längsten am Schweif.

Harris, der als Topograph auf Tasmanien arbeitete, war kein schlechter Kenner der Natur, aber so ein Tier war ihm noch nie begegnet. Gehört hatte er schon viel von ihm, denn die Hirten und Jäger erzählten dies und das. Der Wissenschaft war von diesem Tier allerdings noch nichts bekannt.

Harris fertigte von dem tasmanischen »Tiger« eine Zeichnung an, so gut er es eben konnte, und beschrieb ihn 1808 in einer wissenschaftlichen Zeitschrift. Er nannte ihn Thylacinus cynocephalus, was »Beutelhund mit Wolfskopf« bedeutet. Heute wird das Tier allgemein als Beutelwolf bezeichnet.

Viele australische Beuteltiere haben große Ähnlichkeit mit bestimmten Säugern der Alten und der Neuen Welt, obwohl keine nähere Verwandtschaft besteht. In Australien gibt es Zwergflugbeutler, Beutelratten, Beutelmarder, Beuteliltisse, Beutelspitzmäuse, Beutelbilche, Beutelspringmäuse, Beutelmaulwürfe, Beuteldachs, Ameisenbeutler – und alle diese Beuteltiere sind »Doppelgänger« von überseeischen »Originalen«. Und zwar nicht nur in ihrem Verhalten und in ihrer Lebensweise, sondern oft auch in ihrem Äußeren, bis hin zu charakteristischen Flecken an der Schnauze, auf der Brust oder am Schwanz.

So hat auch der Beutelwolf – Thylacinus – Ähnlichkeit mit dem gewöhnlichen Wolf. Allerdings ist er gestreift und hat etwas kurz geratene Hinterläufe: der Mittelfuß steht nicht senkrecht, sondern schräg nach vorn gebogen, so daß sich der Beutelwolf beim Laufen auf die Ferse (das Sprunggelenk) stützt. Er ist sowohl Zehengänger wie fast alle wilden Tiere als auch Sohlengänger wie der Bär und der Dachs. Daher sind seine Spuren auch so unverhältnismäßig groß. Außerdem hat der Beutelwolf nicht wie Hund und Wolf sechs Schneidezähne, sondern acht,

Der australische Beutelwolf ist wahrscheinlich ebenfalls schon für immer von unserem Planeten verschwunden; zum letzten Male fand man Fährten vom Beutelwolf 1957 in Tasmanien

und im harten Gaumen hat er einen ziemlich tiefen Spalt. Natürlich gibt es noch eine Reihe anderer Unterschiede gegenüber dem gewöhnlichen Wolf: Die Beutelwölfin hat am Bauch einen Beutel, in dem sie ihre Jungen austrägt. Der Beutel öffnet sich nicht wie beim Känguruh nach vorn, sondern nach hinten. In ihm befinden sich zwei Paar Zitzen. Der tasmanische Beutelwolf kann also höchstens vier Junge haben, die Jungen schlüpfen unmittelbar nach der Geburt in den Beutel, ein jedes schnappt sich eine Zitze und hängt so lange daran, bis es sich selbständig ernähren kann.

In prähistorischer Zeit lebten Beutelwölfe in Australien und noch früher offenbar auch in Südamerika, denn in Patagonien wurden Knochen ausgegraben, die denen dieser Tiere ähneln. Jetzt haben sie sich nur noch auf Tasmanien erhalten (oder sind sie auch dort schon ausgestorben?). Tagsüber verbergen sie sich in Gruben oder Höhlen. Nachts machen sie paarweise oder allein Jagd auf Känguruhs, Wallabies, Ratten, Vögel, ja sogar auf Eidechsen und Igel. Die Beutelwölfe sind keine guten Läufer, doch haben sie ein vorzügliches Gespür. Wie berichtet wird, hetzen sie ihr Opfer zu Tode.

Einmal sahen ein paar Leute ein Känguruh in fliegender Hast vorbeijagen. Zehn Minuten später folgte ihm, die Nase dicht überm Erdboden, ein Beutelwolf auf der Fährte. Eine Viertelstunde war vergangen, als zwei junge Wölfe hinterherkamen. Die Tiere waren so mit sich beschäftigt, daß sie die Menschen gar nicht beachteten.

Es wird auch erzählt, daß der Beutelwolf, wenn er in die Enge getrieben wird und keine Fluchtmöglichkeit mehr hat, sich plötzlich auf die Hinterläufe stellt und wie ein Känguruh springt. Das klingt etwas unglaubwürdig, doch Ellis Trofton, ein Kenner der australischen Tierwelt, behauptet, daß der Beutelwolf durchaus in der Lage sei, wie ein Känguruh auf den Hinterläufen zu springen, allerdings nur eine kurze Strecke.

Außerdem wird berichtet, der Beutelwolf sei jedem Hund im Kampf überlegen, er nehme es sogar mit einer ganzen Meute auf. Hat er auch Menschen angefallen? Früher, als es noch mehr Wölfe gab, kam das zuweilen vor. Trofton berichtet von einer Begebenheit, die sich vor etwa sechzig Jahren zugetragen haben soll. Eine gewisse Miss Mary war am Waldrand mit Wäschewaschen beschäftigt, als plötzlich aus dem Gebüsch ein Beutelwolf hervorsprang und sich in ihre Hand verbiß. Miss Mary hielt ihn mit der anderen Hand in Schach und langte nach ihrer in der Nähe liegenden Hacke. Dann trat sie dem Wolf kräftig auf den Schwanz und ließ die Hacke auf ihn niedersausen. Das Tier erschrak und ergriff die Flucht. Es war ein alter, auf einem Auge erblindeter Wolf, der offenbar nicht mehr Jagd auf Wild und Vögel machen konnte und den der Hunger zu dieser Verzweiflungstat getrieben hatte.

Die weißen Kolonisten, die nach Tasmanien kamen, haßten diese »Hyäne« und töteten sie, wann immer sie ihnen begegnete, denn sie richtete unter ihren Schafherden großen Schaden an. Die tasmanische Regierung zahlte Prämien für jeden erlegten Beutelwolf. Zu Beginn unseres Jahrhunderts lebten sie daher nur noch in den dichten Bergwäldern der Insel, und nach dem zweiten Weltkrieg waren sie auch dort nicht mehr anzutreffen. Der letzte Beutelwolf wurde 1933 erlegt. Fährten wurden letztmalig 1948 und 1957 in der Nähe der tasmanischen Hauptstadt Hobart gesehen. Viele Zoologen meinen, der Beutelwolf sei bereits ausgestorben. In zoologischen Gärten gibt es ebenfalls keinen einzigen mehr. Schade um das so interessante Tier!

Vom Aussterben bedroht
– des Schutzes bedürftig

Zweifelhafte Rekorde

Lang ist die Liste ausgestorbener Arten: Dronten, Riesenalken, Moa-Strauße, Aepyornithidae, Auerochsen, Tarpane, Riesenseekühe, Quaggas, Burchell-Zebras, Schomburgk-Hirsche, persische Löwen, Dornschwanzbeutler, Gray-Känguruhs, karibische Mönchsrobben, Falklandwölfe, Beutelwölfe und viele, viele andere.

Schuld an ihrer Vernichtung sind die aus Europa gekommenen Einwanderer, die weder den örtlichen Traditionen Rechnung trugen noch die natürlichen Reichtümer schützten. Sie suchten nur Gold und alles das, was sich zu Gold machen ließ. Erbarmungslos metzelten sie Vögel und wilde Tiere nieder, wenn es ihnen jenseits des Ozeans Vorteil versprach.

Folgende Mengen wurden in einem einzigen Jahr exportiert:
- allein aus Venezuela 1,5 Millionen Bälge des weißen Reihers. Die Damen ließen sich die Federn auf ihren Hüten etwas kosten, und die Vögel wurden nur wegen des Federbüschels auf dem Rücken getötet. Selbst die unermeßlichen tropischen Wälder konnten die unglücklichen Reiher nicht vor der Gier des Busineß schützen; fast alle wurden getötet;
- von den Inseln des Karibischen Meeres allein nach London 400 000 Kolibri-Bälge. Die Natur hatte diese Vögel mit einem herrlichen Federkleid ausgestattet, und das wurde ihnen zum Verhängnis;

- von den Hawaii-Inseln 300 000 wertvolle Vogelbälge;
- von Luzón (Philippinen) 200 000 Albatrosse;
- von den polynesischen Inseln die Federn von 50 000 Paradiesvögeln;
- aus Australien 500 000 Felle von Beutelbären;
- aus Afrika Elfenbein von 50 000 Elefanten.

Und hier noch die Namen einiger berüchtigter »Nimrode« des Kolonialgeschäfts mit seinen ungeheuerlichen Rekorden:

- Abraham Keene – er fing an der Küste Nordafrikas eine Million Robben;
- William Cody, genannt Buffalo Bill, erlegte in einem Jahr 4 000 Bisons;
- Karamajo Bell schoß in Afrika mehr als 2 000 Elefanten;
- Jacques Cartier erschlug mit dem Knüppel an einem einzigen Tag 1 000 Riesenalken.

Rettet den »Alten vom Kiwusee«!

Um 1860 brachte der englische Forschungsreisende John H. Speke aus Afrika die Nachricht von einem schrecklichen zottigen Ungeheuer mit, das in den Bergwäldern von Ruanda lebe. Die dortige Negerbevölkerung nannte es »Ngila« und erzählte, das Tier sehe aus wie ein Mensch, doch habe es so lange Arme, daß es damit einen Elefanten umfassen könne.

Konnte man dem Glauben schenken?

Im Jahr 1901 bestaunte der Zoologe Muchy ein riesiges Affenfell, das man ihm vom Kiwusee gebracht hatte. Es stammte vom »Ngila«, dem Berggorilla.

Die »Flachlandgorillas«, die den Europäern schon seit Mitte des vorigen Jahrhunderts gut bekannt sind, leben in Westafrika, vor allem in Gabun und in Kamerun. Niemand hegte auch nur die geringste Vermutung, daß in Zentralafrika ebenfalls Gorillas leben, die dazu noch weit größer sind. Ein Berggorilla kann fast zwei Meter groß werden, und seine Arme haben eine Spannweite von etwa drei Metern. Das reicht tatsächlich aus, den Leib eines kleinen Elefanten zu umfassen.

Touristen, Jäger und Tierfänger, die nach dem ersten Weltkrieg Zentralafrika geradezu »überschwemmten«, waren nicht nur auf Antilopenhörner, sondern auch auf einen Skalp des »Alten vom Kiwusee« erpicht. Wie Elefanten und Löwen war auch der Berggorilla als Jagdwild »in Mode gekommen«. Der Amerikaner Karl E. Akeley warnte: »Damit steht fest, daß er in wenigen Jahren ausgestorben sein wird.« Während Löwe und Elefant, wie er sagte, gefährliche Gegner seien, könne man dies vom Gorilla keineswegs behaupten, daher werde die Jagd auf ihn zu einem attraktiven »Sport« für Leute vom Schlage des damaligen schwedischen Kronprinzen, der in dem Gebiet des Mikenoberges eine Gorillametzelei veranstaltete.

Kaum jemand hat frei lebende Gorillas studiert, und selbst tote Tiere kamen selten Wissenschaftlern in die Hände.[13] Inzwischen hat die Zahl der Berggorillas stark abgenommen, doch besteht heute die Hoffnung, daß dieser vierbeinige Riese in den am Mikeno und am Karisimbo eingerichteten Reservaten vor der völligen Ausrottung bewahrt bleibt.

Auch die Löwen sterben aus

Schriftsteller vergangener Zeiten berichteten vom Gorilla, er sei so wild und stark, daß er, mit einem Knüppel bewaffnet, Elefanten töte und Löwen aus ihren Höhlen treibe. Das sind natürlich Märchen. Sowohl dem Löwen und Elefanten als auch dem Gorilla kann nur der Mensch gefährlich werden, der heute über Schnellfeuerwaffen verfügt. Der Mensch ist es, der die Tiere aus ihrem Unterschlupf vertreibt und sie immer tiefer ins Dickicht vorerst noch unberührter Gegenden zurückdrängt.

Es gab Zeiten, da lebten Löwen nicht nur überall in Afrika, sondern auch auf der Arabischen Halbinsel, in Persien, in Nordwestindien, ja so-

---

13) Unlängst verbrachte der junge amerikanische Wissenschaftler Schaller ein Jahr in den tropischen Wäldern am Mikeno. Tag für Tag folgte er den Fährten der wandernden Gorillas und beobachtete die Tiere. In die USA zurückgekehrt, veröffentlichte er eine ausgezeichnete Monographie.

Ein »Flachlandgorilla« aus Westafrika

gar in der Türkei, in Griechenland, im Kaukasus und am Unterlauf des Don!

Zeichnungen und Knochen von Höhlenlöwen wurden in vielen Grotten gefunden, so in Spanien, Frankreich, England, Belgien, Deutschland, Österreich, Italien, Algerien und Syrien. Auch in der Sowjetunion fand man vielerorts Zeichen dafür, daß dort der europäische Löwe ebenfalls heimisch war: bei Odessa, bei Tiraspol und Kiew und sogar im Ural und in der Gegend von Perm. Man kann sich heute kaum vorstellen, daß noch vor einigen zehntausend Jahren auch in den Wäldern der heutigen Sowjetunion Löwen lebten. Damals herrschte in Europa allerdings ein wärmeres Klima.

Dann setzten von Norden her wehende eisige Winde ein, Gletscher schoben sich heran – zum wievielten Male schon! Die wärmeliebenden Tiere verließen die unwirtlichen Gebiete, nur die Löwen blieben noch. Bis zur letzten Eiszeit wurden sie in Europa gejagt, und in Griechenland, in der Türkei und jenseits des Kaukasus waren sie sogar noch zur Zeit der Antike zu finden. Wie berichtet wird, sollen im östlichen Kaukasus selbst noch im 10. und 12. Jahrhundert Löwen gelebt haben. Herkules brauchte, um den Nemeischen Löwen zu erlegen, nicht erst nach Afrika zu reisen. Zweieinhalbtausend Jahre später fand Alphonse Daudets berühmter Tartarin von Tarascon, der es Herkules nachmachen wollte, nicht einmal in Nordafrika mehr einen Löwen.

Der schon erwähnte Kiewer Großfürst Wladimir Monomach hatte im 11. Jahrhundert dagegen noch Gelegenheit, mit einem Löwen zu kämpfen. »Ein reißendes Tier ist mir auf den Schenkel gesprungen und hat mich mitsamt dem Pferd umgerissen«, schrieb er in seiner bereits genannten »Belehrung für die Kinder«. Dieses »reißende Tier« könne nur ein Löwe gewesen sein, meinen sowjetische Zoologen. Außerdem bezeugt eine Freske in der Kiewer Sophienkathedrale, die die von Monomach beschriebene dramatische Szene darstellt, daß es sich bei jenem »reißenden Tier« ohne Zweifel um einen Löwen gehandelt hat. Auf einigen Emblemen des alten Nowgorods ist es ebenfalls dargestellt, zwar stark stilisiert, doch einem Löwen am meisten ähnlich.

Schriftsteller der Antike wußten immer wieder von dem mächtigen,

Tiere, die vom Aussterben bedroht sind: Davidshirsch

Indischer Löwe – eine der seltensten heute noch lebenden Großkatzen

schwarzmähnigen Löwen zu berichten, der in Nordafrika lebte und als Berberlöwe bezeichnet wurde. Die Römer holten sich diese Tiere zu Tausenden für ihre Zirkusse. Heute gibt es nördlich der Sahara keine Löwen mehr. Der letzte Berberlöwe wurde 1893 in Algerien erlegt, nach anderen Quellen 1922.

Der südafrikanische Löwe hat seinen nördlichen Artgenossen nicht lange überlebt: Der letzte Kaplöwe starb 1942 (nach anderen Quellen schon 1865). Heute kaufen die südafrikanischen Zoos ihre Löwen in Europa und in Amerika. In Ost- und Zentralafrika gibt es allerdings noch viele Löwen, insbesondere in den Reservaten.

Die letzten Mesopotamischen Löwen mögen wohl um 1923 ausgerottet worden sein.

Der Indische Löwe gehört gegenwärtig zu den seltensten Tieren. Un-

Sambarhirsch

gefähr hundertzwanzig Exemplare leben heute unter staatlichem Schutz in einem Reservat auf der Halbinsel Kathiawar nordwestlich von Bombay. Doch obwohl sie geschützt sind, sterben die Tiere wahrscheinlich trotzdem aus.

In den Wäldern von Ceylon (Sri Lanka) lebten 1964 schätzungsweise noch etwa tausend wilde Elefanten. Jedes Jahr wurden rund fünfzig geboren, jedoch an die hundert erlegt. Bald wird es also auf Ceylon keinen einzigen wilden Elefanten mehr geben.

Das Ende unseres Jahrhunderts werden ferner folgende Tiere kaum noch erleben: der Sambar- oder Aristoteleshirsch (heute leben noch etwa dreihundert [?] Tiere), die weiße Arabische Säbelantilope (1964 schätzungsweise nur noch zweihundert Tiere), das Bergzebra (1873 hundert, 1953 dreißig, 1964 achtzig Tiere). Der Onager, ein Wildesel, ist bis auf etwa dreihundert Tiere (1964) ausgerottet. Vom Davidshirsch gibt es nur noch kleinere Rudel und Zuchtgruppen in Tierparks und zoologischen Gärten, zum Beispiel in Woburn Abbey, Whipsnade bei London, in Moskau, Berlin, Prag, in Dresden, Leipzig usw. Im Jahre 1968 betrug der Gesamtbestand vierhundertundsechsundsechzig Tiere.

Von völliger Ausrottung bedroht sind auch die wertvollen Chinchillas, ferner der Dingo, der indische Gepard[14], der Mähnenwolf, einige Walarten, das Guanako, die Gabelantilope, der Nördliche See-Elefant und das Przewalskipferd, obwohl bei diesem Tier die erfreulichen Zuchterfolge in den letzten Jahren optimistisch stimmen.

Das letzte Wildpferd

Als 1812 die russischen Truppen nach dem Sieg über Napoleon in Paris einmarschierten, war dies ein Ereignis von schicksalhafter Bedeutung für Europa, das sich in gewisser Hinsicht auch auf die Geschichte der Zoologie auswirkte. In jenem Jahr lernte nämlich der englische Oberst Hamilton Smith in Paris einige Kosakenoffiziere, seine Verbündeten,

---

14) Heute wahrscheinlich bereits gänzlich ausgerottet.

Gepard

Mähnenwolf

kennen, die ihm erzählten, in den mongolischen Wüsten nahe der russischen Grenze gäbe es Wildpferde.

»Nein, Sir, keine verwilderten Pferde, sondern richtige Wildpferde!« Smith war darüber höchst erstaunt. In der Wissenschaft wurde nämlich seinerzeit die höchst pessimistische, glücklicherweise aber falsche Theorie vertreten, nach der es auf unserem Planeten keine Wildpferde mehr gebe, sie vielmehr längst ausgestorben seien.

Als Smith nach England zurückkehrte, veröffentlichte er, was er von den Kosaken gehört hatte: Wildpferde – oder Tarpane, wie sie auf Tata-

---

15) Der sowjetische Zoologe Prof. Heptner bezeichnet die in der Mongolei vorkommenden Wildpferde auch heute noch als Dsungarische Tarpane.

risch hießen[15] – leben dort in großen Herden, jede Herde besteht aus mehreren kleineren Stutenherden, und jede wird von einem alten Hengst angeführt und verteidigt. Die reinblütigsten Tarpane leben gegenwärtig in der Nähe der chinesischen Grenze. Sie lieben die weite Steppe, wo sie im Gänsemarsch, den Kopf dem Wind zugekehrt, äsen. Jedes Leittier bewacht seine Gruppe, hält nach Feinden Ausschau und jagt junge Hengste davon. Diese halten sich abseits, bis sie ausgewachsen sind und eine eigene Herde um sich sammeln können.

Onager

Smith hatte nach den Angaben seiner russischen Berichterstatter eine recht genaue Beschreibung der Wildpferde abgegeben, die die Naturforscher allerdings wohl nicht ganz ernst nahmen. ›Echte Wildpferde sind seit langem ausgestorben‹, so lautete ihr Urteil, das länger als ein halbes Jahrhundert, nämlich bis zum Jahre 1877, gültig blieb, als der Zentralasienforscher Nikolai Przewalski mit einem Wildpferdfell aus der Dsungarei zurückkehrte.

Schon früher, während seiner ersten Reise durch die Mongolei (1870–1873), hatte Przewalski viel von Wildpferden gehört. »Die Mongolen nennen sie Dserlik-adu ... Nach den Worten der Gewährsleute sind diese Pferde ... außerordentlich vorsichtig, und wenn sie vom Menschen aufgescheucht werden, laufen sie, ohne sich umzuschauen, mehrere Tage lang und kehren erst ein oder zwei Jahre später an jenen Ort zurück.«

Einige Zeit später reiste Przewalski wieder durch die Wüsten der Dsungarei, und dort sah er die scheuen Dserlik-adu mit eigenen Augen:

»Ich persönlich konnte nur zwei Herden solcher Wildpferde zu Gesicht bekommen. An die erste hätte man sich bis auf sichere Schußweite heranpirschen können, doch die Tiere witterten mindestens eine Werst weit meine Gefährten und ergriffen die Flucht. Der Hengst lief voran, den Schweif emporgereckt und den Hals gestreckt, ganz in der Haltung eines Pferdes. Ihm folgten sieben weitere Pferde, wahrscheinlich Stuten. Von Zeit zu Zeit blieben die Tiere stehen, sammelten sich, schauten zu mir hin, und zuweilen schlugen sie aus. Dann setzten sie sich wieder in Trab und verschwanden schließlich in der Wüste.«

Przewalski gelang es zwar nicht, sich einem Wildpferd »bis auf Schußweite« zu nähern, erwarb aber einen Schädel und ein Fell. Es waren Geschenke von einem gewissen Tichanow, der damals Chef des Postens Saissan an der russisch-chinesischen Grenze war, wo Przewalski seine zweite Zentralasienreise beendete. Tichanow hatte das Fell von kirgisischen Jägern bekommen, die in der zentralen Dsungarei jagten.

»Obwohl Przewalski doch Oberst der Kavallerie war, hielt er das von ihm entdeckte Pferd für einen Esel«, meint der belgische Zoologe Bernhard Eiwelmans. »Poljakow, der es 1881 beschrieb, mußte alle seine Geduld aufbringen, um Przewalski zu beweisen, daß es sich um ein richtiges Pferd und nicht um einen Esel handele.« Fast Wort für Wort wiederholt er hier den albernen Scherz eines amerikanischen Schriftstellers und Naturforschers. Wahr ist daran nur, daß Poljakow dem Przewalskipferd im Jahre 1881 den lateinischen Namen gab und es beschrieb. Przewalski selbst hatte bereits in seinem Bericht von Wildpferden gesprochen und nicht von Eseln.

1888 brach Przewalski mit einer neuen Expedition nach Zentralasien auf. Doch im Dorf Karakol, unweit vom Issyk-Kul, erkrankte er an Bauchtyphus und starb. Die Welt verlor in ihm einen großen Forschungsreisenden und Entdecker, aber die Schüler und Nachfolger Przewalskis setzten das von ihm begonnene Werk fort. Die russischen Forscher Koslow, Pewzow, Roborowski, Klemenz und die Brüder Grumm-Grzimailo drangen auf den von Przewalski erforschten Wegen bis ins Zentrum des asiatischen Kontinents vor und brachten mehrere Felle und Schädel von Wildpferden sowie interessante Berichte über Verhalten und Lebensweise dieser Tiere mit.

Pewzow beispielsweise schreibt: »Die Wildpferde leben vorwiegend in weiten, mit Saksaul bestandenen Sandwüsten.« Dort gibt es »flache Senken, die spärlich mit kurzen Binsen und Salzkraut bewachsen sind, wovon sich die in jenen Wüsten lebenden Wildpferde, Kamele, Kulane und Antilopen ernähren.« Die wasserführenden Bodenschichten liegen dort nicht tief, so daß sich Huftiere leicht Wasser verschaffen können. »An den tiefsten Stellen der Senken scharren sie mit den Hufen große Gruben, die sich allmählich mit salzigem Wasser füllen. Dorthin kommen die Tiere zur Tränke. Zuweilen verlassen sie auch die Sandwüsten und ziehen nach Norden in die Kieswüste, die stellenweise mit magerem Gras bewachsen ist. Dort weiden sie lange Zeit, sofern in dieser wasserlosen Wüste irgendwo Schnee liegt.«

Sie kommen aus der Sandwüste auch nach Süden, »in die ausgedehnten Laubwälder«. Nahrung und Wasser finden sie dort genug, doch gibt es unerhört viel Mücken und anderes Ungeziefer. Im Sommer halten sie sich deshalb möglichst selten im Wald auf.

»Tagsüber befinden sie sich in entlegenen Wüstengegenden, und in der Nacht kommen sie, vorsichtig witternd und von Zeit zu Zeit unruhig schnaubend, auf die Weiden und zur Tränke. Sie laufen im Gänsemarsch auf den von ihnen selbst ausgetretenen Pfaden.

Gewöhnlich streifen sie in kleinen Herden von fünf bis zwanzig Tieren umher. Jede Herde wird von einem alten Hengst angefürt. Der Hengst ist wild und mutig, aber seiner Herde treu ergeben.«

Grumm-Grzimailo erinnerte sich an ein Zusammentreffen mit einer Wildpferdherde: »Ich war kaum sechzig Schritt gekrochen, als ein Hengst schnaubend und prustend aus dem Gebüsch hervorstürmte. Er erschien mir wie einem Märchenbuch entsprungen, so herrlich war dieser Wildling! Der Hengst galoppierte im Bogen um mich herum und erhob sich auf die Hinterbeine, als wollte er mich durch sein furchtgebietendes Aussehen und sein Schnauben einschüchtern. Seine Nüstern dampften ... Abermals jagte er im Galopp um mich herum und blieb dann auf der dem Wind abgekehrten Seite stehen. Er erhob sich wieder auf die Hinterbeine, sog kräftig Luft ein, schnaubte und wieherte, daß es wie ein Winseln klang. Die übrigen Tiere der Herde, die sich, die Köpfe zu uns gewandt, hintereinander aufgestellt hatten, machten wie auf Kommando kehrt (wobei das Pferd, das zuvor an der Spitze gestanden

Guanako

Eine Herde Przewalskipferde im Zoologischen Garten Prag

hatte, sich wiederum an die Spitze setzte) und stoben im Trab vom See weg davon. Der Hengst ließ seine Herde ungefähr zweihundert Schritt vorauslaufen, dann folgte er ihr, wobei er immer wieder, mal nach rechts, mal nach links, einen Bogen beschrieb, sich auf die Hinterbeine erhob und sein Schnauben hören ließ.«

Als der Hengst bemerkte, daß die Verfolger näher kamen, sprengte er zu seiner Herde, »wieherte, trieb die Zurückgebliebenen an, stieß mit seinem Maul die ermüdeten Füllen an und gab der Herde Rückendekkung ... Er trieb ein kleines Füllen an, das auf seinen schwachen Beinen nicht mit den übrigen Tieren Schritt zu halten vermochte. Als das Füllen zurückzubleiben begann, wollte die Stute es durch leises Wiehern ermuntern. Als das nicht half, sonderte sie sich von der Herde ab, wohl um ihr Füllen nicht im Stich zu lassen. Aber der Hengst ließ solche Eigenmächtigkeiten nicht zu. Er schlug zweimal kräftig nach der Stute aus, zwang sie zur Herde zurück und nahm das Füllen in seine Obhut. Bald stieß er es mit dem Maul vorwärts, zerrte es an der Mähne mit und versuchte es aufzumuntern, indem er Luftsprünge vollführte und dabei ausschlug.«

Die Verfolger rückten immer näher, sie erreichten das müde gewordene Pferdchen und seinen mutigen Verteidiger. »Der Hengst geriet in Verwirrung.« Bald stürmte er voller Wut auf die Jäger los, dann wieder kehrte er zu den hinter der Herde zurückgebliebenen Pferden zurück. Wie das Drama endete, berichtet Klemenz, der ebenfalls an dieser Wildpferdjagd teilnahm und sie wohl am anschaulichsten beschrieben hat.

»Als die schrecklichen fremdartigen Pferde mit den zweibeinigen Reitern gegen die Herde vorrückten, warf sich der Hengst den Verfolgern entgegen und fiel der Kugel als erster zum Opfer. Die führerlose Herde war hilflos. Sinnlos jagten die Tiere hin und her. Die Jäger schossen auf sie und fingen die Füllen mit Lassos ein.«

Die nicht zu Schaschlyk verarbeitet werden sollten, lagen gefangen, mit gefesselten Beinen im Sand. Sie galt es nun zu den Kamelen zu bringen, aber »die waren an die hundert Werst hinter den Jägern zurückgeblieben. Dann mußten sie noch an den Ort geschafft werden, an dem eine ›Amme‹ für sie bereitstand. Doch damit nicht genug. Eine Menge Scherereien bereitete es, ein Füllen an die neue Mutter zu gewöhnen. Die Mutter mußte unbedingt die gleiche Färbung wie ein Wildpferd haben: ein Brauner, ein Rappe oder ein Grauschimmel kamen nicht in Frage. Viel Schwierigkeiten bereiteten die Wildpferde auch beim Übersetzen über Bäche und Flüsse, denn sie hatten Angst vor Wasser.«

Wildpferde zu fangen war also eine keineswegs einfache Angelegenheit. Und die nach einer wilden Jagd gefangenen, vor Angst halbtoten Tiere heil und ohne Schaden an den Bestimmungsort zu bringen, war noch viel schwieriger. Im Jahre 1896 sollten auf der Allrussischen Ausstellung in Nishni Nowgorod sechs Wildpferde aus der Dsungarei gezeigt werden. Eigens in die zentralasiatischen Wüsten entsandte Expeditionen konnten nach langwierigen Bemühungen und Strapazen zwar Wildpferde fangen, doch brachten sie kein einziges lebend nach Hause. Nur die Felle und Knochen der Wildpferde gelangten auf die Ausstellung und danach ins Museum.

Über diesen Fall berichtete der russische Fürst Urussow, der ein zweibändiges Werk über Pferde herausgegeben hat. Die sowjetischen Wildpferdspezialisten Prof. Bannikow, Lobanow und Treus schrieben in einem interessanten Artikel »Das Przewalskipferd und seine Regenerierung in der UdSSR«, daß die ersten Wildpferdfüllen im Frühjahr 1898 im westlichen Teil der Wüste Gobi, und zwar von Wlassow und Sacharow, zwei Jägern des Kaufmanns Assanow, gefangen wurden. Die Jäger handelten im Auftrage von Friedrich Falz-Fein.

Die gefangenen Füllen bekamen »aus Unachtsamkeit« anstelle von Stutenmilch Schafsmilch, und deshalb gingen alle vier ein.

Im Frühjahr des folgenden Jahres fingen die Jäger des Kaufmanns Assanow weitere sieben Wildpferdfüllen: sechs kleine Stuten und einen Hengst. Fünf Stuten kamen über Bisk im Altaigebiet nach Askania Nowa, eine ging unterwegs ein. Das waren die ersten Przewalskipferde, die nach Europa gelangten.

Im Jahre 1900 brachte Assanow wiederum zwei junge Wildpferde nach Bisk. Sie kamen nach dem damaligen Zarskoje Selo. Die Stute ging bald darauf ein, während der Hengst Waska vier Jahre später nach Askania Nowa gebracht wurde, »wo es zu der Zeit nur Stuten gab«.

Zu Beginn unseres Jahrhunderts lieferte der gleiche Assanow, der offenbar das Monopol für dieses Geschäft besaß, etliche weitere Wildpferde für den Moskauer Zoo und Askania Nowa.

Im Jahre 1901 ließ sich der bekannte Tierfänger Karl Hagenbeck[16] von Herzog Bedford überreden, dsungarische Wildpferde für den berühmten von Bedford gegründeten Park Woburn Abbey zu fangen, in dem bereits viele seltene Tiere (vor allem Hirsche und Wisente) lebten, Wildpferde jedoch noch fehlten. Nach einigem Zögern willigte Hagenbeck ein. Die von ihm ausgerüstete Expedition ist als eine der skandalösesten Jagdaffären in die Geschichte eingegangen.

Hagenbeck berichtet: »Wir wußten damals noch sehr wenig vom Wildpferd und hatten überhaupt keine Ahnung, wo es lebte, welche Gewohnheiten es hatte und wie es zu fangen sei.« Das sagenhafte Tier

---

16) Eine Zeitlang wurde der gesamte Wildpferdhandel über die Firma Carl Hagenbeck abgewickelt. Carl Hagenbeck war nicht nur Geschäftsmann, er war auch ein großer Tierliebhaber und ein begabter Dresseur. Er gehörte zu den Begründern des modernen zoologischen Gartens mit offenen Gehegen und mit Gräben anstelle von Gittern. Seinen Bemühungen ist es zu verdanken, daß mehrere seltene, bis dahin unbekannte Tiere gefangen werden konnten.

lebte sozusagen am Ende der Welt, sehr weit weg von Deutschland in unfruchtbaren Wüsten. Das schwierige Unternehmen übertrug Hagenbeck Wilhelm Grieger, einem seiner besten Mitarbeiter.

»Zuerst fuhr Grieger zu Falz-Fein nach Askania Nowa, um bei ihm in Erfahrung zu bringen, wo das Wildpferd überhaupt zu suchen sei.

Der Tierliebhaber auf der Krim war zu Recht stolz auf seine wertvollen Bestände, und er verweigerte solche Auskünfte. Nur auf Umwegen konnten wir in Erfahrung bringen, daß die Wildpferde in der Gegend von Kobdo am Nordfuß des Altai-Gebirges lebten.«[17] Grieger hatte also eine lange Reise vor sich.

An einem Januartag des Jahres 1900 verließen zwei Reisende auf einer kleiner Station jenseits des Ob die Transsibirische Eisenbahn, verluden ihr umfangreiches Gepäck auf Schlitten und machten sich auf den Weg nach Süden – nach Bisk.

Das Land lag unter tiefem Schnee begraben, es herrschten vierzig Grad Kälte, und ein eisiger Wind brannte auf der Haut wie Feuer. Die Männer führten Zelte, Konserven, Silberbarren und fünfzig Kanister mit sterilisierter Milch mit sich. Die Silberbarren waren als Geschenke für die Treiber vorgesehen, die die Wildpferdfüllen fangen sollten, und die Milch sollte den gefangenen Füllen als Nahrung dienen.

In Bisk nahm man Reitpferde und Kamele, und dann ging es bei schrecklicher Kälte noch etwa tausend Kilometer im tiefen Schnee durch weglose Weiten. Im zeitigen mongolischen Frühjahr, der Zeit, da die Wildpferdstuten fohlen, kamen sie wohlbehalten in der mongolischen Stadt Kobdo an.

Grieger war nicht kleinlich mit Geschenken, und bald hatte er das Wohlwollen der Stammesältesten gewonnen. Mitte Mai, als die Jagd beginnen mußte, drängten sich vor seinem Zelt Scharen von Reitern, um ihre Dienste anzubieten.

Zunächst mußte in Erfahrung gebracht werden, wo Wildpferdstuten zur Tränke kamen und ob sie viele Füllen hatten. Als alles erkundet war, »bereitete die Jagd selber keine besonderen Schwierigkeiten mehr.

---

17) Gemeint ist hier der Mongolische Altai. Außerdem muß darauf hingewiesen werden, daß Askania Nowa nicht auf der Krim liegt, wie Hagenbeck schreibt, wenn auch nicht allzu weit davon entfernt.

Die Tiere haben die Gewohnheit, einige Stunden an der Tränke zuzubringen. Die Mongolen pirschten sich heimlich auf ihren Pferden heran und fielen auf ein Zeichen hin brüllend und johlend über die friedlich äsende Herde her, die erschrocken in die Steppe davonjagte, so daß nur eine Staubwolke zurückblieb. Doch in dieser Wolke zeichneten sich nach und nach einzelne Punkte ab – die armen Füllen, die noch nicht so schnell laufen konnten und, von Kräften gekommen, hinter der Herde zurückblieben. Mit vor Schreck geweiteten Nüstern und bebenden Flanken blieben sie stehen und wurden mit an langen Stangen befestigten Lassos gefangen«.

Die Wildpferdfüllen gab man zahmen Stuten bei, doch dauerte es drei, vier Tage, bis sie sich an sie gewöhnt hatten und zu saugen begannen. Während dieser Zeit wurden sie mit der sterilisierten Milch ernährt, die man in Kanistern aus Europa mitgebracht hatte.

Bald waren es dreißig Wildpferdfüllen, die im Lager von »Stiefmüttern« gesäugt wurden. Das übertraf alle Erwartungen, Grieger hatte nur mit sechs Füllen gerechnet. Was tun? Sollte er sie alle nach Europa mitnehmen?

Grieger beschloß, telegrafisch bei Hagenbeck anzufragen, und machte sich auf den Weg: zweitausend Kilometer zu Pferde, vier Tage auf einem Dampfer, achtundzwanzig Stunden auf einer Telegrafenstation in Erwartung der Antwort aus Hamburg.

Als er wieder in Kobdo eintraf, waren dort nicht dreißig, sondern inzwischen schon zweiundfünfzig Wildpferdfüllen, die darauf warteten, wie sich ihr weiteres Schicksal gestalten sollte. Grieger nahm sie alle mit, und bald marschierte eine riesige Karawane elf Monate lang durch die Steppen und Berge der Mongolei nach Norden. Von zweiundfünfzig Füllen kamen achtundzwanzig lebend in Hamburg an, die anderen waren unterwegs verendet.

»Eine erlogene Geschichte!« urteilt Professor Bannikow. Weder Grieger noch ein anderer Agent Hagenbecks war jemals dort, wo Wildpferde leben, und gefangen haben sie auch keine. Alles war Lug und Trug, einfach ausgedacht, und auf Grund dessen schrieben dann deutsche Zoologen über gar nicht existierende Orte, wo angeblich Wildpferde leben, über tausendköpfige Herden u. a. Grieger hatte die Füllen ganz einfach in Bisk gekauft, und wo? Natürlich bei Assanow: fünfzehn junge Hengste und dreizehn junge Stuten. Ein Pferd verendete unterwegs, siebenundzwanzig kamen in Hamburg an. Zwölf wurden nach England verkauft, die anderen gelangten nach Frankreich, Holland, in die USA sowie in zoologische Gärten in Deutschland. Ein Jahr später reisten Hagenbecks Leute erneut zu Assanow (diesmal nach Kobdo) und erwarben weitere elf Füllen.

Weder Assanow noch seine Jäger konnten natürlich wissen, daß sie damit die Wildpferde vor dem Aussterben bewahrten, daß die von ihnen gefangenen Pferde die letzten waren, die aus der Mongolei nach Europa gelangten.[18] Von ihnen (d. h. nicht von allen, sondern nur von drei Paaren) stammen jene dsungarischen Tarpane ab, die heute in den zoologischen Gärten der ganzen Welt leben.

Prof. Bannikow bemerkt in seiner Monographie über mongolisches Wild, daß vor zwanzig Jahren in der Mongolei nur noch nördlich der Gebirge Baitag-Bogdo und Tachiin-Scharanuru Wildpferde anzutreffen gewesen seien. Im Winter 1959/60 lebten dort noch zwei kleine Herden von etwa zwanzig Tieren.

Und wie sieht es heute aus? Wir können nicht mit Bestimmtheit sagen, ob es in der Mongolei noch frei lebende Wildpferde gibt. Sollten es wirklich noch ein, zwei Dutzend sein, sie sind »zu einem baldigen Untergang« verurteilt, wie Prof. Heptner sagt.

Ende des vergangenen und Anfang dieses Jahrhunderts kamen zweiundfünfzig reinblütige Przewalskipferde nach Europa (die ersten elf davon nach Askania Nowa). Nur drei – zwei Stuten und der Hengst Waska – erreichten das Alter, in dem sie sich fortpflanzen konnten. Weitere Wildpferde kamen nicht nach Askania Nowa, doch von denen, die dort lebten, züchteten sowjetische Zootechniker siebenunddreißig reinblütige Nachkommen und mehr als dreißig Hybriden.

Dann kam der Krieg. Als die faschistischen Eindringlinge die Ukraine besetzten, holte man zwei Przewalskipferde nach Deutschland, die anderen kamen um. Ende des Krieges gab es in der Sowjetunion kein einziges Wildpferd mehr. Nach dem Krieg bekam Askania Nowa aus Prag und aus München zwei reinblütige dsungarische Hengste und eine Stute (dazu aus der Mongolei die Orliza III). Unfruchtbar waren sie nicht – schon 1964 tummelten sich sieben Wildpferde in den weitläufigen Gehegen in der ukrainischen Steppe.

Um 1950 stellten zwei kleine Herden Wildpferde – jede zählte etwa ein Dutzend Tiere – die größte Sehenswürdigkeit in den Zoologischen Gärten Prag und München dar. In England lebten zwei alte Wildpferde in Whipsnade[19] sowie ein altersschwacher Hengst im Park von Woburn Abbey. Dieser letzte Vertreter der berühmten Herde, deren Stammväter Grieger vor vierundfünfzig Jahren aus Bisk geholt hatte, starb 1955 an Altersschwäche.

Zwei Jahre zuvor hatte die Londoner Zoologische Gesellschaft, der der Park in Whipsnade unterstand, angesichts der Tatsache, daß von den beiden überalterten Pferden kein Nachwuchs mehr zu erwarten war, vom Prager Zoo einen Hengst und eine Stute gekauft. Diese beiden jungen Tiere schenkten ihnen in den folgenden zwei Jahren zwei Füllen. Fast zur gleichen Zeit kamen auch Amerikaner nach Europa, um sich Wildpferde zu holen. Sie erwarben sie ebenfalls in Prag und in München. 1958 lebten, in aller Welt verstreut, sechsundfünfzig Przewalskipferde in Gefangenschaft: dreizehn in Prag, zehn in Catskill (USA), sechs in München, sechs in Whipsnade und jeweils eins bis drei in anderen zoologischen Gärten. 1964 waren es schon hundertneun, 1965 sogar hundertfünfundzwanzig Pferde, die den Namen des berühmten russischen Asienforschers trugen. Die Zahl der Tiere nimmt weiter zu (am 1. Januar 1971 waren es bereits einhundertzweiundachtzig Pferde) – zu unserer Genugtuung sei es vermerkt.

In der UdSSR leben neun (inzwischen vielleicht auch schon mehr) Wildpferde: acht in Askania Nowa und eines im Moskauer Zoo. Es ist geplant, auf der einsamen Insel Barsa-Kelmes im Aralsee, wo sich schon Kulane und Saiga-Antilopen ausgezeichnet eingelebt haben, auch

---

18) Alle in Zoos lebenden Przewalskipferde sind Nachfahren (der vierten oder fünften Generation) jener Pferde, die von Assanow gefangen wurden. Nur die Stute Orliza III ist in der Freiheit geboren. Sie wurde 1947 in der Mongolei als Füllen gefangen und 1958 in die UdSSR gebracht.

19) Der Whipsnade-Zoo ist 1930 gegründet worden; fünfzig Kilometer von London entfernt wurden hier auf einer Fläche von zweihundertdreißig Hektar Gehege angelegt, in denen man viele exotische und seltene Tiere untergebracht hat. Interessant ist, daß 1943 versucht wurde, Przewalskipferde in Deutschland zu akklimatisieren. Vier Pferde wurden in Wald- und Ödlandgegenden ausgesetzt, doch schon zwei Jahre später waren sie verendet.

Wildpferde anzusiedeln, dort finden sie fast die gleichen Bedingungen vor wie in ihrer mongolischen Heimat

Auf einem internationalen Symposium, das 1959 in Prag stattfand, wurde die Internationale Gesellschaft für die Erhaltung der Przewalskipferde gegründet. In ihrer Aufgabenstellung ähnelt sie der Gesellschaft zur Erhaltung des Wisents.[20] Man kann diesen beiden Gesellschaften nur erfolgreiche Zusammenarbeit wünschen!

Und nun etwas über Nashörner ...

»In Indien lebt ein wilder Esel, der größer als ein Pferd ist«, schrieb Ktesias – griechischer Geschichtsschreiber und Leibarzt des Perserkönigs Artaxerxes II. »Er hat einen weißen Leib, einen dunkelroten Kopf und blaue Augen. Auf der Stirn trägt er ein anderthalb Fuß langes Horn. Zu Pulver zerstoßen, wird das Horn als Arznei gegen tödliche Gifte angewandt. Am Ansatz ist das Horn von reinweißer Farbe, an der Spitze hellrot, und das Mittelteil ist schwarz.«

Ktesias schrieb über Indien, obwohl er niemals dort gewesen war. Nach Meinung römischer Geschichtsschreiber sei er »ein schlechter Sprachkundiger, ein schlechter Naturforscher, aber ein guter Lügner« gewesen. Vielleicht ist das auch der Grund, warum der von ihm beschriebene »einhörnige Esel« nicht seinesgleichen in der Natur hat. Doch wie phantastisch die Beschreibung auch klingen mag, sie trifft auf das – allerdings von Gerüchten entstellte – Bild eines in Indien beheimateten Tieres zu, auf das Nashorn natürlich. Die Ähnlichkeit des »einhörnigen Esels« mit dem Nashorn wird besonders deutlich, wenn Ktesias von der Wunderwirkung des Horns berichtet, das seit unvordenklichen Zeiten im Orient als Allheilmittel galt.

In der altchinesischen Medizin wurde es mit Gold aufgewogen. Im al-

---

20) 1965 fand in Berlin, der Hauptstadt der DDR, ein zweites internationales Symposium zum Thema Przewalskipferde statt.

21) Unter anderem soll es einen Menschen wieder jung machen können! Daher der hohe Preis. Manche Leute bilden sich eben ein, für Geld ließe sich selbst Jugend zurückkaufen.

ten Rom trank man aus Pokalen, die aus dem Horn dieses Tieres hergestellt und mit den drei von Ktesias genannten Farben – weiß, schwarz und rot – angemalt waren. Gifte verloren in diesen Gefäßen ihre Wirkung – das glaubten zumindest die, die daraus tranken. Wie Geschichtsschreiber zu berichten wissen, mußten reiche Römer ja ständig darauf gefaßt sein, daß ihnen jemand Gift in Speise und Trank mischte. Deshalb trugen sie stets einen Becher aus dem Horn des Nashorns bei sich.

Dieser seltsame, durch nichts begründete Glaube an die magischen Eigenschaften des Horns brachte dem Nashorn den Untergang. Es gab Zeiten, da lebten in allen südasiatischen Ländern unzählige Nashörner, heute gibt es dort nur noch wenige hundert Exemplare.

Obwohl das Nashorn unter Schutz steht, wird es gejagt. Abteilungen gut ausgerüsteter Jäger dringen in die Reservate ein und töten alle Tiere dieser Art, die ihnen über den Weg laufen. 1958 zum Beispiel erschien eine Bande Wilderer im Raptital, der letzten Zufluchtsstätte der Nashörner in Nepal, und veranstaltete hier ein blutiges Gemetzel. Die Wilddiebe schossen alle Nashörner ab, die sie aufzuspüren vermochten – fünfhundert Tiere.

Selbst in unseren Tagen, da die Menschheit sich den Kosmos zu erobern beginnt, gibt es noch Leute, die an die Wunder wirkende Kraft des Horns glauben und dafür Unsummen zu zahlen bereit sind.[21] Auf Sumatra hat ein großes Horn den Wert eines erstklassigen Autos – ein einfaches Horn kostet tausend Pfund Sterling! Wenn es um solche Summen geht, verlieren manche Menschen den Kopf und finden ihre Seelenruhe erst wieder, wenn sie in den Besitz dieses Geldes gekommen sind, das dort im Dschungel sozusagen »auf der Straße liegt«. Und da nützen auch keinerlei Schutzmaßnahmen.

Außer dem Horn lassen sich auch andere Körperteile des Nashorns preisgünstig verkaufen – dem Abergläubischen verheißen sie entweder Reichtum oder Glück in der Liebe oder Heilung von Krankheiten und sonstigen Übeln. Sogar der Harn des Nashorns wird im Orient gehandelt. Wie man sagt, heilt er verschiedene Krankheiten. Tierpfleger in indischen Zoos sammeln den Harn dieses Dickhäuters und verkaufen ihn in Kalkutta auf dem Markt – zumindest behauptet das Philipp Street unter Berufung auf Lee Talbott, der als Mitarbeiter des Internationalen

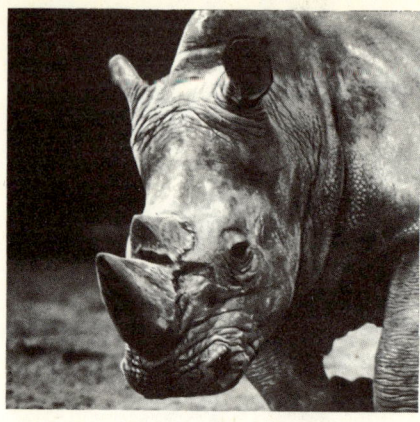

Das afrikanische Breitmaulnashorn (Weißnas-horn) besitzt ebensowenig wie das Spitz-maulnashorn (Schwarznashorn) einen »Panzer«, wie ihn das Panzernashorn aufweist

Naturschutzbundes untersuchte, unter welchen Bedingungen seltene Tiere in Asien leben.

Es gibt auf der Welt (zur Zeit noch!) fünf Arten von Nashörnern: zwei afrikanische – das Breitmaul- oder Weißnashorn und das Spitzmaul- oder Schwarznashorn – sowie drei asiatische – das Indische Nashorn (Panzernashorn), das Javanashorn und das (zweihörnige) Sumatranashorn. Die asiatischen Nashörner haben im Gegensatz zu den afrikanischen, die zwei Hörner tragen, nur ein Horn; lediglich das Sumatranashorn hat ebenfalls zwei Hörner. Außerdem hat die Haut der asiatischen Nashörner große Falten, so daß es aussieht, als trügen die Tiere einen Panzer.

Noch vor einigen Jahrhunderten lebten Panzernashörner überall im Norden Indiens. Heute sind sie nur noch in Assam, in Bengalen und Nepal zu finden. Zu Beginn des Jahrhunderts soll es in Assam (Kaziranga, Distrikt Sibsagar) nur noch rund ein Dutzend und in Bengalen noch weniger gegeben haben.[22]

1908 wurde in Kaziranga ein Reservat eingerichtet. Es war zwar nur dreißig Kilometer lang und rund dreizehn Kilometer breit, doch der Erfolg übertraf alle Erwartungen: Die Zahl der Nashörner stieg binnen zwanzig Jahren auf das Zehnfache, und in den vierziger Jahren lebten

---

22) Nach Prof. Ullrich waren es damals aber wahrscheinlich noch hundert bis hundert-fünfzig allein in Kaziranga.

dort schon vierhundert Tiere. Seuchen, von Haustieren eingeschleppt, rafften später viele Tiere dahin; heute leben in Kaziranga noch rund dreihundert Nashörner, in ganz Indien sind es noch etwa fünfhundert.

Außerhalb Indiens hat sich das Indische Nashorn nur noch in Nepal gehalten. Manche Fachleute behaupten, es gäbe dort rund tausend, nach Meinung anderer sind es aber nur noch fünfzig. Nach Ansicht von Experten der IUCN, der Internationalen Union zur Erhaltung der Natur und der natürlichen Hilfsquellen, beläuft sich ihre Zahl heute auf etwa hundert.

Als das Nashorn in Kaziranga vorerst nicht mehr vom Aussterben bedroht schien, wurden in sehr begrenzter Anzahl Tiere eingefangen und an zoologische Gärten in aller Welt verkauft. Die ersten, einen jungen Bullen und eine Kuh, fing man 1947 in einer gut getarnten Fallgrube. An einem Ende der Grube legte man eine schiefe Ebene, Arbeitselefanten wurden eingespannt, so die widerspenstigen »Einhörner« herausge-

Indisches Panzernashorn

110

zogen und »im Schlepptau« in ein kleines Gehege geschafft. Die Kuh verendete kurze Zeit später, doch Mochan, der Bulle gewöhnte sich bald an die Menschen und wurde zahm. Man brachte ihn nach Whipsnade, wo er fünf Jahre allein verbrachte, bis man schließlich eine junge Gefährtin für ihn fand. Man hatte zunächst Bedenken, sie zu ihm zu lassen, denn es kommt vor, daß ein Nashorn einen Artgenossen, der neu in seinem Revier auftaucht, angreift. Aber Mochan nahm Mochini sehr freundlich auf, und bald waren sie gut Freund miteinander.

Andere zoologische Gärten bekamen ebenfalls junge Nashörner aus Kaziranga, die sich in Gefangenschaft sogar vermehrten. Der erste Dickhäuter kam in Basel zur Welt, der zweite in Whipsnade, und auch in anderen Zoos wurden Nashörner geboren. Wenn man bisher so gut wie nichts darüber wußte, wie sich das Nashorn vermehrt, so erfuhr man jetzt, daß ihre Hochzeit zu Beginn des Frühjahrs stattfindet und daß die Trächtigkeitsdauer sechzehn Monate beträgt.

Das Javanashorn sieht dem Indischen ähnlich, nur ist es kleiner, außerdem sind die vorderen Hautfalten anders geformt. Es heißt Javanashorn, weil es heute nur noch auf Java lebt, vor etlichen hundert Jahren aber war es noch in dem weiten Gebiet zwischen Nordindien, Südchina bis hin nach Sumatra und Java anzutreffen.

Anfang der dreißiger Jahre wurde auf einer kleinen Halbinsel an der Westküste von Java – dem einzigen Ort, an dem es noch heute Javanashörner gibt – ein Reservat eingerichtet, wo außer dem Nashorn auch der Tiger unter besonderem Schutz steht. Wie man behauptet, leben dort heute nur noch etwa ein bis zwei Dutzend Javanashörner. Ihre Zahl nähert sich einem kritischen Wert: Die Wahrscheinlichkeit, daß die Tiere einander während der Paarungszeit begegnen, wird immer geringer. Wissenschaftler befürchten deshalb, daß die Tiere möglicherweise die natürlichen Verluste durch Neugeborene nicht mehr auszugleichen vermögen und daß die Kopfzahl der Herde nicht zunehmen, sondern abnehmen wird.

Das Sumatranashorn, die dritte asiatische Art, das kleinste von allen Nashörnern, ist bis zu vier Fuß (etwa 1,20 Meter) groß. Auch diese Art lebt nicht nur auf der Insel, nach der sie benannt ist. Früher war sie sowohl in Indien als auch in China beheimatet und ist gegenwärtig außerhalb Sumatras noch in Burma, Thailand, Kampuchea, Laos, Vietnam, auf Malacca und auf Borneo anzutreffen, allerdings überall nur in geringer Zahl (z. B. gab es in Burma 1959 schätzungsweise vierzig Sumatranashörner, 1964 insgesamt etwa hundertfünfzig).

In Afrika ist es um das Nashorn besser bestellt. Das gilt zumindest für das schwarze Nashorn, das dort noch weit verbreitet ist (über ganz Ostafrika verstreut etwa zwölf- bis dreizehntausend Exemplare) und das bis in die jüngste Zeit sogar gejagt werden durfte.

Das Weißnashorn sieht keineswegs weiß aus. Seine Haut ist ebenso schmutziggrau wie die des Schwarznashorns. Manche Fachleute erklären den Namen folgendermaßen: Das Nashorn nimmt gern »Schlammbäder«. Wenn es das »Bad« verläßt und der Schlamm antrocknet, sieht es von weitem hellgrau, fast weiß aus. Das Schwarznashorn lebt in Gegenden, die stärker bewaldet sind. Entweder hat der Schlamm dort eine andere Farbe, oder die Nashörner »baden« weniger, jedenfalls »schminkt« sich das Schwarznashorn nicht so häufig.

Andere meinen, der Schlamm habe mit dem Namen nichts zu tun, in der zoologischen Literatur über Nashörner seien die ähnlich klingenden englischen Wörter »white« (weiß) und »wide« (breit, weit, ausgedehnt) verwechselt worden. Die Buren, die holländischen Siedler, nannten dieses Nashorn »wijd«, was soviel wie »breit« bedeutete, denn es hat eine sehr breite Oberlippe, und seine Nüstern stehen viel weiter auseinander als beim Schwarznashorn. Davon stammt auch der Name Breitmaulnashorn. Aus »wijd« sei »wide« und schließlich »white« geworden.

1900 erfuhren die Zoologen zu ihrer Überraschung, daß Weißnashörner nicht nur, wie bisher vermutet, in Südafrika, südlich vom Sambesi, sondern auch dreitausend Kilometer nördlich davon in den Sümpfen des oberen Nil, im südlichen Sudan, leben – eine Entdeckung, die ein Hauptmann Gibbons machte. Aus der Umgebung von Lado brachte er einen Weißnashornschädel mit, einen zweiten Schädel fand Major Powell-Cotton, dem zu Ehren der Zoologe Lydekker die sudanesische Unterart des Weißnashorns Ceratotherium simum cottoni nannte.

Das Weißnashorn ist – nach dem Elefanten – das zweitgrößte auf dem Lande lebende Tier. Es mißt in der Höhe 1,80 Meter – manche Tiere sind sogar noch größer. Allein das Horn kann die Länge eines Menschen von kleinerem Wuchs erreichen; im Durchschnitt bleibt es jedoch kürzer, wenn auch immer noch sehr imposant.

Das Weißnashorn ist jedoch sehr selten. Im Jahre 1920 lebten nur noch etwa dreitausend Exemplare, sechsundzwanzig davon in Südafrika, die anderen im Sudan. In Südafrika gab es sechs Jahre später nur noch zwölf bis sechzehn Tiere (so schrieb der Tierkenner Ingo Krumbiegel). Nach Angaben des »Red Data Book« sollen es heute fast viertausend sein: 925 in Südafrika, 900 im Kongo, 100 in Uganda und 2 000 im Sudan. Wenn diese Zahlen stimmen, so ist dieser Schwergewichtler unter den Festlandslebewesen gerettet. Aber für wie lange?

Goldene Badewanne oder Pelz?

Vor dieser schwierigen Frage standen nur wenige Frauen – die Reichsten der Reichen. Ein Chinchillapelz und eine Wanne aus reinem Gold kosten gleich viel. Eine Badewanne aus Gold besitzen etliche Millionärsfrauen, doch nur drei sollen sich heute rühmen können, einen Chinchillapelz zu besitzen. Die Chinchilla ist ein kleines graues Nagetier, auf der ganzen Welt berühmt wegen seines Fells, mit dem die Natur es ausgestattet hat. Chinchillapelze sind teurer und wertvoller als Biber-, Nerz-, Otter- und sogar Zobelpelze. Ein Chinchillafell ist fest, haltbar und weich. Wie Philipp Street behauptet, ist jedes Haar in fünfzig winzige Flaumhärchen gespalten und wiegt kaum mehr als ein Seidenfaden. Es sieht silbergrau aus – wie heller Marengo etwa. Aus Chinchilla werden hochelegante Pelzmäntel gefertigt, wobei für jeden ungefähr dreihundert Felle benötigt werden.

Bevor die Menschen um die Eigenschaften dieses Fells wußten, ging es den Chinchillas gut. Sie lebten in großer Zahl in den Anden Südamerikas in eineinhalb- bis fünftausend Meter Höhe. Der spärliche Pflanzenwuchs im Hochgebirge genügte dem anspruchslosen Nager.

Um sich mit den harten trockenen Gräsern die Mägen zu füllen, müssen die Chinchillas unentwegt ihre Zähne scharf halten.[23] Deshalb wet-

---

23) Die Vorderzähne (Schneidezähne) wachsen bei Nagetieren während des ganzen Lebens. Beim Nagen wird der Vorderrand, der mit einer dicken Schmelzschicht bezogen ist, langsamer abgeschliffen als der hintere Teil. Daher nehmen die Zähne mit der Zeit die Form eines Stemmeisens an.

zen sie sie ständig an vulkanischem Bimsstein, den es in den Bergen reichlich gibt.

Die Chinchillas haben ein so dichtes, üppiges Fell, daß sich nicht einmal Parasiten darin halten. Trotzdem baden die Tiere jeden Tag im vulkanischen Staub, um ihr Fell reinzuhalten.

Die Chinchas, ein in den Bergen lebender Indiostamm, haben vor tausend Jahren wohl als erste die besonders seltenen Eigenschaften des Chinchillafelles erkannt. Als sie einige Jahrhunderte später von den Inkas unterworfen wurden, ging der Name des versklavten Stammes auf die von ihm entdeckten Nagetiere über. Im Laufe der Jahrhunderte wurde der Name von einer Sprache in die andere übernommen, und dabei wandelte sich »Chinchas« schließlich in »Chinchillas«.

Die Inkas fanden gleichermaßen Gefallen am Chinchillafell. Es schützte sie gegen die Winterkälte und zierte die Gewänder der höchsten Priester und Höflinge. Dann kamen die spanischen Eroberer. Schamlos und mit unvorstellbarer Grausamkeit raubten sie die Inkas aus und vernichteten ihren Staat. Ganze Schiffskarawanen brachten die Beute nach Europa: Gold, Edelsteine – und Chinchillafelle! Auch in Europa fanden Chinchillafelle bald Wertschätzung, die Nachfrage nach der silbrig schimmernden Rauchware stieg. Könige und Kaiser mußten Verordnungen erlassen, die es den niederen Ständen verboten, Chinchillapelze zu tragen. Einst kleideten sich Indios in Chinchillapelze, nun war dies ein Vorrecht von europäischen Monarchen.

Überall in den Anden wurden die Chinchillas erbarmungslos gejagt, aber diese kleinen silbergrauen Tiere waren so zahlreich, daß sie erst Anfang unseres Jahrhunderts selten wurden. Noch 1894 wurden allein aus Chile 400 000 Chinchillafelle ausgeführt, etwa ebenso viele kamen aus Bolivien und Peru. Als man in diesen Ländern endlich begriff, daß die Chinchillas bald für immer verschwinden würden, verbot man jegliche Jagd auf jene Tiere und den Export von Fellen.

Der Amerikaner Matthews Chapman beobachtete während seiner Arbeit in den Anden wilde Chinchillas. Er beschäftigte sich eine Zeitlang mit ihnen und erforschte ihre Verhaltensweise. Sollte es nicht möglich sein, diese Tiere ebenso in Farmen zu züchten wie Nerze?

Die Titi (Cebuella pygmaea), der kleinste Affe; er lebt in den Wäldern Ekuadors

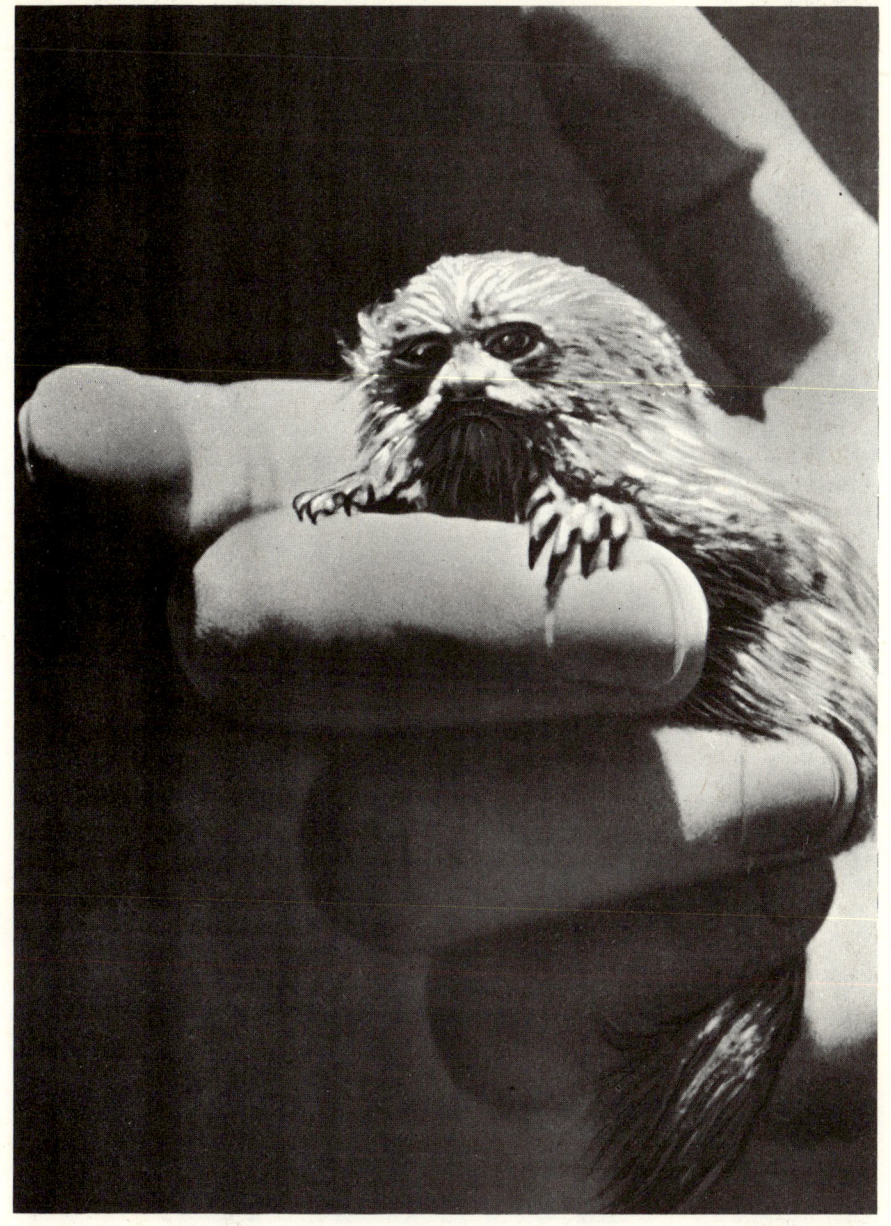

1923 erlangte Chapman von der chilenischen Regierung die Erlaubnis, einige lebende Chinchillapärchen nach den USA auszuführen. Die Tiere überstanden die Reise gut. Sie waren überhaupt sehr anspruchslos und widerstandsfähig, was Chapman schon erkannt hatte, als er die Tiere in den Anden beobachtete. In den Farmen lebten sich die Chinchillas vorzüglich ein und vermehrten sich rasch. Bald nahmen auch Kanadier und Engländer die Chinchillazucht auf.

Auch in anderen Ländern erwachte das Interesse an diesem einträglichen Geschäft. Wie Philipp Street schreibt, lebten nach dem zweiten Weltkrieg in amerikanischen und europäischen Farmen zahlreiche Chinchillas, Nachkommen der wenigen Pärchen, die Chapman aus Chile geholt hatte.

Niemand hätte je erwartet, daß die Chinchillas für die Zucht in Käfigen geeigneter waren als andere wertvolle Pelztiere.

Chinchilla mit Jungtier. Das Fell dieses Nagetiers ist besonders wertvoll

In bezug auf Ernährung stellen sie sehr geringe Ansprüche – nur allzu frisches Grünfutter kann sie das Leben kosten. Gefräßig sind sie auch nicht: Die Unterhaltskosten für eine Chinchilla belaufen sich auf ein Pfund Sterling (etwa M 10,-) pro Jahr. Außerdem sind sie widerstandsfähig. Dazu schreibt Street: »Bisher konnte niemand eine Krankheit entdecken, gegen die sie anfällig wären.« Fruchtbar sind sie auch: Die Weibchen sind zwei-, dreimal im Jahr trächtig und bringen mit jedem Wurf durchschnittlich zwei Junge zur Welt.

Die Trächtigkeitsdauer ist für dieses kleine Tier allerdings erstaunlich lang, sie beträgt hundertzehn Tage. Dafür kann das Weibchen schon zwölf Stunden nach der Geburt der Jungen erneut trächtig werden. Die Jungen sind unmittelbar nach der Geburt selbständig und brauchen die Fürsorge der Eltern fast gar nicht.

Auch in Gefangenschaft benötigen die Chinchillas frischen Sand zum Baden. Tag für Tag nehmen sie vor der Mahlzeit ein Bad im Sand. Ferner brauchen sie weiche Steine, damit sie ihre Zähne wetzen können. Sand und Steine sind natürlich leicht zu beschaffen.

Auch in der Sowjetunion beschloß man, diese wertvollen Tiere zu züchten. Im Oktober 1963 wurden zwei amerikanische Chinchillas nach Usbekistan gebracht, sie befinden sich wohlauf und haben bereits Junge. Man kann den Züchtern nur Erfolg wünschen.

Eine sinnlos erscheinende Suche, die doch Erfolg brachte

Die ersten Erforscher von Neuseeland erfuhren aus den Erzählungen der Maori, daß es auf den Inseln außer dem Moastrauß noch andere höchst sonderbare Vögel gäbe, auf die die Maori Jagd machten. Die Vögel wären so groß wie Gänse, hätten völlig ausgebildete Flügel, könnten aber nicht fliegen. Allein die Erinnerung an das wunderbare Gefieder des Mogo, wie dieser seltsame Vogel auf der Nordinsel genannt wurde, versetzte die alten Maori-Jäger in Begeisterung. Bei den Bewohnern der Südinsel hieß der Vogel Takahe.

Zunächst sammelten die Wissenschaftler höchst interessiert alles, was von diesem merkwürdigen Vogel in Erfahrung zu bringen war. Jahre vergingen, doch nichts deutete darauf hin, daß er je gelebt hatte, nicht einmal in fernster Vergangenheit. Von den Moastraußen waren wenigstens Knochen und Federn erhalten geblieben, für die Existenz der Takahe dagegen gab es keine handgreiflichen Beweise. So kam man zu dem Schluß, daß es sich bei dem Mogo um ein mythenumwobenes Wesen aus der Sagenwelt der Maori handelte.

Im Jahre 1847 konnte ein gewisser Walter Mantell, ein unermüdlicher Sammler seltener Tiere Neuseelands, in einem Dorf der Nordinsel zufällig einen Schädel, einen Brustknochen und andere Skeletteile erwerben, die von einem unbekannten großen Vogel stammten. Er packte seinen Fund sorgfältig ein und schickte ihn seinem Vater in London, einem seinerzeit berühmten Geologen. Mantell sen. konsultierte den Paläontologen Owen, und dieser fand heraus, daß die Knochen von einem großen, zwar mit Flügeln ausgestatteten, doch flugunfähigen Vogel stammten. Er nannte ihn Notornis mantelli.

Die Maori hatten also recht gehabt. Die Takahe gehörte nicht ins Reich der Mythen, sondern war ein lebendiges Wesen aus Fleisch und Federn gewesen und zählte zu den Rallen. Einige Rallenarten leben auch bei uns in Europa: Teichhühner, Wasserrallen, Wachtelkönige und Bleßhühner, sie alle sind den Jägern gut bekannt. Die größte Ralle in der Sowjetunion – das Purpurhuhn – lebt im Ried an der West- und Südküste des Kaspischen Meeres. Sie hat große Ähnlichkeit mit der Takahe, doch ist sie kleiner und weniger grell gefärbt. In Neuseeland, wo ebenfalls eine Art des Purpurhuhns (das »Puekko«) anzutreffen ist, wurde es zuweilen mit der Takahe verwechselt.

Zwei Jahre nach Mantells Entdeckung folgte eine noch größere Überraschung. Robbenfänger hatten auf einer kleinen Insel vor der neuseeländischen Südwestküste ihr Lager aufgeschlagen. In der Nacht fiel Schnee, und als die Männer morgens die Zelte verließen, bemerkten sie im Schnee die Fährte eines großen Vogels, der einer hier unbekannten Art angehörte.

Die Robbenfänger dachten nicht mehr an Robben, derentwegen sie eigentlich gekommen waren, und verfolgten mit ihren Hunden die Spur des geheimnisvollen Vogels.

Nachdem sie sich schon ziemlich weit vom Lager entfernt hatten, entdeckten sie plötzlich vor sich den großen Vogel. Die Hunde hetzten los. Aber da geschah etwas Merkwürdiges. Anstatt aufzufliegen, lief der Vogel mit unwahrscheinlicher Schnelligkeit im Schnee davon, doch die Hunde holten ihn ein und packten ihn.

Die Robbenfänger waren keine Naturforscher, aber sie begriffen sofort, daß ihnen ein sehr seltener Vogel in die Hände geraten war. Welch herrliches Gefieder! Kopf und Kehle waren blauschwarz, Hals, Brust und Seiten blauviolett, der Rücken olivgrün, Flügel und Schwanz blau mit einem metallischen Schimmer und die Unterseite des Schwanzes schneeweiß. Der dicke Schnabel und die kräftigen Beine waren leuchtend rot.

Von der Pracht des Gefieders entzückt, konnten sich die Männer nicht entschließen, den herrlichen Vogel zu töten, und brachten ihn aufs Schiff. Aber was nun weiter mit ihm? Die Jäger wußten sich keinen Rat. Vier Tage überlegten sie hin und her, dann töteten sie ihren schönen Gefangenen doch, obwohl er ihnen leid tat, brieten ihn und aßen ihn auf. Den Balg bewahrten sie auf. Zufällig geriet er Walter Mantell in die Hände, der ihn sofort nach London schickte.

Später wurden mit Hilfe von Hunden noch mehrere lebende Takahe gefangen. Wegen des Skeletts einer ausgestopften Takahe kam es einmal zu einem »kommerziellen Konflikt« zwischen dem Britischen und dem Dresdner Museum.

Die Geschichte trug sich folgendermaßen zu. Ein Kaninchenfänger hatte sein Lager neun Meilen südlich des großen Te-Anau-Sees auf der Südinsel aufgeschlagen. Eines Tages brachte der Jagdhund einen noch zuckenden Vogel angeschleppt. Sein Herr hing ihn an die Zeltdecke, um ihn am nächsten Tag zu verspeisen. Glücklicherweise kam der Leiter der Versuchsstation namens Connor vorbei. Er »requirierte« den seltenen Vogel, denn er hatte sofort erkannt, daß es sich um eine für die Wissenschaft wertvolle Takahe handelte, brachte ihn nach Hause, zog ihm den Balg ab und präparierte sorgfältig alle Knochen. Es war das erste vollständige Skelett einer Takahe, das nach London gelangte.

Dort aber blieb es nicht den Engländern. Der geschäftstüchtige Connor wollte das seltene Stück auf einer Auktion verkaufen. Der Vertreter des Britischen Museums hatte von seiner vorgesetzten Stelle die Weisung erhalten, bis zu hundert Pfund Sterling zu bieten. Der Vertreter des Dresdner Museums aber hatte die Erlaubnis, für das wertvolle Objekt jeden beliebigen Preis zu zahlen.

Die Versteigerung begann. Bald kletterte der Preis auf hundert Pfund, und der Vertreter des Britischen Museums gab auf. Sein Kontrahent bot fünf Pfund mehr und kaufte das Takahe-Skelett.

Deutsche Wissenschaftler untersuchten das Skelett mit aller Gründlichkeit (sogar mit Mikroskop) und entdeckten einige Unterschiede gegenüber dem ersten Exemplar, das vor zweiunddreißig Jahren Mantell erworben hatte. Auf der Nordinsel und auf der Südinsel von Neuseeland lebten demnach zwei verschiedene Takahe-Arten.[24] Die erste hatte Owen beschrieben und Notornis mantelli genannt, die zweite wurde – nach dem Australien- und Neuseelandforscher Prof. Hochstetter – Notornis hochstetteri benannt.

Für ein später gefangenes Exemplar bezahlten Sammler noch mehr als auf jener Auktion in London, nämlich 250 Pfund Sterling.

Jene Takahe war im Jahre 1898 gefangen worden, und seither schien dieser Vogel vom Erdboden verschwunden zu sein. Jahrzehnte vergingen, aber keine einzige lebende Takahe fiel den Jägern mehr in die Hände. Und da es sich um eine wertvolle Art handelte, setzten sie gewiß alle Mühe daran. Die Maori erzählten zwar, daß in der Nähe des Te-Anau-Sees noch Takahe in den Bergen lebten, doch man schenkte ihnen keinen Glauben. So galt die 1898 gefangene Takahe als der letzte lebende Vertreter dieser Art, die nun zu den ausgestorbenen Vögeln gezählt wurde – fünfzig Jahre lang.

Im Jahre 1947 wollte Geoffroy Orbell, ein Arzt und Naturforscher aus Liebhaberei in einer neuseeländischen Kleinstadt, sich vergewissern, ob der legendäre Vogel tatsächlich ausgestorben war – ein sinnloses Unterfangen, wie viele Fachleute meinten: Mit ein paar Kameraden drang Orbell in die dichten, tausend Meter über dem Meeresspiegel liegenden Wälder am Westufer des Te-Anau-Sees vor.

Orbell entdeckte einen See, der den Kartographen bisher unbekannt geblieben war – kein schlechter Anfang. Doch der Takahe kam er nicht

---

24) Heutzutage leben auf der Nordinsel keine Takahe mehr.

25) Nach anderen Angaben befinden sich im Nest der Takahe immer zwei Eier. Demnach hätten sie jeweils zwei Junge. (W. R. B. Oliver, New Lea Land Birds, 1955)

26) Gegenwärtig leben noch rund dreihundert Takahe.

auf die Spur. Allerdings hatten die Forscher den Ruf eines unbekannten Vogels gehört und eigenartige Vogelspuren entdeckt.

Im November des folgenden Jahres kam Orbell wieder in die Wälder am Te-Anau-See. Diesmal war er noch besser ausgerüstet – mit allen möglichen Netzen, Teleobjektiven und sogar mit einer Farbfilmkamera. Auch an Ringe hatte er gedacht, um eventuell gefangene Vögel beringen zu können. Diesmal hatte er Erfolg. Gleich zwei Takahe gingen ihm ins Netz.

Auf der dritten Expedition, die ein Jahr später auszog, fand Orbell sogar Takahenester. Er untersuchte dreißig Nester und stellte fest, daß ein Takahepärchen jedes Jahr nur ein einziges pechschwarzes Junges aufzieht.[25]

Orbell und seine Begleiter schätzten, daß in den umliegenden Tälern fünfzig bis hundert ausgewachsene Takahe lebten. Sicher gab es auch anderswo noch weitere Kolonien dieser Vögel.[26]

Die neuseeländische Regierung erklärte die Gebiete, in denen die Takahe leben, sofort zu Reservaten. Das heutige Takahe-Reservat am Te-Anau-See ist 160 000 Hektar groß und bietet den Nachkommen der seltenen Vögel genügend Raum.

Fotografien, farbige Zeichnungen und genaue Beschreibungen der Takahe findet man heute in jedem Buch über die neuseeländische Vogelwelt. Die farbenprächtigen Takahe sehen wir heute sogar auf den Briefmarken des Landes. Der Vogel, der einst als ausgestorben galt, wurde für alle Enthusiasten, die nach unbekannten wilden Tieren und Vögeln suchen, gewissermaßen zum Symbol.

Gerettete Tiere
– Tiere, die Glück hatten

Ein Wisent hat nicht den »Charakter« eines Auerochsen

Die Expeditionen Berings und seiner Nachfolger hatten ermittelt, daß Asien von Amerika nur durch eine schmale Wasserstraße getrennt ist. An der breitesten Stelle mißt die Beringstraße nur sechsundachtzig Kilometer, und an klaren Tagen erkennt man von Kap Deshnew aus die Küste von Alaska. Ferner ist die Beringstraße ziemlich flach – die größte Tiefe beträgt nur fünfundfünfzig Meter. Würde man den Meeresspiegel um dreißig Meter senken, so wären die beiden Kontinente durch eine Landenge miteinander verbunden.

Geologen wiesen nach, daß Asien und Amerika in der Eiszeit, also vor einigen zehntausend Jahren, durch eine Landbrücke verbunden waren, die fast doppelt so breit wie Alaska war. Diese riesige Ebene, die sich über zweitausend Kilometer von Norden nach Süden erstreckte, liegt heute in geringer Tiefe unter dem Spiegel der Tschuktschensee und des Beringmeeres.

Noch vor fünfzigtausend Jahren schweiften riesige Herden wilder Tiere und Horden nicht minder wilder Menschen über diese Ebene, die das zurückweichende Meer freigegeben hatte. Eine Wanderung gewaltigen Ausmaßes von Westen nach Osten, von Asien nach Amerika (in einigen Fällen natürlich auch in umgekehrter Richtung) war im Gange. Über die Landbrücke wanderten Mammute, Elche, Moschusochsen, Bären, Wildschafe, Steinböcke, Füchse und Wölfe in die Neue Welt, die sie – lange vor Kolumbus – entdeckt hatten.

In der Eiszeit kamen auch die Vorfahren der Bisons von der Tschuktschenhalbinsel nach Nordamerika, wo sie sich stark vermehrten. Seit jener Zeit ging die Entwicklung der beiden verwandten Arten von Wildrindern ganz verschiedene Wege: Aus den Emigranten wurden die heutigen Bisons, aus den in Asien und in weiten Teilen Europas verbliebenen die Wisente.

Die Wisente lebten in den Wäldern und Steppen, in denen auch die Auerochsen beheimatet waren. An Größe und Kraft standen sie letzteren nicht nach, wohl aber an Mut. Traf ein Auerochse auf einen Menschen, so ging er nicht einmal diesem aus dem Wege, während der Wisent in solchen Situationen immer auswich. Angesichts eines Zweibeiners versteckte er sich rasch. Wisentkühe ließen dabei oft sogar ihre Kälber im Stich und flohen. Manchmal nahm zwar ein Wisent auch gegenüber einem Menschen Imponierhaltung ein: Den Kopf gesenkt, schnaufte er, stürmte er sogar ein Stück vorwärts, machte aber dann kehrt und suchte das Weite. Die kaukasischen Wisente griffen Menschen nur sehr selten an, die Wisente aus dem Urwald von Belowesh waren schon aggressiver.

Auch untereinander kämpfen Wisente, selbst rivalisierende Bullen, nur selten. Ein Zweikampf beginnt und endet gewöhnlich nur mit einer Demonstration der Stärke. Nach einigen ersten Stößen mit der Stirn zieht es der Schwächere vor, nachzugeben und sich davonzumachen.

Ein Auerochse dagegen brüllte, wie schon erwähnt, »so furchtgebietend, daß dreihundert Hengste in panischem Schrecken flohen«. Und wie brüllt der Wisent? Er brüllt gar nicht, er ist überhaupt kein lautes Tier. Ausgewachsene Wisente stoßen lediglich ein paar Grunztöne aus, sind sie zornig, knurren sie, und erschrecken sie, dann schnauben sie. Gebrüll hört man nur von verwundeten Wisenten, aber auch das nur selten.

Der Auerochse war ein sehr schnelles Tier, und darin steht ihm der Wisent kaum nach. Wie berichtet wird, springt ein Wisent ohne weiteres über einen drei Meter breiten Graben und einen zwei Meter hohen Zaun. Er erklimmt steile Berge, nur Felsen meidet er, und in seinen Bewegungen wirkt er weder träge noch schwerfällig. Der sowjetische Zoologe Filatow beobachtete im Kaukasus einen Wisent: »Er lief umher, zupfte Huflattich, wandte sich um, hob hin und wieder den Kopf und lauschte. Seine Bewegungen waren schnell und gewandt, nichts Plumpes, Träges haftete ihnen an, wie es für das Verhalten von Hausrindern typisch ist.« Der Wind wehte in seine Richtung, der Wisent witterte den Menschen und brachte sich mit großen Sprüngen im Dickicht in Sicherheit, »ohne auch nur einen Blick in unsere Richtung geworfen zu haben«.

Kühe, junge Bullen und Kälber leben in kleinen Herden oder, richtiger, Gruppen zu sechs bis acht Tieren. Die Bullen sind entweder Einzelgänger oder halten sich in kleinen Gruppen zu drei, vier Tieren. Nur von August bis September, wenn Hymenäus zu seinem Recht kommt, schließen sich die Bullen wieder ihren Kühen an. Jeder kehrt gewöhnlich zu seiner Herde zurück und vertreibt die zweijährigen Bullen, die von Geburt an in Gesellschaft der Kühe gelebt haben.

Die Kälber kommen im Frühjahr und im Frühsommer zur Welt. Erst eine Stunde alt, stehen sie bereits auf ihren schwankenden dünnen Beinen, schon nach einer weiteren halben Stunde laufen sie täppisch hinter ihrer Mutter her.

Wovon sich die Auerochsen ernährten, darüber können wir heute nur Mutmaßungen anstellen. Was die Wisente fressen, wissen wir genau: alle möglichen Gräser, Zweige und Blätter von Bäumen, sie nagen an der Rinde der Weißbuche, Espe, Tanne, Fichte, Eberesche, Kiefer, suchen sich Eicheln, wilde Birnen und Äpfel und sogar Pilze (z.B. Pfifferlinge).

Als die europäischen Völker in die Geschichte eintraten, waren die Wisente überall dort beheimatet, wo Gallier, Germanen, Daker – die heutigen Rumänen – und Slawen lebten. Nur in Griechenland, Nordspanien und England waren sie schon in prähistorischer Zeit ausgerottet worden.

Der sowjetische Zoologe Kirikow, ein Spezialist auf diesem Gebiet, schreibt dazu: »Noch im 16. und 17. Jahrhundert waren die Wisente in den Waldsteppen vom Dnestr bis zum Don anzutreffen. Mitte des 16. Jahrhunderts weideten sie in den podolischen Steppen, die damals nur sehr dünn besiedelt waren, in großen Herden. Es kam vor, daß sie

Der Wisent kann heute als »gerettet« bezeichnet werden. Allein im Urwald von Belowesh leben – einschließlich Bastarde – wieder über vierhundert dieser mächtigen Tiere

die Grenzpatrouillen des Starosta von Bar behinderten, weil sie die Spuren berittener tatarischer Eindringlinge zertrampelten.«

In Wolhynien muß es vor fünfhundert Jahren noch viele Wisente gegeben haben, denn als der litauische Fürst Witold (Vytautas) im Jahre 1430 die benachbarten Fürsten nach Luzk einlud, konnte er sieben Wochen lang zu den Festessen Fleisch von hundert Wildrindern pro Woche auftischen lassen. »Jede Woche fünfhundert junge Rinder, fünfhundert Schafe, fünfhundert Wildschweine, hundert Wisente, hundert Elche und andere Leckerbissen ohne Zahl«, berichtet der Chronist.

Damals bewohnten die Wisente sowohl die Wälder wie auch die Steppen, im Norden etwa bei Riga angefangen über ganz Litauen und nahezu ganz Belorußland bis in die Kursker und Woronesher Gegend. Um Moskau und Rjasan waren sie in historischer Zeit offenbar nicht mehr anzutreffen. Auch im Don- und Dneprgebiet lebten sie und im Süden bis hin zum Asowschen und Schwarzen Meer. Nach Prof. Heptner findet man allerdings keine Anhaltspunkte dafür, daß es auch auf der Krim Wisente gegeben hätte, auch im Wolgagebiet lebten sie – jedenfalls in historischer Zeit – nicht. In der Steinzeit aber waren sie sogar jenseits der Wolga anzutreffen, denn in der Nähe der Kamamündung und im Südlichen Ural wurden Wisentknochen ausgegraben.

Im Mittelalter waren die kaukasischen Wisente nicht von den europäischen isoliert. Wenn sie die Steppen am unteren Don und im Vorland des Kaukasus durchquerten, konnten sie einander sicher »besuchen«. Aber schon zu der Zeit, als die Schweden in der Schlacht von Poltawa (1709) von den Russen geschlagen wurden, war das nicht mehr möglich, waren doch die Steppenwisente, die einst die Ukraine und das Dongebiet bevölkert hatten, damals wohl schon gänzlich ausgerottet.

Als Peter I. dem Vizegouverneur von Woronesh befahl, ein halbes Dutzend Wisente zu fangen und sie nach Petersburg zu schicken, antwortete dieser dem Zaren, Wisente seien am Don zum letzten Mal im Jahre 1709 gesichtet worden.

Die Feudalherren taten sich gütlich an Wisentbraten (man bedenke: hundert Wisente in einer Woche!), und eine solche Gefräßigkeit mußte den Tieren natürlich zum Verhängnis werden. Ihre Zahl nahm überall rasch ab. In Frankreich waren sie schon im 6. Jahrhundert ausgerottet, im heutigen Rumänien wurde der letzte Wisent im Jahre 1762, in

Deutschland (in Sachsen) 1793 und im ehemaligen Ostpreußen 1755 erlegt. Zu Beginn unseres Jahrhunderts hatten sich die Wisente nur noch in den Urwald von Belowesh und in den nördlichen Kaukasus (an den Oberlauf des Kuban, wo sich heute das Kaukasische Naturschutzgebiet befindet) vor den Menschen retten können.

Die letzten Tage der kaukasischen Wisente

Mitte des vergangenen Jahrhunderts, in der Zeit nach dem politischen Aufstand gegen die Zarenherrschaft, soll ein Kaukasier, der in der russischen Armee als Offizier diente, das Museum in Lublin besucht haben. Überrascht und erfreut soll er vor einem ausgestopften Wisent stehengeblieben sein und mit strahlendem Lächeln den Museumsangestellten verkündet haben: »Ein Landsmann von mir!«

Die Zoologen, denen das zu Ohren kam, sollen nicht weniger überrascht und erfreut gewesen sein als der Offizier, denn sie waren der Meinung, daß nur noch im Waldgebiet von Belowesh Wisente lebten. Jetzt sollten sie sich auch noch im Kaukasus gehalten haben!

Ob die ganze Geschichte sich wirklich so zugetragen hat oder man sie sich nur so erzählt, sei dahingestellt, jedenfalls gab es im Kaukasus in den sechziger Jahren des vorigen Jahrhunderts tatsächlich noch Wisente. Als diese Kunde in die russische Hauptstadt gelangte, wurde sofort jegliche Jagd auf den Wisent bei Strafe von fünfhundert Rubel verboten – eine für damalige Zeiten unerhörte Summe. Der Wisent wurde allerdings trotzdem gejagt, nur im Jagdrevier des Zaren am Kuban waren die Tiere gut geschützt – damit der Zar sie schießen konnte.

Daß es im Kaukasus Wisente gab, war im damaligen Rußland (und nicht nur dort) seit langem bekannt. In dem Buch »Die Säuger des Kaukasus« von Wereschtschagin, in dem umfangreiches Material über Tiere zusammengetragen ist, findet sich zum Beispiel eine Mitteilung des persischen Historikers Raschid-ad-Din aus dem 14. Jahrhundert: »Ghasan-Khan, der Herrscher des Islam, kam im Winter des Jahres 1301 in das Kura- und Arax-Tal, stieg im Gebirge auf nach Talysch, wo er befahl, aus Stangen und Buschwerk zwei Zäune zu errichten, die keilförmig aufeinander zu streben, eine Tagereise lang sein und am breiten Ende des Keils einen Abstand von ungefähr ebenfalls einer Tagereise haben sollten ..., und in der Sackgasse aus Holz eine Art Gehege zu bauen. Dann veranstalteten Soldaten eine Treibjagd und hetzten das Wild – Bergbüffel, wilde Ziegen und Esel, Schakale, Füchse, Wölfe, Bären und alles mögliche andere Wild und Raubgetier – innerhalb der Umzäunung, bis alles in jenem Pferch zusammengetrieben war. Der Herrscher aus Bulugan-Chatun thronte auf einem in der Mitte errichteten Gerüst und ergötzte sich am Anblick der Tiere. Ein Teil wurde getötet, der andere freigelassen.«

Mit den »Bergbüffeln« sind zweifellos Wisente gemeint. Danach waren sie seinerzeit auch in Transkaukasien beheimatet. Die kaukasischen Wisente finden sogar in der »Vollständigen Gesetzessammlung des Russischen Reiches« Erwähnung. »Persönliche Order, gegeben vom Kabinett Ihrer Majestät der Zarin Anna Johannowna, an den Astrachaner Oberkommandanten, betreffend die Jagd und die alljährliche Belieferung des Hofes mit verschiedenen lebenden Tieren aus dem Ismailowsker Wildpark ... Wie Uns bekannt, gibt es in der Kabarda Wildrinder und Kadossy, dort Dombai genannt, derentwegen Ihr Euch nach Kräften kümmern und Euch auch nicht scheuen sollt, aus der Staatskasse einiges beizusteuern, damit die dortigen Fürsten je fünf bis zehn junge Bullen und Kühe von jener Art fangen und sie in die Festung Kisljar schicken lassen, wo sie einige Zeit zu füttern sind, um sodann, wenn sie sich eingewöhnt, auf dem Wasserwege nach Astrachan und von dort mitsamt den anderen Tieren nach Moskau gebracht zu werden.«

Demnach gab es also in der Kabarda am Nordhang des Kaukasus Wisente; reich an Wisenten waren auch Tschetschenien und Ossetien. Doch Mitte des vergangenen Jahrhunderts, als die Wisente zum zweiten Mal im Kaukasus »entdeckt« wurden, gab es sie, wie schon erwähnt, nur noch im äußersten Westen der Nordhänge der Kaukasischen Hauptkette, am Oberlauf des Kuban. Dort lebten damals noch ungefähr zweitausend Tiere, Ende des vorigen Jahrhunderts dagegen war es nur noch ein Viertel davon.

Vor der Oktoberrevolution hausten in den Gebirgswäldern am Oberlauf der Weißen und der Großen Laba, zwei Nebenflüssen des Kuban, noch ungefähr fünfhundert Wisente. Nach der Revolution waren die

Ländereien des Zaren natürlich zunächst von niemandem geschützt. Hirten, Deserteure und Soldaten machten sich kein Gewissen darauf, die höchst seltenen Tiere zu jagen. Für sie waren es eben nur Bergbüffel, Dombai, Wildrinder, niemand erklärte diesen Leuten, welchen Wert die Dombai für die Wissenschaft, ja für die gesamte Menschheit hatten. Sie glaubten, diese Tiere hätten nur unter Schutz gestanden, damit der Zar sie schießen und sich die Zeit vertreiben konnte, und alles, was den verhaßten Zaren anging, war im Volk höchst unpopulär. Man erzählt sich, daß die Wilddiebe von einem erlegten Wisent häufig nur das von den Sattlern besonders geschätzte Rückenfell herausschnitten und das übrige Fell und das ganze tote Tier im Walde verwesen ließen. Dann wurde durch eine Kuh eine Seuche in den Kaukasus eingeschleppt, der viele Hausrinder, aber auch viele Wisente erlagen. So waren 1920 von den fünfhundert Wisenten nur noch fünfzig übriggeblieben, und auch deren Tage waren gezählt. Als vier Jahre später anstelle der kaiserlichen Jagd am Kuban ein Staatliches Naturschutzgebiet errichtet wurde, kam alle Hilfe zu spät. Die junge Sowjetrepublik hatte damals andere Sorgen, die noch weniger Aufschub duldeten, und die Wilddiebe nutzten ihre Stunde.

1926 spürten Hirten aus Imeretien (einer Gebirgslandschaft in Georgien) am Alousberg die wohl letzten drei Wisente auf und töteten sie. Soweit den Zoologen bekannt ist, wurden in diesen Gegenden nie mehr welche gesehen. Das war das Ende der reinblütigen kaukasischen Wisente. 1940 tauchten Wisente erneut im Kaukasus auf. Woher sie kamen – davon später.

Chronik der Wisente von Belowesh

Die Wisente von Belowesh waren größer und heller als ihre kaukasischen Brüder. Sie sahen »wilder« aus, hatten einen langen zottigen Bart und ein glattes Fell – beim kaukasischen Wisent war dieses dagegen lockig. Es gab auch noch ein paar andere geringfügige Unterschiede, den Zoologen erschienen sie jedoch bedeutsam genug, die Tiere in zwei Unterarten, das heißt in Geotypen, einzuteilen.

Die kaukasischen Wisente lebten in Bergwäldern, erklommen Höhen von mehr als zweitausend Metern, ästen auf alpinen Matten und stiegen manchmal zu Regionen auf, wo selbst im Sommer der Schnee nicht völlig verschwindet.

Die Wisente von Belowesh dagegen hatten, vom Menschen bedrängt, in völlig anders gearteten Gegenden Zuflucht gefunden – in einer versumpften flachen Waldgegend. Im Urwald von Belowesh gab es kleine, mit Kiefern bestandene Hügel, zwischen ihnen feuchte Niederungen, in denen Erlen, Eschen und Eichen wuchsen, moosbewachsene Erdhügel inmitten sumpfiger Flächen, vom Wind gefällte Bäume ... Freiwillig hätten sich die Tiere wohl kaum in eine solche Gegend zurückgezogen, denn in früheren Zeiten waren sie in offenen Laubwäldern mit weiten Lichtungen, in Auenwäldern und sogar in der Steppe beheimatet gewesen.

Am 10. Oktober 1802 gab Zar Alexander I. einen in französischer Sprache abgefaßten Ukas heraus, der den Wisent in Rußland unter Schutz stellte.[27] »Angesichts der besonderen Seltenheit dieser als Wisent bezeichneten Wildart ist es verboten, im Urwaldgebiet von Belowesh Holz zu schlagen. Von nun an ist es einem jeden Sterblichen untersagt, Wisente zu schießen oder ihnen irgend etwas zuleide zu tun.« Für den Zaren selbst, seine Verwandten und seine Gäste galt dieses Verbot natürlich nicht – der Wald von Belowesh wurde zum kaiserlichen Jagdrevier (»Sakasnik«) erklärt. Mit dem Schutz der »seltenen Wildart« verfolgte der Monarch also keineswegs wissenschaftliche Zwecke.

Wie dem auch sei, die Wisente standen jetzt unter Schutz, und ihre Zahl nahm merklich zu. Im Laufe eines einzigen Jahres beispielsweise, 1829/1830, wurden siebzig Wisente geboren, so daß es nun etwa tausend Tiere waren.

Im Januar 1914 lebten im Urwald von Belowesh 727 Wisente. Im August desselben Jahres begann der erste Weltkrieg. Ein Jahr später zogen sich die russischen Truppen nach erbitterten Kämpfen zurück, und der Wald von Belowesh wurde von den Deutschen besetzt. Während der Kampfhandlungen hatten nicht nur die Truppen große Verluste erlitten,

---

27) Übrigens war im Wald von Belowesh schon unter Stefan Batory (1576–1586) die Wisentjagd nur mit Genehmigung des Königs gestattet. Alexander I. knüpfte also lediglich an eine polnische Tradition an.

sondern auch die Wisente: Verstört und in die umliegenden Wälder vertrieben, endete auf beiden Seiten der Front so manches Tier in den Gulaschkanonen.

Deutsche Wissenschaftler, die gleichfalls sehr wohl wußten, welchen Wert der Wisent für die Wissenschaft hatte, erwirkten mit viel Mühe von der deutschen Heeresführung einen Befehl, in dem alle Kommandeure der nördlichen Ostfront angewiesen wurden, die Wisente zu schützen. Eine kleine Gruppe von Zoologen und Forstleuten wurde unter Führung eines hohen Offiziers in das Waldgebiet entsandt, um sich der Tiere anzunehmen. Als erstes ließen sie zwanzig alte Bullen erschießen. Es hatte sich nämlich herausgestellt, daß diese alten Leitbullen, die jeden jungen Bullen aus ihrem Harem vertrieben, längst unfruchtbar waren. Nach deutschen Quellen soll sich die Zahl der Wisente im Waldgebiet von Belowesh in der Folgezeit erhöht haben, und zwar von 120 auf 185. Polnische Fachleute bestreiten das; nach ihren Angaben ist die Zahl der Tiere auch in den Jahren der deutschen Besetzung ständig zurückgegangen: 1916 sollen es etwa zweihundert, ein Jahr darauf hundertzwanzig und ein weiteres Jahr später nur noch neun Wisente gewesen sein. Ende 1920 lebte noch eine einzige Kuh. Irgendwie war es ihr gelungen, sich den Menschen zu entziehen. Doch im Februar des folgenden Jahres wurde sie von einem gewissen Szpakowicz entdeckt. War es Ironie des Schicksals oder einfach ein Zufall, jener Szpakowicz war jedenfalls einst Förster in diesem Waldgebiet gewesen, als es noch zu Rußland gehörte. Gerade er jagte nun dem letzten jener Tiere, die zu schützen ihm einst zur Pflicht gemacht worden war, mit ruhiger Hand und ruhigem Gewissen eine Kugel nach der anderen in den Leib.

Mehrmals waren Wisente aus diesem Wald in andere Städte und in andere Länder gebracht worden, aber auch von diesen kamen viele während des Krieges um. Im Park Gattschina bei Petrograd harrten sechsunddreißig Wisente ihres Schicksals. Sie wurden 1917 von Kosaken, die den Schutz der »kaiserlichen Wisente« übernehmen sollten, allesamt abgeschossen.

Das gleiche Schicksal ereilte die Wisente auf der Krim und in einem Park bei Minsk. Mitte der zwanziger Jahre gab es in der Sowjetunion keinen einzigen Wisent mehr. (Heute sind es, zusammen mit den Bastarden, wieder mehr als vierhundert! Die sowjetischen Zoologen, denen dieses Resultat zu verdanken ist, mußten bei ihrer Arbeit »ganz von vorn« anfangen.)

In Zoos und in Privatbesitz lebten in Westeuropa noch Nachfahren der Wisente von Belowesh, allerdings nur wenige. Eine der größten Herden weidete im Wildpark des Fürsten von Pleß in Oberschlesien. Sie zählte vierundsiebzig Wisente; diese stammten von einem Bullen und drei Kühen ab, die Zar Alexander II. dem Fürsten zum Geschenk gemacht hatte. Im ersten Weltkrieg wurden diese Tiere von Marodeuren mit einem Maschinengewehr beschossen. Fast alle fanden den Tod, nur drei konnten verwundet geborgen werden. Jedem mußten mehrere Maschinengewehrkugeln aus dem Körper entfernt werden, doch sie erholten sich, und bald stellte sich sogar Nachwuchs ein.

Eine wichtige Lehre aus der Geschichte der Wisente ist für uns zweifellos die: Selbst für das Wild ist ein Krieg gleichbedeutend mit einer Katastrophe. Während der Kämpfe stand den Menschen der Sinn nicht nach Wisenten. Erst als die Waffen schwiegen, die Leidenschaften sich gelegt, die Köpfe wieder kühl geworden waren, begriffen die Menschen, wie sinnlos, wie erbarmungslos und wie dumm es von ihnen war, die seltenen und schönen Tiere umgebracht zu haben.

Im Namen aller, die sich ein Gewissen daraus machten, erhob der polnische Naturforscher Jan Sztoleman seine Stimme. Auf dem Pariser Kongreß von 1923 schlug er vor, eine »Internationale Gesellschaft zur Erhaltung des Wisents« zu gründen, ehe es endgültig zu spät war. Sein Vorschlag fand Zustimmung, und die Gesellschaft wurde gegründet.[28]

Rettung des Wisents

Der Anfang war eine Bestandsaufnahme: Sechsundfünfzig Wisente lebten in fünfzehn Ländern verstreut, achtzig ausgestopfte Wisente und hundertzwanzig Schädel befanden sich in Museen. Von den lebenden Tieren waren mehr als die Hälfte Bullen, von denen viele längst jegliches Interesse am anderen Geschlecht und an der Fortpflanzung verloren hatten.

In der ersten Zeit ging es mit der Arbeit nur langsam voran. Die Herde in Deutschland wurde von einer Krankheit befallen. Als 1932 das erste »Herdbuch« für Wisente, ein Verdienst der Zoologin Erna Mohr, veröffentlicht wurde, konnten nur dreißig reinblütige Tiere und sechs Zuchtstätten, die sich in England, Deutschland, Holland, Schweden, Ungarn und Polen befanden, genannt werden.

Da betraten die Brüder Lutz und Heinz Heck die Arena, in der der unblutige Kampf um die Erhaltung der Wisente geführt wurde. Ihrem energischen Eingreifen ist es zu verdanken, daß der Wisent wieder »ins Leben zurückgerufen« wurde. Die beiden Forscher meinten, die Rettung des Wisents sei am zuverlässigsten und am schnellsten durch Verdrängungskreuzung mit dem amerikanischen Bison möglich. Erstens sind Bastarde bekanntlich lebensfähiger (die Genetiker bezeichnen dieses Phänomen als Heterosis), zweitens stand eine größere Zahl von Kühen aus Übersee zur Verfügung. Diese Methode wurde eine Zeitlang stark kritisiert, weil angeblich nicht echte Wisente, sondern Bastarde gezüchtet würden. Aber die Praxis zeigte, daß schon die Hybriden der ersten Generationen selbst von Fachleuten nicht von reinblütigen Wisenten zu unterscheiden waren.

Den zweiten Weltkrieg überstanden die Wisente mit geringeren Verlusten als den ersten. In der Ausgabe des »Zuchtbuches« von 1947 standen achtundneunzig Wisente verzeichnet. Acht Jahre später waren es schon hundertvierundneunzig. In Polen kam man besonders gut voran: Dort lebten schon mehr als hundert Wisente. Mit der Züchtung von Wisenten befaßte man sich auch in der UdSSR, in Bulgarien, in der Tschechoslowakei, in Österreich und in Dänemark.

Dann war es soweit. Nach dreißigjähriger Abwesenheit tauchten erneut Wisente im Kaukasus auf. 1940 wurden fünf Bison-Wisente (allerdings mit Bluteinmischung von echten Dombai) in das Kaukasische Naturschutzgebiet gebracht. Vier Jahre später waren es elf, weitere zwölf Jahre später schon einhundertundsechs! (Nicht alle waren hier geboren, etliche kamen aus anderen Teilen der Sowjetunion und aus Polen.) Unter dem Schutz berittener Hirten ziehen die Tiere jeden Sommer ins Hochgebirge zu den alpinen Matten; den Winter verbringen sie in tiefer

---

28) Nach anderen Quellen ergriff bereits 1922 der Frankfurter Zoodirektor Dr. Priemel die Initiative zur Gründung einer solchen Gesellschaft, die 1923 dann auch offiziell im Zoo von Berlin gegründet wurde.

gelegenen Tannenwäldern, an Gebirgshängen, wo man Heu für sie bereithält.

Seit 1946 werden Wisente auch im sowjetischen Teil des Urwaldes von Belowesh, seit 1948 im Zentralen Wisentgehege bei Serpuchow südlich von Moskau (das erste dortige Paar stammte aus Polen) sowie in den Naturschutzgebieten am Chopjor (seit 1955) und in der Mordwinischen ASSR gezüchtet. (In Askania Nowa waren schon 1921 Versuche zur Rettung des im Krieg vernichteten Wisentbestandes unternommen worden.)

Um die schädlichen Folgen der Inzucht zu vermeiden und die jeweils besten Paare und Stammlinien auswählen zu können, wurden die fortpflanzungsfähigen Wisente häufig von einem Reservat in ein anderes gebracht – ein sehr mühevolles Unternehmen, das jedoch die besten Ergebnisse zeigte.

Nach Berechnungen des sowjetischen Zoologen Sablozki lebten im Januar 1958 in Zoos und Naturschutzgebieten der Sowjetunion neunundsiebzig reinblütige Wisente, neunzehn Bisons, hundertzweiundachtzig Bison-Wisente und andere Wisenthybriden – insgesamt zweihundertachtzig Exemplare dieser höchst seltenen Tiere, die vor vierzig Jahren als ausgestorben galten.

Der persönlichen Initiative Sablozkis ist es zu danken, daß in der Sowjetunion der Wisent erneut eine Heimstatt gefunden hat. Regeneration und Züchtung des Wisents in der UdSSR sind eng verbunden mit seinem Namen, der ebenso bekannt sein sollte wie die Namen anderer Enthusiasten, die zur Bereicherung unseres Wissens, unserer natürlichen und wirtschaftlichen Hilfsquellen beigetragen haben. Sein Leben, seine Kraft und sein Talent hat er einer schwierigen Aufgabe – der Rettung des Wisents – gewidmet. Dafür gilt ihm unser aller Dank.

Der Bison – »Bundesgenosse« der Indianer

Verlassen wir nun die Wisente, verfolgen wir den Weg jener Tiere, die auf den amerikanischen Kontinent übersiedelten, insbesondere das Los eines dieser »Emigranten«, des Bisons.

Zunächst war das Schicksal den Bisons hold. In Amerika fanden sie weite Räume, viel Futter, wenig Feinde, und sie vermehrten sich unerhört stark. Während ihrer »besten Zeiten« – vor dem Erscheinen der Europäer – lebten in Amerika wahrscheinlich mehr Bisons als Menschen, man spricht von sechzig Millionen. Sie waren somit wohl das häufigste Huftier auf der Erde.

Unübersehbar wie Heuschreckenschwärme zogen Bisonherden durch die Prärien und Wälder von Nordmexiko bis zum Großen Sklavensee in Kanada und bewohnten damit mehr als ein Drittel des Territoriums von Nordamerika.

Pedro Castanedo durchquerte im 16. Jahrhundert den Mittelwesten der heutigen USA. Er war überwältigt von dem Anblick, der sich ihm dort bot: »Büffel (nicht Kaninchen, nicht Ziegen, sondern Büffel!) weideten in solcher Zahl auf der Ebene, daß ich nicht weiß, womit ich die riesige Menge vergleichen soll, es sei denn mit der der Fische im Meer!«

Und alle, die auf Castanedos Spuren in jene weiten Ebenen kamen und den märchenhaften Reichtum an Büffeln sahen, sprachen von »unzähligen Tieren«, von »einer unvorstellbar großen Menge«, von »Myriaden« – als wäre nicht von Büffeln, sondern von Insekten die Rede.

Selbst Mitte des vorigen Jahrhunderts waren die Bisons noch so zahlreich, daß sich der Reisende nur schwer einen Weg durch die geschlossenen Phalangen bahnen konnte. »So weit mein Blick reichte, war das Land schwarz von den riesigen Herden«, schreibt einer. »Gegen Abend erreichten wir einen Hügel. Der Anblick, der sich uns bot, ließ uns erstarren: bis zum Horizont nichts als Büffel«, berichtet ein anderer. Nach seinen Worten liefen die Tiere dicht nebeneinander in einer Breite von acht und einer Länge von neun Meilen.

Ein gewisser Colonel Dodge traf 1871 am Arkansas noch riesige Herden an. Fünf Tage zogen sie an seinem Lager vorüber. Von Horizont zu Horizont drängten sich die Bisons in so dichten Reihen, daß man auf ihren Rücken wie über eine Brücke hätte hinwegschreiten können. Die »Vorhut« war von der »Nachhut« achtzig Kilometer und eine »Flanke« von der anderen vierzig Kilometer entfernt. Nach vorsichtigen Schätzungen mußten es mehr als vier Millionen Tiere gewesen sein. Ein Bison wog im Durchschnitt eine halbe Tonne.

Der Wisent war ein seßhaftes Tier, das sich nicht weit von seinem Re-

vier entfernte. Viele Bisons dagegen unternahmen im Frühjahr und im Herbst weite Wanderungen: Wenn es auf den Winter zuging, zogen sie nach Süden, im Sommer kehrten sie in nördlichere Gegenden zurück. Wenn sie zu Millionen die Flüsse überquerten, kam es vor, daß das Eis unter ihrer Last brach. Dann geschah es, daß die Kadaver der verendeten Tiere einen Damm bildeten, über den die anderen den Fluß überqueren konnten. Alte Leute in jenen Gegenden behaupteten, viele Inseln im Mississippi und im Missouri seien ursprünglich Haufen von Bisonskeletten gewesen, an die Sand angeschwemmt wurde.

Die Trampelpfade der Tiere durchzogen den ganzen Kontinent. Wie es heißt, konnten die Topographen, als sie die Trassen für die künftigen Eisenbahnlinien vermaßen, keine geeigneteren Bergpässe und keine kürzeren Umgehungen von Seen und Flüssen finden als die alten Büffelpfade.

Die Eisenbahn war es auch, die den Bisons zum Verderben gereichte. In den sechziger Jahren des vorigen Jahrhunderts begann der Bau der transkontinentalen Pazifikbahn von Chicago nach San Francisco. Trapper, Arbeiter, Landstreicher, Goldsucher und Abenteurer zogen scharenweise nach dem Westen – eine regelrechte Armee von Hungrigen, die sich von Büffelfleisch ernährte. Die Eisenbahngesellschaften beschäftigten ganze Abteilungen von Jägern, die ihnen das Fleisch tonnenweise umsonst lieferten. Nun bemerkte man, daß die Bisons vorzügliche Häute hatten, die an der Ostküste gut bezahlt wurden. Als die Eisenbahnlinie Dodge City (Staat Kansas) erreichte, ließen sich fünftausend berufsmäßige Büffeljäger dort nieder, um von diesem Umschlagplatz aus Streifzüge in die Prärie zu unternehmen. Binnen zwei Monaten wurden zweihundertzehntausend Bisons erlegt! Im Winter 1877 kamen weitere hunderttausend hinzu.

Damals machte ein gewisser William F. Cody, genannt Buffalo Bill, in der ganzen Welt von sich reden, der in einem halben Jahr 4 280 Büffel erlegte. An einem einzigen Tag erschoß er neunundsechzig Tiere. Der Rekord eines anderen »Helden« lag bei zweihundertfünfzig Büffeln an einem »Arbeitstag«.

In den Naturschutzparks der USA und vor allem Kanadas haben die letzten frei lebenden Bisons endlich eine sichere Zufluchtsstätte gefunden

Man könnte meinen, die Jagd auf Bisons sei mit gewissen Gefahren verbunden gewesen. Aber das stimmt nicht oder zumindest nicht ganz. Der Bison war ein ruhiges, scheues Tier, das jedem auswich. Wie der Duke of Bedford schrieb, ließen sich diese riesigen Wildrinder selbst von Hirschen einschüchtern und verjagen. In seinem Park in Woburn Abbey, wo Bisons und Hirsche frei weideten, konnte er häufig komische Szenen beobachten: »Ich habe mit eigenen Augen gesehen, wie ein riesiger ausgewachsener Bulle zusammen mit seiner Kuh von einem mittelgroßen Wapitihirsch schnell und schmählich in die Flucht gejagt wurde.«

Ende vergangenen Jahrhunderts nahm jenes sinnlose und ungeheuerliche Abschlachten von Bisons, das nirgendwo in der Welt seinesgleichen hatte, seinen Lauf. Häufig wurde ein Büffel nur deshalb getötet, weil man gerade ein Stück gebratenes Fleisch zum Frühstück brauchte, manchmal schnitt man nur die Zunge heraus, und Hunderte von toten Büffeln blieben in der Steppe zurück und verwesten. Einmal, so wird berichtet, wurden anderthalbtausend Büffel niedergemäht nur der Zungen wegen, die man bei Händlern gegen ein paar Gallonen Schnaps eintauschte.

Sahen Reisende von einem Zug der Transkontinentaleisenbahn aus Bisonherden weiden, stürzten sie ans Fenster oder krochen auf die Dächer, um aus allen verfügbaren Waffen das Feurer auf die armen Tiere zu eröffnen, die in so dichten Reihen grasten, daß sie nicht schnell genug fliehen konnten. Der Lokführer verlangsamte absichtlich die Fahrt, und wenn der Zug den Schauplatz verließ, blieben zu beiden Seiten der Strecke Hunderte von Büffelkadavern liegen, den Schakalen zum Fraß. Es gab »Sportsleute«, die nur deshalb durch die Prärie reisten, um aus dem fahrenden Zug Bisons zu schießen.

Die Bisonherden, die von der Transkontinentalbahn aus südwärts zog, wurde »Südherde«, die nordwärts ziehende »Nordherde« genannt. In knapp drei Jahren, von 1872 bis 1874, wurden, wie man errechnet hat, 5 373 730 Büffel aus beiden Herden erlegt. Anfang 1873 war die Südherde liquidiert, die enthäuteten Kadaver der letzten hunderttausend Büffel düngten den Boden der Prärie. Die Überreste der einst unübersehbaren Herde flüchteten nach Südwesten – nach Texas. Doch die Männer, die kein anderes Handwerk kannten als das Büffelschlachten, spürten auch diese letzte Zufluchtsstätte auf. Zehn Jahre später wurden bei Tascosa am Canadian River in Nordtexas die, wie die Jäger meinten, letzten zweiundfünfzig Bisons der Südherde erlegt. Es stellte sich aber heraus, daß vier Büffel entkommen konnten. Kurze Zeit lebten sie noch in Freiheit, aber 1889 wurden auch sie von Jägern aufgespürt und bei Buffalo Springs getötet.

Als die Südherde vernichtet war, kam die Nordherde an die Reihe. Ihre dramatische Geschichte mögen Zahlen belegen: Im Jahre 1881 wurden von den Aufkäufern fünfzigtausend Büffelhäute mit der Eisenbahn abtransportiert, im nächsten Jahr waren es sogar zweihunderttausend, im darauffolgenden lediglich vierzigtausend und 1884 gar nur noch zwei Waggons voll.

Kaum gelangte die Kunde, daß in North Dakota die letzte große Bisonherde (mit zehntausend Tieren!) gesichtet worden sei, in die südlichen Ebenen, als sich auch schon ein Trupp von Jägern dorthin auf den Weg machte. Solange noch Büffel in Freiheit lebten, konnte man beruhigt sein!

Am ersten Tag metzelten sie tausend Bisons nieder, die anderen kamen später an die Reihe. Im November – zwei Monate nachdem die ersten Schüsse fielen – war die »Mission« beendet.

So kam es, daß Anfang der neunziger Jahre des vorigen Jahrhunderts der Bison aufgehört hatte, als frei lebendes Wild zu existieren. In den USA wurden zwar noch 456 Exemplare in Zoos, bei einigen Viehzüchtern und Liebhabern gehalten. 1889 errechnete ein Mitarbeiter des New-Yorker Zoos, daß in Nordamerika nur noch der sechzigtausendste Teil des einstigen Bestandes übriggeblieben war, nämlich 1 091 Tiere. Mehr als die Hälfte davon waren in Kanada lebende Bisons, sogenannte Waldbisons.

Gab es in den USA denn keine Gesetze, die dieses Wildrind schützten? Als 1875 in den Staaten Kansas und Colorado endlich solche Gesetze erlassen werden sollten, stellte es sich, wie berichtet wird, heraus, daß es bereits zu spät war – in diesen beiden Staaten waren die Bisons schon ausgerottet. In Texas hätten solche Gesetze noch Sinn gehabt, doch als eine Gesetzesvorlage über den Schutz der Büffel erörtert wurde, meldete sich General Sheridan zu Wort: »Die Büffeljäger verdienen nicht Tadel, sondern Lob. Man sollte ihnen Orden verleihen mit dem Bild eines befriedeten Indianers.« Für ganze Indianderstämme war der Bison die Lebensgrundlage gewesen, und die weißen Siedler, die das sehr wohl wußten, hatten die Bisons häufig nur vernichtet, damit die Indianer hungern und Frieden schließen mußten.

Auf unserer Erde würde erst dann Frieden einziehen, salbaderte der General, sobald der letzte Büffel erlegt sei. »Die Büffeljäger haben in wenigen Monaten mehr für die Befriedung der Indianer getan als unsere gesamte Armee in dreißig Jahren.« Das Gesetz wurde nicht erlassen.

Auch die Bundesregierung lehnte zunächst alle vorgeschlagenen Maßnahmen zum Schutz der Bisons ab. Die Partei von Sheridans Gesinnungsgenossen war im amerikanischen Kongreß stark, und selbst Präsident Grant hat sie wohl unterstützt.

Die Initiative zur Rettung der Bisons ging von den Indianern aus, denen diese Tiere jahrhundertelang nicht nur Nahrung und Kleidung geliefert hatten, sondern nahezu alles, was sie für ihr bescheidenes Dasein brauchten: Bogensehnen, Felle für die Schlafstellen, Horn, aus dem Becher und Löffel geschnitzt, Leder, aus dem Mokassins und Zelte genäht wurden.

1873 fing ein Indianer, der sich »Streunender Kojote« nannte, zwei junge Bisons – einen Jungbullen und eine junge Kuh. Er zog sie auf, versteckte sie vor den Banden der hungrigen Landstreicher, und dreiundzwanzig Jahre später zählte die Herde des »Streunenden Kojoten« bereits über zweihundert Tiere. Anfang des Jahrhunderts kaufte die Regierung der USA die Herde auf und siedelte sie in den Yellowstone-Nationalpark um. Bisonreservate wurden auch in Kanada, z. B. in Athabaska, eingerichtet, wo die Tiere von berittener Polizei bewacht wurden.

Eine zur Rettung des Bisons gegründete Gesellschaft nahm mit Unterstützung des Präsidenten Theodore Roosevelt ihre Arbeit auf, und ihre Erfolge gaben selbst Pessimisten Auftrieb. 1910 hatte sich der Bestand verdoppelt, zehn Jahre später gab es bereits wieder 8 539 Bisons, 1933 schon 21 701 (in den USA 4 404, in Kanada 17 043, in Alaska 46,

Die eigenartige Saiga-Antilope, die ebenfalls fast von unserer Erde verschwunden war, durchzieht heute dank besonderer Schutzmaßnahmen bereits wieder in Herden von insgesamt mehreren Millionen Tieren die Steppen Kasachstans

im Zoo von Mexiko City 3 sowie 205 in südamerikanischen und europäischen Zoos).

1951 wurde im Zuchtbuch der Gesellschaft zur Rettung des Büffels ein Bestand von 23 340 Büffeln (in Amerika und in anderen Teilen der Welt) genannt, es steht also außer Zweifel, daß der Büffel nicht mehr von der Ausrottung bedroht ist.

Gerettet sind auch der von Pelztierjägern einst nahezu ausgerottete

Auch den kanadischen Moschusochsen, der schon nahezu ausgerottet war, werden unsere Nachfahren noch lebend zu Gesicht bekommen

australische Beutelbär, der Koala, der Seeotter der Kommandeursinseln und der Alëuten, der russische Biber, der Zobel und die Saiga-Antilope, ferner die Bezoarziege, der kalifornische See-Elefant und der kanadische Moschusochse.

So ist die Regeneration des Zobels ein glänzender Erfolg der sowjetischen biotechnischen Wissenschaft. Eine Zeitlang waren die Zoologen der Meinung, daß der Zobel zu den aussterbenden Tieren gehöre. Als die junge Sowjetrepublik bald nach der Oktoberrevolution daranging, die im Weltkrieg und in den Interventionskriegen ruinierte Wirtschaft wieder aufzubauen, rückte auch die kritische Situation, in die dieses wertvolle Pelztier geraten war, in den Blickpunkt des Interesses.

Im Jahre 1927 wurden umfangreiche Maßnahmen zur Regeneration des Zobelbestandes in den unermeßlichen sibirischen Wäldern in Angriff genommen. Als erstes setzte man fünfzig Exemplare dieser wertvollen Tiere in der Taiga am Unterlauf des Amur aus. Ein Jahr später hatten sich die »Umsiedler« auch auf der Insel Karagin (östlich von Kamtschatka) eingelebt.

Später wurden diese Tiere in großer Anzahl in den Oblasti Tjumen, Irkutsk, Tschita, Kemerowo, Tomsk und Swerdlowsk, in der Burjatischen ASSR, in der Jakutischen ASSR, in der Region Krasnojarsk und sogar in Kasachstan ausgesetzt. Vor dem zweiten Weltkrieg hatte man schon mehr als viertausend Zobel in den Wäldern der Sowjetunion angesiedelt.

Die Ergebnisse übertrafen alle Erwartungen; Professor Skalon schreibt: »Heute haben wir in der UdSSR nicht weniger, sondern wahrscheinlich mehr Zobel als vor hundert Jahren.«

»Lebende Fossilien«
– unersetzlich für die Wissenschaft

Australien – ein verzauberter Kontinent

Auf menschenleeren Felseninseln vor Neuseeland lebte die dreiäugige Brückenechse (Sphenodon punctatus), ein urweltliches Tier – eine »Verwandte« der Dinosaurier. Das Männchen ist länger als eine Hauskatze. Einst war die Erde von furchterregenden Echsen bewohnt, die große Ähnlichkeit mit den Drachen unserer Märchen hatten: Dinosauriern, Brontosauriern, Ichthyosauriern, Diplodoken u. a. In noch früherer Zeit, vor rund dreihundert Millionen Jahren, gab es die Dinosaurier noch nicht, nur »Frösche« – Dachschädler – krochen faul in der Nähe des Wassers umher. Von diesen Dachschädlern (Stegocephalia) stammen die Dinosaurier ab, und noch vor den Dinosauriern gingen die Brückenechsen aus ihnen hervor. Alle diese Ungeheuer sind längst ausgestorben – bis auf die Brückenechse, die heute noch lebt.

In fernen Zeiten hatten die Vorfahren der Wirbeltiere drei Augen, zwei große an den Seiten des Kopfes, ein kleineres am Scheitel, das nach oben blickte. Später wurde es zurückgebildet, da es sich als überflüssig erwies. Es verschwand, als hätte es nie existiert (bei vielen Eidechsen und Waranen ist es übrigens nicht völlig verschwunden, bei ihnen sind die Reste eines dritten Auges noch gut zu erkennen). Manchmal kommen auch Fische mit drei Augen zur Welt. Wenn Tiere oder Menschen mit überflüssigen Organen geboren werden, die ihre Vorfahren einst besessen hatten, so bezeichnet man eine solche Erscheinung als Atavismus.

Auch beim Menschen ist ein winziger Überrest eines dritten Auges im Gehirn erhalten geblieben: die Zirbeldrüse oder Epiphyse, die nur hundert bis zweihundert Milligramm wiegt.

Bei der Brückenechse ist das dritte Auge nahezu normal ausgebildet und befindet sich am Scheitel in einer kleinen Augengrube. Oben wird es von einer dünnen durchscheinenden Haut umschlossen. Seine Sehkraft ist allerdings gering, es kann kaum hell und dunkel unterscheiden. Über seine Funktion besteht noch keine volle Klarheit, und noch streiten sich die Wissenschaftler.

Die Brückenechse ist lichtscheu, sie verbirgt sich in unterirdischen Höhlen vor dem Sonnenlicht. Sie gräbt sich die Höhlen allerdings nicht selbst, sondern nistet sich bei Sturmvögeln ein.

Auf jenen Inseln, wo Brückenechsen leben, nisten zu Tausenden Sturmvögel, in deren Höhlen die Brückenechsen tagsüber Zuflucht suchen. Nachts kommen sie hervor, um Jagd auf Schnecken zu machen. Vögel und die Kriechtiere hausen einträchtig nebeneinander, eine richtige Gemeinschaft.

Häufig leben in einer Höhle auf einer Unterlage aus Blättern zwei Familien – Brückenechsen und Sturmvögel. Die Echse wühlt den Boden auf, um ihre Eier hineinzulegen, und in einer anderen Ecke brütet indessen das Sturmvogelweibchen. Die Brückenechse schläft zusammengerollt in seiner Nähe. Den Vögeln und deren Jungen tut sie nie etwas zuleide.

Die Brückenechsen sowie viele Arten der australischen Echsen und Warane werden von den Biologen als Relikte, als lebende Fossile bezeichnet. Dieser Ausdruck ist weder ironisch noch abwertend gemeint – es ist gewissermaßen ein Ausruf des Staunens über ein sonderbares Phänomen der Natur.

Was sind diese lebenden Fossilien? Sie sind Überbleibsel längst vergangener Epochen, die ihre Zeit überdauert haben. Sie oder besser gesagt: ähnliche Tiere wie sie lebten, als die Geschichte unseres Planeten begann, »als die Welt noch jung war«. Seit dieser Zeit haben sich diese in ihrer Entwicklung stehengebliebenen Wesen aus längst versunkenen Welten fast nicht verändert. Lebende Fossilien bewohnen gewöhnlich ziemlich eng begrenzte Gebiete. So findet man die Brückenechse zum Beispiel nur auf einigen wenigen Inseln vor der neuseeländischen

Küste. Gewöhnlich herrschen in solchen Gebieten konstante Lebensbedingungen, die in Millionen von Jahren kaum irgendwelche Veränderungen erfahren haben. Darin liegt das Geheimnis des seltsamen »Konservativismus« der Relikte, die zuweilen bildhaft eben als »lebende Fossilien« bezeichnet werden. Weil sich die Umweltbedingungen nicht wandelten, gab es auch für die Tiere keinen Grund, sich zu verändern, neue Gewohnheiten und Organe zu entwickeln, sich anzupassen.

Bei den lebenden Fossilien handelt es sich stets um Tiere aus längst vergangenen Zeiten, die fast immer auf einsamen Inseln, auf Hochplateaus, in Wüsten, Seen oder Meeren leben, die irgendwie von der Außenwelt abgeschnitten sind. In der Regel sind das relativ kleine Gebiete. Doch gibt es sogar einen ganzen Kontinent, der durchweg von »lebenden Fossilien« bewohnt wird – Australien.

Vor etwa hundert Millionen Jahren wurde Australien von den anderen Kontinenten abgetrennt und ist seither von allen Seiten von Meeren umgeben. Die Beuteltiere, zum Beispiel das Känguruh, die einige Zeit vorher überall auf der Erde vertreten waren, hatten nun nur den ganzen fünften Kontinent für sich. Andere Tiere, die nicht zu den Beuteltieren gehören, entwickelten sich erst später, als dieser Kontinent bereits eine Insel war. Sie konnten nicht nach Australien einwandern, mit Ausnahme von Dingos, Ratten und Mäusen, die auf schwimmenden Baumstämmen dorthin gelangten, und Fledermäusen, die dorthin fliegen konnten (der Hund ist möglicherweise erst vom Menschen eingeführt worden).

Australien ist auch das einzige Land, wo sich Schnabeltiere und Ameisenigel, primitivste Tiere, »lebende Fossilien« unter den Säugern, bis heute erhalten haben. In ihrer Lebensweise zeigen sie noch Merkmale ihrer echsenartigen Vorfahren: Sie bringen keine lebendigen Jungen zur Welt, sondern legen Eier. Wie auch die Vögel!

Die Flora Australiens ist gleichfalls höchst eigentümlich. Ungefähr hundert Pflanzenarten sind nur dort anzutreffen. Kurzum – Australien ist ein Unikum unter den Kontinenten.

Der Dingo Australiens, ein Wildhund, wird von den dortigen Schafzüchtern erbarmungslos verfolgt

»Ein Känguruh!«

Gelegentlich wird behauptet, das Känguruh, eines der »exzentrischsten« Tiere, sei erstmals im Jahre 1770 von Kapitän James Cook entdeckt und beschrieben worden, als die berühmte »Endeavour« vor der ostaustralischen Küste vor Anker ging. Aber das entspricht nicht den Tatsachen. Schon hundertfünfzig Jahre vor Cook hatte der Holländer F. Pelsaert unter höchst tragischen Umständen mit einem Känguruh Bekanntschaft gemacht.

Im Jahre 1629 erlitt Kapitän Pelsaert mit seiner »Batavia« vor der westaustralischen Küste Schiffbruch. Er versuchte, sich nach Batavia (dem heutigen Jakarta auf Java) durchzuschlagen, um Hilfe zu holen. Unterdessen beschlossen einige seiner an der australischen Küste zurückgebliebenen Matrosen, einen lang gehegten Plan zu verwirklichen: Sie wollten Piraten werden! Sie sprachen sich ab und töteten etwa hundert ihrer Kameraden, die offenbar anderes im Sinn gehabt hatten.

Als Pelsaert mit Verstärkung aus Batavia zurückkehrte, gelang es ihm, die »Piraten« zu überlisten. Er ließ sie gefangennehmen und hinrichten, außer zweien, die an der Küste zurückgelassen wurden. Sie waren die ersten weißen »Siedler« in Australien.

Abgesehen von dem Abenteuer mit den Piraten hatten Pelsaert und seine Gefährten noch ein erregendes Erlebnis. In den Ebenen von Neuholland, wie Australien damals genannt wurde, sahen sie ein höchst merkwürdiges Lebewesen: Wie ein Grashüpfer sprang es auf zwei langen Hinterbeinen. Die kurzen Vorderpfoten hielt es an die Brust gepreßt. Der Schwanz war ebenfalls »lang wie bei einem langschwänzigen Affen«.

Als sie das Tier einfingen, bemerkten sie, daß es auf dem Bauch einen Beutel hatte, eine Art große Tasche, in der sich ein winziges Junges befand. Die Seeleute meinten, das Junge würde in dem Beutel geboren – ein Irrtum, in dem übrigens viele australische Farmer noch heute befangen sind.

Man nimmt an, daß es sich bei dem ersten Känguruh, das von Europäern gesichtet wurde, um ein kleines Buschwallaby oder Tammarwallaby (Wallabia eugenii) gehandelt habe.[29] Die Kunde von diesem Lebewesen kam allerdings erst zweihundert Jahre später nach Europa, das heißt eigentlich schon früher, doch verschwand die Meldung in den Archiven, und man erinnerte sich erst an sie und begann nach ihr zu suchen, als das Wort »Känguruh«, das Cook aus Australien mitgebracht hatte, in der Welt in aller Munde war.

Man schrieb das Jahr 1770. Die »Endeavour« hatte am Großen Barriereriff vor der australischen Ostküste Havarie. Während das Schiff repariert wurde, begaben sich Cook und Joseph Banks, Naturforscher und Mäzen, an die Küste, um zu jagen. Sie hatten bereits von den dortigen seltsamen Lebewesen gehört: Die Tiere seien so groß wie ein Mensch, hätten einen Hirschkopf, einen langen Schwanz und bewegten sich wie Frösche springend vorwärts. »Kaninchen«, die »wie Frösche« sprangen, hatte Cook schon gesehen, doch Tiere dieser Art von der Größe eines Menschen waren ihm noch nie begegnet. Allerdings fanden die Forscher von der »Endeavour« den Kot eines ihnen unbekannten Tieres, untersuchten ihn und meinten, er stamme von einem großen Tier, das sich von Gras ernähre.

Joseph Banks nahm einen Wildhund mit; dieser spürte im hohen Gras vier große »Springmäuse« auf, die flüchteten, nicht auf allen vieren laufend, sondern auf den Hinterbeinen hüpfend. Dabei kamen sie aber so schnell vorwärts, daß der Hund auf seinen vier Beinen sie nicht einzuholen vermochte.

Später fragte Cook eingeborene Jäger, wie diese Tiere bei ihnen hießen. Er soll sich auf englisch an sie gewandt haben:

»Can you tell me … (Können Sie mir sagen …)

»Kän täll ju«, sollen die Australier seine Worte in der ihnen unverständlichen Sprache als Antwort wiederholt haben.

»Kän-gu-ruh?« fragte Cook zurück.

Die Australier nickten zustimmend.

Demnach müßte also das Wort »Känguruh« auf eine Verstümmlung der höflichen englischen Wendung »can you tell me« zurückgehen. An-

---

29) In Australien und auf den benachbarten Inseln sind (oder waren bis vor kurzem – denn einige Arten sind ausgestorben) sechzig Känguruharten erhalten. Die kleinsten dieser Tiere waren nicht viel größer als Ratten, sie werden als Rattenkänguruhs, die mittleren als Wallabys und die größten (deren Hinterfüße länger als fünfundzwanzig Zentimeter sind) als echte Känguruhs bezeichnet.

dere wiederum behaupten etwas anderes: Cook habe vielleicht gefragt: »Can you tell me«, und als Antwort habe man etwas gemurmelt, was dem Wort Känguruh geähnelt hätte, im Australischen aber etwa »Ich verstehe nicht« bedeutete.

Wieder andere halten alle diese Erklärungen für ausgemachten Unsinn. Das Wort »Känguruh« (richtiger: »Ganguruh«) ist bei den australischen Stämmen, die in der Gegend von Cooktown (wo Cook damals jene Känguruhs gesehen hatte) leben, tatsächlich in Gebrauch.

Welche Känguruhs die Seefahrer von der »Endeavour« gesehen (und später sogar gefangen) haben, ist allerdings nicht genau bekannt. Man nimmt an, daß es peitschenschwänzige Wallabies waren, denen der Naturforscher Muller 1776 den lateinischen Namen Wallabia canguru gab.

Beuteltiere sind heute ausschließlich auf Australien beschränkt: Riesenkänguruh und Baumkänguruh

Kaum zwanzig Jahre später ging die erste britische Flottille an der Küste von Australien vor Anker, an Bord befand sich der Generalgouverneur aller hier neu entdeckten Territorien. Mit einem der ersten Schiffe, die zur Rückreise nach England ausliefen, schickten der Generalgouverneur und seine Offiziere ein Geschenk für König Georg III. mit – ein lebendes Känguruh.

In England wurde dem aus Übersee stammenden Tier ein begeisterter Empfang zuteil. Tausende Londoner kamen, um es zu bestaunen. Überall in der Stadt kündeten Plakate von den tatsächlichen und den vermeintlichen rühmlichen Eigenschaften des Känguruhs. Eines hatte folgenden Wortlaut:

»Ein Känguruh!

Das einzige, das lebend nach Europa gelangt ist! Täglich zu besichtigen von acht Uhr morgens bis acht Uhr abends! Ein seltsames, schönes, sanftes Tier, das weder in seiner Gestalt noch in seiner Art oder in der Symmetrie seines Körperbaus irgendwelche Ähnlichkeit mit anderen Vierfüßern aufweist. In der Vielzahl und Einmaligkeit seiner Eigenschaften übertrifft es alle Vorstellungen des Publikums. Wer es sieht, ist begeistert von diesem ungewöhnlichen Tier.«

In diesem Sinne ging es weiter, und am Schluß hieß es: »Eintrittspreis: 1 Schilling.«

In all den Lobeshymnen auf das Känguruh, die auf den Plakaten zu lesen waren, blieb eine Eigenschaft unerwähnt, die dieses Tier zu einer besonderen Seltenheit werden läßt. Weder Kapitän Cook noch die ihn begleitenden Naturforscher Solander und Banks hatten sie bemerkt, wohl aber der alte Seebär Frans Pelsaert. »Unten am Bauch«, so schrieb er, »trägt das Weibchen einen Beutel, der so groß ist, daß man die Hand hineinstecken kann. Wir fanden darin ein Junges, das sich an einer Zitze festgesaugt hatte. Dergleichen ›Embryos‹ sahen wir noch mehr, sie waren so groß wie eine Bohne und wuchsen offenbar aus den Zitzen hervor.«

Die Ansicht, daß das Känguruhjunge nicht auf die bei Säugern übliche Weise geboren wird, sondern aus den Zitzen hervorgeht, war früher weit verbreitet. Auch heute noch glauben viele australische Farmer an eine gewisse Ähnlichkeit zwischen Apfelbaum und Känguruh: die

Früchte wachsen an den Zweigen, die Jungen an den Zitzen hervor. Ellis Trofton, der bekannte Fachmann für Beuteltiere, beschrieb einmal in einer australischen Zeitung, wie ein Känguruh seine Jungen zur Welt bringt. Daraufhin erhielt er einen Brief von einem Leser, der empört erklärte, ihm sei es gleich, was die »Troftons« oder andere Schlauberger für Ansichten hätten, er wisse, wie Känguruhs geboren werden.

Lange war dieses Problem auch unter Naturwissenschaftlern Gegenstand lebhafter Meinungsverschiedenheiten. Zwar waren nur wenige der Ansicht, daß sich die Känguruhs wie Pflanzen vegetativ fortpflanzen. Doch wie die neugeborenen »Embryos« in den Beutel der Mutter gelangen, um dort ihre Entwicklung abzuschließen, darüber wurde heftig gestritten. Erst in jüngerer Zeit wurde das Problem endgültig gelöst. Obwohl die ersten richtigen Beobachtungen schon vor sehr langer Zeit gemacht worden waren, wurden sie immer wieder angezweifelt.

Die Zoologen meinten damals, die weiblichen Känguruhs und andere Beuteltiere packen die Jungen mit den Lippen und befördern sie in den Beutel, wobei sie zugleich mit Hilfe der Pfoten den Beutel öffnen. Diese Ansicht wurde von dem englischen Biologen Richard Owen unterstützt. Selbst Prof. Burton aus Philadelphia, der mit eigenen Augen sah, wie neugeborene Opossums, die noch gar nicht wie Säuger, sondern eher wie Würmer aussahen, aus eigener Kraft über den Bauch der Mutter in den Beutel krochen, konnte Owen nicht überzeugen. Im Jahre 1830, drei Jahre bevor Richard Owen seine falsche, aber zählebige Theorie darüber entwickelt hatte, wie die neugeborenen Känguruhs in den Beutel gelangten, erschien in London in einer zoologischen Zeitschrift ein Artikel des Militärarztes Alexander Colly. Der Artikel betraf die Theorie Owens unmittelbar, fand aber leider nicht Owens Beachtung.

Colly schrieb, sobald »das Junge geboren ist, kriecht es auf dem Bauch der Mutter zur Öffnung des Beutels. Die Mutter, die ihrem Sprößling den Kopf zuwendet, verfolgt aufmerksam seine Bewegungen, die nicht viel schneller sind als die einer Schnecke«.

Bei der Känguruhmutter handelte es sich um ein Tammar-Wallaby. Ihr Junges war nicht größer als ein Glied des kleinen Fingers.[30] Halb auf

---

30) Bei einigen Känguruhs wiegen die Neugeborenen nur 750 Milligramm, das ist ein Dreißigtausendstel des Gewichts der Mutter.

dem Rücken liegend, beobachtete die Mutter recht teilnahmlos den beschwerlichen »Marsch« des winzigen Embryos, der, zwar blind und taub, doch von dem unbeirrbaren Instinkt besessen war, zur Öffnung des Beutels zu kriechen, und zwar möglichst schnell, darin zu verschwinden, die Zitze zu finden und sich daran festzusaugen. Schon lange vor der Geburt war in den Chromosomen seiner Erbanlagen jener Trieb »programmiert«, der jetzt den Embryo veranlaßte, den schweren Weg durch den »Haardschungel« am Bauch der Mutter anzutreten.

Als das Junge die Zitze erreicht und zu saugen begonnen hatte, nahm Colly es ab und legte es auf den Grund des Beutels. Als er nach einer Stunde nachschaute, irrte das winzige Junge noch immer im Beutel umher und suchte die Zitze. Zwei Stunden später hatte es sie gefunden und sich festgesaugt.

Wie ist es möglich, daß sich das Junge auf dem langen Weg zum Beutel nicht verirrt? Wie auch alle späteren Beobachtungen zeigten, leistet die Mutter dabei keinerlei Hilfe. Hintenübergelehnt, schaut sie unbeteiligt zu. Sie schubst weder das Junge vorwärts, noch weist sie ihm seinen Weg.[31]

Eines allerdings tut sie – sie leckt den Weg vorher ab!

Unmittelbar vor der Geburt leckt die Mutter sorgfältig ihren Bauch ab, jedoch nicht den ganzen Leib, sondern nur einen schmalen Streifen – den Weg zum Beutel! Damit wird der Weg sowohl steril (denn er ist sorgfältig abgeleckt) als auch gut markiert (denn er ist ja feucht). Das Junge ist bemüht, auf dem nassen Fell entlangzukriechen. Kommt es vom Weg ab, so spürt es trockenes Fell unter sich und macht sofort kehrt.

Beim Kriechen arbeitet es sich mit den Vorderpfoten wie mit Rudern voran. Wie bei einem Maulwurf sind sie kräftig und dick und haben scharfe Krallen. Die Hinterbeine sind noch nicht völlig entwickelt, haben noch nicht einmal Zehen. (Beim erwachsenen Känguruh ist es umgekehrt, die Vorderpfoten sind gleichsam verkümmert!)

---

31) Nur einmal wurde beobachtet, daß eine Känguruhmutter, nachdem sie vorsorglich ihre Pfoten abgeleckt hatte, ihrem Jungen beim Vorwärtskriechen half. Es war allerdings ein Sonderfall, denn das Junge war noch zum Teil von einer Eihülle umgeben, die seine Bewegungen behinderte.

Der Beutelbär oder Koala

Ein neugeborenes Känguruh kriecht nicht schneller als eine Schnecke, doch schon nach einer halben Stunde, meist bereits früher, hat es den Beutel erreicht und ist in ihm verschwunden.

Ziemlich lange dauert es, bis es im Beutel die Zitze gefunden hat. Dann aber packt es sie und saugt sich fest. Seine Lippen verwachsen gleichsam mit der Zitze, an der es unbeweglich wie eine Frucht am Zweig hängt. Die Milch saugt es nicht einmal aus eigener Kraft: Die Zitze zieht sich zusammen und spritzt dem Jungen die Milch in den Mund.

Noch wenn das Junge größer ist und laufen lernt, sucht es bei jeder Gefahr (und oft auch ohne ersichtlichen Grund) im Beutel der Mutter Zuflucht. Es findet nicht einmal mehr Platz darin, die Beine ragen noch heraus – dennoch flüchtet es sich in den Beutel.

Mit dem Jungen im Beutel versucht die Känguruhmutter mit großen Sprüngen etwaigen Verfolgern zu entkommen. Ist der Feind bedrohlich

155

nahe, so bleibt ihr nur noch ein Mittel, das nackte Leben zu retten, ein uraltes Mittel – gewissermaßen eine Art Autotomie. Wie die Eidechse in kritischen Situationen ihren Schwanz, der Grashüpfer ein Bein, der Krake einen Arm abwirft, so opfert die Känguruhmutter ihr einziges Junges.

Eierlegender Säuger mit Entenschnabel

Wer das erste Schnabeltier fing, ist nicht bekannt, doch wann und wo es geschah, kann man genau sagen: Es war im November 1797 im Hawkesbury, einem Fluß in Neusüdwales. Als englische Naturforscher ein Fell dieses sonderbaren Geschöpfes zu Gesicht bekamen, meinten viele von ihnen, es handele sich um eine Fälschung – irgendwelche Spaßvögel hätten an den Balg eines tropischen Tieres einen Entenschnabel »montiert«. Aus Südasien trafen nicht selten solche Stücke ein: Da hatte man einem Affen einen Fischschwanz angenäht und gab ihn als Nymphe aus, oder man hatte einen Hahnenkopf an einem Leguan befestigt ... In Europa wurden solche Monstren »Basilisken« genannt. Raritätenkabinetts erfreuten sich damals größter Beliebtheit und sammelten allen möglichen Kram. Der berühmte Anatom Robert Knox aus Edinburgh schrieb ein Vierteljahrhundert später: »Die Gelehrten waren geneigt, dieses seltene Geschöpf den orientalischen Nymphen und anderen Fabrikaten dieser Art zuzurechnen.«

Es dauerte wohl ein ganzes Jahr, bis sich ein gewisser Dr. Shaw, Naturforscher am Britischen Museum, schließlich unterfing, den Balg des entenschnäbligen Monstrums zu prüfen. Nach eingehender Untersuchung mußte er feststellen, daß es sich keineswegs um eine Fälschung handelte – es war ein Geschöpf der Natur! Er nannte es Platypus anatinus, das heißt »Entenplattfuß«.

Der Göttinger Professor Blumenbach, dessen Fachgebiete die Klassifizierung von Tieren war, wollte das Fell des unbekannten Tieres selbst in Augenschein nehmen – vielleicht traute er seinem britischen Kollegen nicht? Das Fell wurde also nach Deutschland geschickt, aber auch Blumenbach fand keinerlei Anzeichen für eine Fälschung: Fell, Schnabel, die Schwimmhäute an den Füßen – alles war echt. Blumenbach gab dem Tier allerdings einen anderen Namen: Ornithorhynchus paradoxus (»paradoxer Vogelschnabel«). Den lateinischen Namen Platypus trug nämlich, was Shaw nicht wußte, schon ein kleiner Käfer, und nach den Regeln der zoologischen Klassifizierung ist es unzulässig, einen Namen für zwei verschiedene Tierarten zu gebrauchen.

Dem Tier einen neuen Namen zu geben war jedoch nicht das schwierigste. Schwieriger war es zu bestimmen, welche Stellung ihm unter anderen Vertretern des Tierreichs zukam und welcher Art verwandtschaftliche Beziehungen zwischen ihnen bestanden. Was war das für ein Tier – dieses Schnabeltier? Ein Säuger mit einem Vogelschnabel oder ein Vogel mit dem Körper eines Säugers? Oder eine Echse mit einem Fell?

Ungefähr hundert Jahre lang blieb diese Frage strittig. Blumenbach rechnete das Schnabeltier zu den Säugern, weil es behaart war. Wäre er doch bei seiner Meinung geblieben! Aber da trafen in England zwei weitere, in Spiritus konservierte australische Schnabeltiere ein. Der Anatom Everard Home untersuchte sie und stellte fest, daß eines dieser Schnabeltiere ein Weibchen war. Aber wie sehr Home auch suchte, er konnte bei ihm keine Zitzen entdecken.

Dafür aber fand er eine Kloake, das heißt eine Körperöffnung, die zugleich der Exkrementation, dem Ausscheiden von Harn und der Kopulation dient. Vögel und Reptilien haben eine Kloake, Säuger dagegen nicht. Aber wie durfte man das Schnabeltier zu den Vögeln oder zu den Reptilien zählen, schließlich war seine Haut weder gefiedert noch geschuppt, sondern behaart wie bei Säugern! Von vorn und von hinten sah es aus wie ein Vogel, in der Mitte wie ein Säuger.

Da Home keinen anderen Ausweg wußte, schlug er vor, für das Schnabeltier im System der zoologischen Klassifikation eine eigene Ordnung zu schaffen, was ein Jahr später auch getan wurde. Der französische Biologe Etienne Geoffroy Saint-Hilaire gab dieser neuen Ordnung die Bezeichnung Monotremata oder Kloakentier.

Doch auch damit war das Problem noch nicht völlig gelöst. Unklar blieb weiterhin, zu welcher Klasse diese Kloakentiere gerechnet werden mußten – zu den Amphibien und Reptilien oder zu den Säugern.

Lamarck zählte sie weder zu den einen noch zu den anderen, sondern zu einer eigenen, neuen Klasse von Ursäugern.

Zu der Zeit wurde in Australien ein dem Schnabeltier verwandtes Tier entdeckt: der Ameisenigel, ein eigentümliches Stacheltier, ebenfalls mit einem Vogelschnabel.

Wozu gehörten diese beiden Tiere? Das war jetzt die große Frage.

Zwei neue Meldungen, die aus Australien und aus Deutschland kamen, spalteten die Zoologen Europas in zwei feindliche Lager. Sir John Jameson behauptete, das Schnabeltier lege Eier, und der deutsche Anatom Meckel erklärte, er habe beim Weibchen dieses rätselhaften Tieres Milchdrüsen entdeckt (allerdings keine Zitzen). Diese mikroskopisch kleinen Drüsen waren vorher nicht bemerkt worden, da sie sich nur an solchen Tagen vergrößern, wenn das Tier ein Junges zur Welt bringt.

Merkwürdige Lebewesen in der Tat!

»Völlig ausgeschlossen?« meinten die Franzosen Etienne und Isidore Saint-Hilaire – Vater und Sohn – sowie der Deutsche Blumenbach. Wenn die Tiere Eier legen, so können sie keine Milchdrüsen besitzen,

Das seltsame Schnabeltier, ein eierlegendes Säugetier mit Vogelschnabel!

das war doch sonnenklar! Und wie sollte das Neugeborene mit solchem Schnabel überhaupt die Milch trinken? Meckel mußte sich getäuscht, mußte Moschusdrüsen für Milchdrüsen gehalten haben. »Nein, ich habe mich nicht getäuscht«, beharrte Meckel. »Daß das Schnabeltier Eier legt, ist nichts als Rederei«, und Georg Cuvier sowie seine Kollegen Blainville und Oken – alles große Namen! – pflichteten ihm bei.

Zwei andere Kapazitäten, Everard Home und Richard Owen, bewiesen normannische Klugheit und gaben teils diesen, teils jenen recht: Das Schnabeltier bilde zwar Eier aus, doch lege es sie nicht, im Eileiter platze die Hülle, so daß das Junge lebend geboren und von der Mutter mit Milch gefüttert werde.

Das Jahr 1829 schien die Entscheidung zu bringen. Etienne Geoffroy Saint-Hilaire triumphierte. Er veröffentlichte einen Brief, den er aus Australien bekommen hatte. Der Autor des Briefes beschrieb vier selbst gefundene Schnabeltiereier auf das genaueste und fügte Zeichnungen davon bei. Diese waren so exakt und anschaulich, daß den Fachleuten auf den ersten Blick klar war: Es handelte sich um Eier einer langhalsigen Schildkröte. Der Triumph Saint-Hilaires war aber nicht von langer Dauer.

Zwei Jahre später kam wieder ein Brief aus Australien, der Meckel und Cuvier recht zu geben schien. Ein Leutnant Mol hatte mit eigenen Augen gesehen, daß aus den Drüsen, die Meckel auf dem Bauch des Schnabelweibchens entdeckt hatte, nicht Moschus, sondern Milch geflossen sei. Ein »unwesentliches« Detail trübte allerdings die Freude der Forscher: In der Höhle, in der das Schnabeltier lebte, hatte Mol auch Eierschalen gefunden. Nun ja, sie stammten sicher nicht vom Schnabeltier ...

»Nein, sie stammen bestimmt nicht vom Schnabeltier«, erklärten die Saint-Hilaires und Blumenbach sogleich.

Dreißig Jahre ging der Streit hin und her. Da erhielt Professor Owen im September 1864 einen Brief aus Australien. Ein Arbeiter, so wurde ihm berichtet, hatte ein Schnabeltier gefangen und es zu einem Goldaufkäufer gebracht, wo es in eine leere Weinkiste eingesperrt wurde. Am nächsten Morgen fand man darin zwei weiße Eier, die sich weich anfühlten.

Professor Owen wollte nicht glauben, daß das Schnabeltierweibchen auf natürlichem Wege geboren hatte – sicherlich war es so erschrocken gewesen, daß es wider alle Regeln Eier legte, anstatt lebende Junge zur Welt zu bringen.

Noch weitere zwanzig Jahre dauerte der wissenschaftliche Streit – bis zum 2. September 1884. Die Britische Wissenschaftliche Gesellschaft hielt gerade in Montreal eine Tagung ab, als dem Präsidium ein Telegramm aus Australien überbracht wurde. Darin berichtete ein Mitglied der Gesellschaft namens Caldwell, er habe mit eigenen Augen gesehen, wie ein Schnabeltierweibchen ein Ei gelegt habe.

Welch seltsames Zusammentreffen: Am gleichen Tag legte ein anderer Forscher, nämlich Wilhelm Haacke, einer Versammlung von Wissenschaftlern in Adelaide (Australien) ein Ei des dem Schnabeltier verwandten Ameisenigels vor. Er hatte es in der Bruttasche auf dem Bauch des Tieres gefunden. Haacke berichtete: »Mein Diener hielt das Ameisenigelweibchen an den Hinterbeinen hoch, während ich den Bauch des Tieres abtastete. Ich entdeckte einen Beutel, der so breit war, daß man eine Taschenuhr hineinlegen konnte – die Bruttasche, die sich bildet, bevor das Ei gelegt wird, und es dann aufnimmt. In dem Maße, wie das Junge wächst, erweitert sich auch die Bruttasche, und wenn es die Tasche verläßt, schmiegt sie sich wieder glatt an den Körper an. Nur ein Zoologe kann sich vorstellen, wie überrascht ich war, als ich in dem Beutel ein Ei fand. Es ist das erste Ei eines Säugers, das ich der wissen-

»Verwandte« des Schnabeltiers sind der Australische Ameisenigel und der Langschnabeligel Neuguineas

160

schaftlichen Welt vorweisen kann. Die unerwartete Entdeckung brachte mich so durcheinander, daß ich eine Dummheit beging. Ich preßte das Ei so stark zwischen meinen Fingern, daß es platzte. Das Ei ist ungefähr fünfzehn Millimeter lang und dreizehn Millimeter breit, die Schale, wie bei vielen Kriechtieren, hart, gleichsam pergamenten.«

Also hatten sie alle unrecht gehabt – sowohl Etienne und Isidore Saint-Hilaire als auch Blumenbach, Cuvier, Owen. Das Schnabeltier und der Ameisenigel waren eierlegende Säuger. In dieser seltenen Kombination finden wir die Merkmale jener frühen Epoche der Erde, in der die Säugetiere schon behaart waren und die Jungen mit Milch ernährten, jedoch noch einige Merkmale ihrer Vorfahren, der Kriechtiere, nicht eingebüßt hatten – sie legten noch Eier.

Schnabeltier und Ameisenigel als Glucken

Bevor das Schnabeltierweibchen ein Ei legt, gräbt es eine Höhle, die etwa fünf bis zwanzig Meter lang ist. Dazu sucht es sich eine geeignete Stelle am Wasser aus, die Einfahrtsröhre mündet jedoch nicht unter dem Wasserspiegel, wie oft angenommen und auch zu lesen ist (z.B. bei Brehm), sondern über dem Wasser. Am Ende des Ganges baut es aus Blättern ein Nest, und zwar verwendet es feuchte Blätter (damit das Brutnest genügend Feuchtigkeit enthält und die Eierschale nicht austrocknet), Gräser, Schilf und Zweige, die es mit seinem zahnlosen Kiefer zerbricht und zerkaut.[32] Das gesamte Material trägt es nicht im Schnabel, sondern mit Hilfe des Schwanzes in die Höhle.

Beim Nestbau arbeitet das Weibchen mit seinem Schwanz wie ein Maurer mit seiner Kelle. Aus Erde und Ton errichtet es eine dicke Wand, die das Brutnest vom übrigen Teil des Wohnkessels abtrennt, damit sich im Nest die notwendige Temperatur und Feuchtigkeit halten. Wenn das Weibchen sich in diesen selbstgebauten »Hygrothermostat« zurückzieht, kann es kaum von Feinden aufgespürt werden. Zwar hat es nicht viele, doch immerhin einige, es sind kleine Pythons, Warane und der Fuchs, der aus dem fernen Europa eingeführt wurde.

Durch eine Tonwand von der Welt abgeschieden, legt das Schnabeltierweibchen zwei mattweiße Eier, in seltenen Fällen auch einmal nur eines oder drei.

Die Schale ist so weich, daß sie sich zwischen den Fingern zerreiben läßt. Zu einem Knäuel zusammengerollt, nimmt die Mutter die Eier an die Brust und wärmt sie.[33] Also nicht nur der Schnabel des Tieres erinnert an einen Vogelschnabel, sondern auch in bezug auf die Brutweise weist es Ähnlichkeiten mit Vögeln auf.

Möglicherweise rührt die Nestwärme auch von den modernden Pflanzen, aus denen das Nest besteht, manche Fachleute bezweifeln das allerdings. Erstens sei die Unterlage aus Blättern viel zu dünn dafür, zweitens schlüpften die Jungen schon nach kurzer Zeit aus, so daß die Blätter noch gar nicht modern können. Nach zehn bis vierzehn Tagen (nach anderen Beobachtungen nach sieben bis zehn Tagen) durchstößt das Junge mit seinem Eizahn die Schale und erblickt das Licht der Welt. Der Eizahn, der an den Zwischenkieferknochen des Oberkiefers sitzt, ist eine Art »Büchsenöffner«, wie ihn die Natur allen Tierjungen verleiht, die aus einem Ei mit fester Schale schlüpfen müssen – Vögeln, Kriechtieren, Ameisenigeln und Schnabeltieren. Seine einzige Aufgabe besteht darin, die Eierschale von innen aufzustoßen. Hat er diese Aufgabe erfüllt, so fällt er aus.

Nachdem die jungen Schnabeltiere den Eizahn verloren haben, sind sie noch neun bis elf Wochen blind und liegen hilflos auf der Unterlage aus Blättern. Während dieser Zeit werden sie von ihrer Mutter mit Milch gefüttert. Sie hat keine Zitzen, die Jungen lecken die Milch vom mütterlichen Fell ab. Das Schnabeltierweibchen legt sich dazu auf den Rücken, und die Milch fließt aus zwei Drüsenfeldern in eine kleine Falte auf dem Bauch.

Aus diesem »Trog« schlecken die Jungen Milch, bis sie groß genug sind, um selbständig Würmer, Schnecken und Krebse zu fangen.

Das Ameisenigelweibchen braucht für seine Eier keine Höhle zu graben. Bekanntlich trägt es das Ei in einem Beutel aus, ähnlich dem, wie ihn das Känguruh hat.

Unverständlich ist bisher nur, wie das Ei in die Tasche gelangt. Früher nahm man an, das Weibchen befördere es mit Hilfe der Krallen oder des Schnabels dorthin. Doch sowohl Krallen wie auch Schnabel sind dafür völlig ungeeignet. Es schien auch nicht ausgeschlossen, daß es sich krümmt und das Ei unmittelbar in die Tasche legt.

Wie Ellis Trofton schreibt, ist man heute der Ansicht, der Beutel beginne zu wachsen, sobald aus dem Ei an verborgenem Ort ein Junges geschlüpft ist. Wenn das Junge, an den Bauch der Mutter geschmiegt, zu

---

32) Erwachsene Schnabeltiere besitzen überhaupt keine Zähne. Die Jungen haben Milchzähne, die jedoch mit der Zeit verschwinden. Sie ähneln den Zähnen sehr altertümlicher Säuger. Bei den Ameisenigeln haben nicht einmal die Jungen Milchzähne. Sie zerquetschen die Ameisen zwischen den harten Gaumenwarzen und den Hornschwellungen, die sich oben auf der Zunge befinden.

33) Ameisenigel und Schnabeltiere haben eine niedrige Körpertemperatur. Sie liegt bei ungefähr fünfundzwanzig Grad und kann, je nach den Bedingungen, um sieben bis acht Grad steigen oder fallen. Bei fast allen anderen Säugern betragen die normalen Tagesschwankungen nicht mehr als ein Grad. Nur beim Kamel sinkt die Körpertemperatur nachts auf vierunddreißig Grad, während sie in der Mittagshitze auf vierzig Grad steigt.

saugen anfängt, beginnt der Beutel schnell zu wachsen, bis er das Junge umfängt, so daß es unversehens wie in einer Wiege darin liegt. Aber was ist dann von Haackes Entdeckung zu halten? Er hatte ja ein Ei (und nicht ein Junges!) in dem bereits voll ausgebildeten Beutel gefunden, der so groß war, daß man »eine Taschenuhr hineinlegen konnte«.

Uns bleibt nur die Feststellung, daß die Zoologen bisher nicht wissen, wie das Ei des Ameisenigels aus der Kloake in den Beutel gelangt.

Und noch etwas ist bisher rätselhaft: Wozu haben die Ameisenigel und die Schnabeltiermännchen an den Hinterbeinen Hornsporne? Sie sind mit Haut überzogen, stecken wie in einem Futteral, nur die scharfen Spitzen schauen heraus und können schmerzhaft stechen. Aus einer Ausflußöffnung kommt eine trübe, giftige Flüssigkeit, also handelt es sich offenbar um eine giftige Waffe. Eigenartig ist nur, daß weder Ameisenigel noch das Schnabeltier jemanden mit dieser Waffe bedroht. Bisher ist kein Fall bekannt, daß ein Ameisenigel sie angewandt hätte, auch das Schnabeltier macht nicht aus eigenem Antrieb davon Gebrauch. Nur wenn Menschen oder Hunde unsanft mit dem friedlichen Tier umgingen, kam es gelegentlich vor, daß sie mit einem der Giftsporne in Berührung kamen. Menschen wurden ziemlich schnell wieder gesund, Hunde dagegen starben. Auch Kaninchen starben, und zwar binnen zwei Minuten, nachdem ihnen das Gift eines Schnabeltieres subkutan eingespritzt worden war.

Der Ameisenigel und das Schnabeltier sind die einzigen giftigen Säuger, aber ihr ganzes Verhalten sowie Anlage und Gebrauch ihrer Giftwaffe zeugen davon, daß es sich um einen heute so gut wie überflüssigen Atavismus handelt, eine Erinnerung an ferne Vorfahren – die giftigen Echsen.

Schnabeltiere und Ameisenigel gibt es heute nur noch in Australien und auf einigen benachbarten größeren Inseln. Auch fossile Reste von ihnen (von zwei Ameisenigelarten und einer Schnabeltierart), die in spättertiären oder pleistozänen Ablagerungen gefunden wurden, stammen alle vom fünften Kontinent.

Schnabeltiere leben in schnellfließenden, kalten Bergbächen, in warmen, trüben Flüssen der Ebene, in Seen und auch in kleinen flachen Buchten Tasmaniens und Ostaustraliens (nach Westen zu bis an den Leichhardt River in Nord-Queensland).

164

Ameisenigel sind in Wäldern und Gestrüpp in fast ganz Australien, auf Tasmanien und auf Neuguinea zu finden. Die Zoologen unterscheiden zwei Arten von Ameisenigeln (den Australischen und den Tasmanischen Kurzschnabeligel) sowie mehrere Unterarten. Auf Neuguinea leben außerdem zwei Unterarten von Langschnabeligeln. Sie haben längere Beine und einen längeren Schnabel als der Ameisenigel. Über diese Tiere ist noch sehr wenig bekannt.

»Lebende Fossilien« in unserem Haus

Wie Australien kann man auch Madagaskar als eine Art paläontologisches Museum bezeichnen, und auch diese Insel ist nicht gerade klein. Ihre Lostrennung von Afrika fällt in die Zeit, da die Erde noch von sehr primitiven Ursäugern (allerdings nicht mehr von Beuteltieren) bewohnt war. In den madagassischen Wäldern blieben daher so seltene Tiere wie z. B. die Lemuren besser als anderswo auf der Welt erhalten. Von den fünfzig Lemurenarten, die auf der Erde leben, sind vierzig auf Madagaskar beheimatet.

Will man lebende Fossilien sozusagen in natura beobachten, so braucht man keineswegs erst eine weite Reise zu machen. In der Nähe unserer Häuser, ja sogar in Häusern selbst, z. B. auf dem Dachboden und im Keller, spinnen lebende Fossilien eifrig ihr Netz – alle Spinnen sind ja urweltliche Lebewesen. In den dreihundert Millionen Jahren, die diese Achtfüßer schon auf der Erde existieren, haben sie sich fast gar nicht verändert.

Oft wird angenommen, lebende Fossilien seien nur in geringer Zahl erhalten geblieben und stünden vor den Aussterben, weil sie die heutigen Umweltbedingungen schlecht vertragen. Das mag für einige von ihnen zutreffen, jedoch nicht für alle. Jeden Tag waschen sich Millionen von Menschen mit dem Skelett eines lebenden Fossils, eines Lebewesens, das keineswegs vom Aussterben bedroht ist. Es lebt beinahe überall im Meer – der Schwamm. Dieses seltsame Gebilde ist vielleicht der älteste aller urweltlichen Vielzeller auf unserer Erde. Schon im Präkambrium, vor einer Milliarde Jahren, lebten in den Meeren Schwämme, die den heutigen durchaus ähnlich sahen.

Der Schwamm ist sehr einfach gebaut. Er hat weder Gehirn noch Nerven, weder Augen noch Ohren, weder eine Lunge noch einen Magen, weder Muskeln noch Blut. Er besitzt einen gallertartigen sackförmigen Körper und anstelle eines Skeletts Nadeln (Kalk-, Silizium- oder Hornfasern). Der ganze Körper besteht aus Hohlräumen – unzähligen Poren, die die Mundöffnungen darstellen.

Der Schwamm kann sich nicht vorwärts bewegen, er kann sich nicht einmal rühren. Dennoch ist er ein lebendes Wesen! Durch die Dermalporen saugt es ständig Wasser an, pumpt es durch den Körper. Mit dem Wasser gelangen kleine Wasserpflanzen und Krebschen in den Schwamm, die er in dem trichterförmigen Körper verdaut.

Der Schwamm ist sehr zählebig. Schneidet man ihn in Teile, so wächst aus jedem Teil ein neuer Schwamm. Zerhackt man ihn mit einem Messer und treibt das Ganze durch ein Sieb, so zerfällt der Schwamm in Zellen. Doch jede Zelle bleibt am Leben. Sie bewegt sich vorwärts, fängt ihre Beute. Eine Zelle findet zur anderen, wächst mit ihr zusammen. Weitere Zellen kommen hinzu, lagern sich an und bilden schließlich einen neuen Schwamm. Zerschneidet man zwei Schwämme, reibt sie durch ein Sieb und schüttet alles zusammen in einen Behälter mit Meerwasser, so sammeln sich jeweils die vom gleichen Schwamm abstammenden Zellen, und die beiden Schwämme erstehen neu.

Fast alle Schwämme leben im Meer. Manche sind so groß wie ein Fingernagel, andere so groß wie ein Faß und weisen die unterschiedlichsten Farben auf.

Die Schwämme, die als Badeschwämme verwendet werden, stammen aus dem warmen Mittelmeer. Taucher holen sie vom Meeresgrund herauf und trocknen sie an der Sonne. Dabei verfault der Schwamm, und nur sein »Skelett« bleibt übrig. Es ist schmiegsam und weich wie Seide, saugt das Wasser gut auf und bringt die Seife zum Schäumen.

Ein anderes Relikt, ebenfalls urweltlich, jedoch keineswegs selten, ist der Schwertschwanz. Vor vierhundert Millionen Jahren (im Silur), als es weder Spinnen noch Insekten gab, lebten auf dem Festland nur Skorpione. Auch im Meer gab es unzählige – die Seeskorpione, die bis zu zwei Metern lang waren und wie gepanzerte Fabeltiere aussahen. Ihre

Der Mongozmaki, eine der fast ausschließlich auf Madagaskar heimischen Lemurenarten

Nachfahren, die Schwertschwänze, haben sich bis heute nahezu unverändert erhalten.[34] Will man ihr Aussehen beschreiben, läßt sich schwerlich ein Vergleich finden – ähnelt der Schwertschwanz einem Panzerkreuzer, einem Panzer, einem phantastischen Fahrzeug von Marsmenschen? Besser als jede Beschreibung vermittelt uns eine Fotografie eine Vorstellung von diesem sonderbaren Geschöpf.

Heute leben die Schwertschwänze nur noch in zwei sehr weit voneinander entfernten Gebieten: in den Küstengewässern der Karibischen See (und entlang der gesamten Westküste der USA) sowie an flachen Stellen der Meere Indonesiens. Von dort sind sie entlang der chinesischen und japanischen Küste und in westlicher Richtung bis nach Indien verbreitet.

Mancherorts gibt es noch so viele Schwertschwänze, daß man sie in Netzen fängt und sie, getrocknet und zerstampft, als Dung auf die Felder bringt.

Ein von der Natur geschaffener Bathyskaph

Die Nautilusse, die Urahnen der Oktopoden, entwickelten sich zur gleichen Zeit wie die Schwertschwänze. Sechs Arten dieser »Patriarchen« des Meeres sind bis in die Gegenwart erhalten geblieben. Sie überlebten ihre Zeit und bewohnen heute den südwestlichen Teil des Stillen Ozeans – in der Nähe der Philippinen, der indonesischen Inselwelt und der Küste von Nordaustralien. Sie ähneln den hundertfüßigen Schnecken und leben in Schalen, die durch Trennwände unterteilt sind. Will der Nautilus bis zum Meeresboden hinabtauchen, läßt er seine Schale voll Wasser laufen, so wird sie schwer und sinkt hinab. Will er wieder an die Oberfläche, pumpt der Nautilus Gas in seine hydrostatischen »Ballons«, das Wasser wird verdrängt, und das Gehäuse bekommt Auftrieb.

Die Schale steht – ob mit Flüssigkeit oder mit Gas gefüllt – unter Überdruck, so daß der Nautilus auch in siebenhundert Meter Tiefe, in

---

34) Die bekanntesten Arten sind der Pfeilschwanzkrebs (Limulus) und der Molukkenkrebs (Tachypleus), die aber trotz ihres Namens verwandtschaftlich nicht der Klasse der Krebstiere angehören, sondern den Spinnentieren näherstehen.

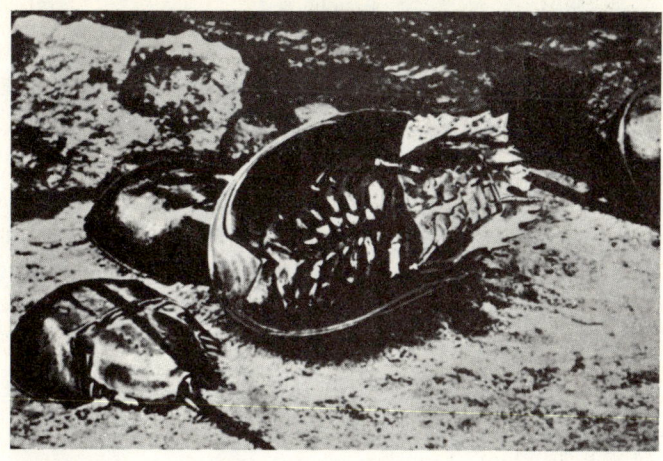

*Auch der Schwert-
schwanz ist eine
Art urweltliches
Relikt*

die er zuweilen hinabtaucht, in seinem Perlmutterhäuschen nicht zer-
quetscht wird. Ein Stahlrohr würde in solcher Tiefe völlig zusammenge-
preßt werden und Glas zu Pulver zerfallen. Den Nautilus dagegen rettet
der Innendruck, der in seinem Gewebe konstant bleibt. Sein Gehäuse
bleibt unbeschädigt, weil es mit Flüssigkeit gefüllt ist, die sich nicht zu-
sammenpressen läßt. Es gleicht einem modernen Bathyskaph, den die
Natur schon vor Millionen Jahren schuf.

Der Nautilus hat weder Saugnäpfe noch einen Tintenbeutel wie seine
Verwandten, die Oktopoden und die Tintenfische. Seine Augen sind
primitiv wie eine Camera obscura, die Linse fehlt. Auch sein »Rück-
stoßantrieb« scheint aus dem »Versuchsstadium« noch nicht herausge-
kommen zu sein. Zwar ist er eine zu den Kopffüßern zählende Mol-
luske, doch keine der Gegenwart, seine Entwicklung ist vor einer halben
Milliarde Jahren zum Stillstand gekommen, und seit dieser Zeit hat er
keinen einzigen nützlichen »Mechanismus« mehr ausgebildet. Daher
wird er in den Annalen der Zoologie unter der Rubrik »lebende Fossilien« geführt.

Es gab Zeiten, da wimmelten die Meere von Nautilussen und Ammoniten. Den Paläontologen sind Tausende von Arten bekannt. Manche
dieser Lebewesen waren so groß wie eine Erbse, andere schleppten ein
Gehäuse mit sich herum, das so groß war wie ein kleinerer Panzer. Ein
»Bruder« des Nautilus, der Endoceras, lebte in einem Gehäuse, das wie

169

ein fünf Meter langer Tannenzapfen aussah. Drei erwachsene Menschen hätten darin Platz gefunden.

Das Gehäuse des Pachydiskus, einem Ammoniten, war ein spiraliges riesiges Rad von drei Meter Durchmesser. Hätte man die Windungen aufrollen können, so hätte man aus ihnen eine Art Leiter anfertigen können, die bis in das vierte Geschoß eines Hauses reicht. Nie zuvor und nie danach hat ein Tier je solch riesenhaftes Gehäuse gehabt.

Vierhundert Millionen Jahre schwammen Ammoniten und Nautilusse ungestört in den Meeren umher, bis sie vor ungefähr achtzig Millionen Jahren plötzlich ausstarben – bis auf sechs Arten.

Die Hydra und das Urbild der Schopfhuhnfamilie

Die Hydra lebte in den Sümpfen von Lerna im alten Griechenland, und wenn sie aus ihrem Unterschlupf hervorgekrochen kam, verschlang sie ganze Herden von Tieren und verwüstete die gesamte Umgebung.

Zum letzten Mal kam sie jetzt hervor, wand ihren mit glänzenden Schuppen bedeckten Körper und richtete sich auf dem Schwanz auf. Herakles sprang ihr auf den Leib, drückte sie gegen den Erdboden und ließ seine Streitkeule auf sie niedersausen. Doch anstelle jedes abgeschlagenen Kopfes sah er zwei neue wachsen.

Der »Patriarch« unter den Vögeln, das südamerikanische Schopfhuhn, dessen Junge an den Flügeln Krallen haben wie der Urvogel Archaeopteryx

»Jolaos! Bring Feuer!« rief Herakles, der Sohn des Zeus. Jolaos steckte den Wald in Brand, rückte der Hydra, indes Herakles ihr die Köpfe abschlug, mit glühenden Stämmen zu Leibe und brannte die Wunden an den Hälsen aus. Nun konnten ihr keine Köpfe mehr wachsen, die Hydra war besiegt.

Eine Sage aus der griechischen Mythologie – aber sie enthält einen Hinweis. Um ihn zu verstehen, muß man ein Mikroskop zu Hilfe nehmen und zu den Lernäischen Sümpfen wandern, wo die Hydra ihre Höhle hatte. Man schöpft im Sumpf Wasser – und da hat man sie im Becher – die Hydra.

Mit dem bloßen Auge erkennt man sie nicht, dazu ist sie zu klein – ein Schleimklümpchen auf einem grünen Blatt. Aber schon hat sich das Klümpchen gestreckt und aufgerichtet, reckt seine Tentakel – fühlerförmige Gebilde – nach allen Seiten. Sie packen einen Cyclops. Das Krebstier zuckt krampfhaft, doch die Tentakel ziehen ihn bereits an die Mundöffnung, und im nächsten Augenblick ist er in dem runden »Loch« an der Spitze der kleinen »Säule« wie in einem Abgrund verschwunden.

Wie die Phantasie der alten Griechen, der die alte Sage von Herakles entsprungen ist, hat uns das Mikroskop die Hydra hundertfach vergrößert.

Unsere Hydra hat eine gewisse Ähnlichkeit mit ihrer Namensschwester aus der griechischen Sagenwelt – sie ist ebenso schwer zu töten. Man kann sie in Stücke schneiden, zerkrümeln, aber aus jedem Stück, aus jedem Krümel wächst eine neue Hydra hervor. Man kann die Hydra umdrehen wie einen Strumpf, sie lebt dennoch, sie frißt und wächst.

Wahre »Wunder« bringt die Natur hervor, wunderlichere noch als jene, von denen in Fabeln berichtet wird.

Aber nun zum Original: Begeben wir uns dazu nach Südamerika. Das Tier, um das es sich hier handelt – der Hoatzin –, sieht zwar räuberisch aus, ist aber in seinem Wesen ganz friedfertig, ein Verwandter unseres Huhns, nicht des Adlers. Man nennt es auch Zigeunerhuhn oder Schopfhuhn.

Der Rücken des vorsintflutlichen Vogels ist grün, der Bauch rot. Auf dem Kopf prangt ein gelber Schopf. Er sieht durchaus wie ein Vogel aus, merkwürdig allerdings ist, daß die Jungen an zwei Fingern der Flügel

Krallen haben. Wenn die Jungen in Bäumen herumklettern, halten sie sich mit den Krallen an den Zweigen und Ästen fest. Sie klettern bis in die Baumkronen, von wo sie sich ins Wasser stürzen. Das Schopfhuhn baut nämlich sein Nest auf Bäumen, deren Zweige über dem Wasser eines Flusses herabhängen. Schon die Jungen können sehr geschickt schwimmen und tauchen. Wenn sie Kaulquappen fangen oder auf dem Geäst herumturnen, so ähneln sie eher Reptilien als Vögeln. Besonders deutlich tritt ihre Verwandtschaft mit den Kriechtieren bei den Jungen zutage. Die Krallen an den Flügeln sind ein deutlicher Beweis dafür, wie alt die Art ist, denn der Urvogel, der Archaeopteryx, der die Erde vor mehr als hundert Millionen Jahren bewohnte, trug an seinen Flügeln ebenfalls solche Krallen. Dieses Erbteil der echsenartigen Vorfahren ist bei den Vögeln heute verschwunden, nur bei den jungen Schopfhühnern taucht dieser Atavismus auf. Ausgewachsene Tiere haben keine Krallen mehr, wohl aber kleine Schwellungen dort, wo sich die Krallen befanden. Auch schwimmen können sie dann nicht mehr. Sie verbergen sich ihr ganzes Leben lang in Baumkronen und fressen Blätter. Das Schopfhuhn ist für den Menschen ungenießbar – es stinkt wie ein Krokodil nach Moschus.

Aus längst vergangenen Epochen der Erdgeschichte sind nicht nur Reliktarten von Vögeln, Eidechsen und Mollusken erhalten, sondern auch ganze Familien (so der neuseeländische Kiwi und das Opossum), Abteilungen (Skorpione, Spinnen), Unterklassen und sogar ganze Klassen (Beuteltiere, Schnabeltiere und Ameisenigel, Holothurien, Seelilien, Panzermollusken und Quastenflosser). Vom Quastenflosser lohnt es sich eingehender zu berichten.

Wie ein wißbegieriger Farmer die Wissenschaft bereicherte

Die Geschichte jener Fische, die »Geschichte machten«, begann damit, daß ein gewisser William Forster einen Spaziergang zu machen beschloß. Er war Squatter gewesen, hatte Schafe gezüchtet und auf einer Farm fern der zivilisierten Welt gelebt – am Burnett River in Queensland. Eines Tages verlor er die Lust an seiner Tätigkeit und fuhr nach

172

Sydney, wo er sich niederzulassen gedachte. Es war an einem Tag des Jahres 1869, als er zu einem Bummel durch die Stadt aufbrach und natürlich auch ins Museum ging.

Dort kam er mit Gerhard Krefft, dem Kurator des Museums, ins Gespräch und erkundigte sich beiläufig:

»Sir, warum haben Sie eigentlich in Ihrem Museum keinen dieser großen Fische, die bei uns im Burnett River leben?«

»Was für große Fische meinen Sie denn?«

»Na, die Barramundas. Wir nennen sie auch Burnett-Lachse.«

»Der Burnett River? Wo ist denn der?«

»Im Norden, Sir, in Queensland. Da gibt's viele von diesen Fischen. Sie sehen aus wie fette Aale. Grün, fünf Fuß lang und mit großen dikken Schuppen. Und stellen Sie sich vor, diese Barramundas haben nur vier Flossen, und zwar alle auf dem Bauch. Jawohl, vier Stück, das weiß ich genau – ich habe ja selbst oft genug welche gefangen.«

»Hören Sie, Mister Forster, ich habe keine Ahnung, von was für einem Fisch Sie reden. Von Ihrem Barramunda habe ich noch nie etwas gehört. Vielleicht ist das eine der Wissenschaft noch unbekannte Art? Gut wäre es, wenn wir ein paar davon für unser Museum bekommen könnten.«

»Aber natürlich«, meinte Forster bereitwillig, »das läßt sich durchaus machen. Mein Vetter lebt noch auf der Farm, ich schreibe ihm.«

Ein paar Wochen später brachte die Post ein Faß ins Museum von Sydney. Darin befanden sich Fische, die kräftig gesalzen waren.

Krefft stand da wie versteinert, als er sie sah. Forster hatte recht gehabt: Das waren ja höchst seltsame Fische, und sie hatten tatsächlich nur vier Flossen, und alle auf dem Bauch; sie sahen eher wie kurze Füße ohne Zehen aus. Auch die Schwanzflosse war höchst absonderlich. Sie war nicht, wie bei vielen Fischen, gegabelt, sondern gewissermaßen gefiedert, diphyzerk, wie die Zoologen sagen, wohl die urtümlichste Form der Schwanzflosse.

Die größte Überraschung erwartete Krefft, als er das Maul des Fisches in Augenschein nahm. Am Gaumen und am Unterkiefer entdeckte er vier große, miteinander verwachsene Zahnplatten, die mit einem Hahnenkamm Ähnlichkeit hatten. Paläontologen hatten solche Zahnplatten an alten Versteinerungen entdeckt, jedoch noch nie bei einem lebenden

Fisch. Professor Agassiz, ein anerkannter Fachmann für fossile Fische, nannte Fische, die Zahnplatten haben, Ceratoden, das heißt »Hornzähne«. Große Schwärme solcher Fische bewohnten vor siebzig bis hundert Millionen Jahren die Süßwassermeere unseres Planeten.

So einen Ceratodus hielt Krefft nun also in der Hand. Nach sorgfältiger Untersuchung der Zähne des Barramundas bezeichnete er die Burnett-Lachse spontan als Ceratoden. Später fanden Paläontologen nicht nur Zähne, sondern auch Knochen von echten fossilen Ceratoden, die allerdings etwas anders aussahen als das Skelett des Burnett-Fisches. Einige Ichthyologen präzisierten daher den wissenschaftlichen Namen: Er lautet jetzt Neoceratodus forsteri.

Als Krefft den Fisch sezierte, harrte seiner eine weitere Überraschung: Er fand im Leib eine Lunge. Ein Fisch mit einer richtigen Lunge! Da er aber auch Kiemen besaß, konnte er sowohl mit den Kiemen als auch mit der Lunge atmen, er zählte also zu den Dipnoi, den »Doppelatmern«.

Bevor Forster diese Fische dem Museum vorlegte, kannten die Zoologen nur zwei Lungenfische: den Lepidosiren (Schuppenmolch), von der einheimischen Bevölkerung Karamuru genannt, und den Protopterus (Molchfisch). Ersterer wurde 1833 vom österreichischen Forscher Johann Natterer in Brasilien und in Paraguay entdeckt, letzteren beschrieb einige Jahre später der englische Paläontologe Richard Owen. Dieses Exemplar war im Weißen Nil gefangen worden, doch ist der

Ein Ceratodus – ein Fisch mit Lungen

Molchfisch auch in vielen anderen afrikanischen Flüssen vom Senegal bis nach Nigeria, sogar im Tschadsee und in Ostafrika (in südlicher Richtung bis zum Sambesi) beheimatet.

Der Lepidosiren und der Protopterus haben zwei Lungen, der Neoceratodus hat nur eine.[35] Der Lepidosiren ist bis zu 1,25 Meter, der Protopterus nur 65 Zentimeter lang.

Beide Fische haben Ähnlichkeit mit dem Aal, die Schuppen sind sehr klein (während sie, wie bereits erwähnt, beim Neoceratodus groß sind), der Schwanz ist diphyzerk, und anstelle der Brust- und Bauchflossen haben sie biegsame, dünne fadenförmige Gebilde. Beide leben in mit Gras und Wasserpflanzen bewachsenen Sumpfgewässern, die häufig nur während der Regenzeit Wasser enthalten, während der Trockenzeit dagegen austrocknen. Dann vergraben sich die Fische, die die Natur mit Kiemen und mit Lungen ausgestattet hat, im Schlamm und verfallen – wie etwa der Bär in seiner Höhle – in eine Art Schlaf. Allerdings sind die Methoden der »Konservierung«, die diese beiden miteinander verwandten Doppelatmer anwenden, um die Trockenzeit zu überdauern, verschieden.

Der Protopterus wühlt sich im Schlamm ein Loch, wo er sich mit schaumigem Schleim umgibt. Aus dem Schleim und dem daran klebenden Erdreich entsteht rings um den Fisch eine Art Zyste (mit einem Luftloch, durch das der Fisch jetzt atmet).[36] Die Kapsel ist wenig feuchtigkeitsdurchlässig, und der Protopterus kann die Trockenperiode wie unter einem Glasdach verschlafen. Wenn der Regen einsetzt und der steinharte Schlamm aufweicht, kommt der Protopterus aus seiner Zyste hervor. Das Regenwasser »weicht« auch den Fisch selbst auf, denn während der Trockenzeit dörrt er stark aus und kann bis neun Zehntel seines ursprünglichen Gewichts abnehmen. Wenn sein Gewebe mit Wasser

---

35) Früher nahm man an, daß sich die Lungen der Doppelatmer aus der Schwimmblase entwickelt haben. Viele Fachleute sind dagegen der Meinung, daß sich die Schwimmblase aus den Lungen entwickelt habe, da die Vorfahren der heutigen Fische, die in ausgetrockneten Sümpfen lebten, Lungen dringender brauchten als das hydrostatische Organ.

36) Er atmet durch die Nasenlöcher, ohne dabei den Mund zu öffnen. Die Doppelatmer haben, was bei anderen Fischen fast nie zu finden ist – hintere Nasenöffnungen. Das sind innere Nasenöffnungen, die die Nasenlöcher mit der Mundhöhle verbinden.

gesättigt ist, schwimmt er am Grund des Gewässers entlang, um seinen Hunger zu stillen. Frösche, Schnecken, Krebse und Wasserkäfer bilden seine Lieblingsnahrung. Früher nahm man an, daß auch der Lepidosiren, wenn er sich im Schlamm vergräbt, eine Schleimhülle bildet. Als man aber einen Unterschlupf dieses Tieres in einem ausgetrockneten Sumpf aufmerksamer untersuchte, stellte man fest, daß sich dieser Fisch ganz anders »konserviert« als sein afrikanischer Bruder.

Der Lepidosiren – immerhin ein Fisch – baut sich ein kunstvolles Dach! Er schiebt Schlamm zu runden Kügelchen zusammen und legt sie auf seinen Unterschlupf (wie er das fertigbringt, hat wohl noch niemand beobachten können). Durch die Zwischenräume zwischen diesen Klümpchen des »Dachbelags« dringt Luft in die feuchte Gruft, wo der Lungenfisch in scheintotem Zustand (Anabiose)[37] schläft.

Wenn der Boden selbst dort, wo der Lepidosiren unter der dicken Schicht harten Schlammes zusammengerollt schläft, die letzten Tropfen Feuchtigkeit verloren hat, wacht der Fisch auf und gräbt sich noch tiefer ein. Bevor er wieder einschläft, baut er sich aus Schlammkügelchen ein weiteres poröses Dach, diesmal sozusagen eine Etage tiefer. Trocknet der Erdboden auch dort völlig aus, so gräbt sich das Tier ein weiteres Mal noch tiefer ein und schützt sich wiederum mit einem löchrigen Dach.

Die Männchen amerikanischer und afrikanischer Lungenfische sind um ihre Nachkommenschaft nicht weniger eifersüchtig besorgt als das Seepferdchen, das der vorbildlichste Vater im Reich der Fische ist. Sie bewachen die Eier, die die Weibchen dieser Molchfische in Vertiefungen auf dem Grund des Gewässers gelegt haben (beim Lepidosiren in Erdlöchern), und stürzen sich kühn auf alle Feinde. Und da die Fische groß und angriffslustig sind, ziehen es die Feinde vor, den Vätern nicht zu nahe zu kommen.

Der in Amerika beheimatete Lepidosiren und der in Afrika lebende Protopterus sind zwar durch den Ozean voneinander getrennt, dennoch aber nahe Verwandte, und die Ichthyologen zählen beide zur gleichen Familie. Der australische Lungenfisch dagegen, der von Forster ent-

---

37) Die Anabiose ist ein besonderer Zustand des Organismus, in dem alle Prozesse langsamer verlaufen und der Stoffwechsel auf ein Minimum reduziert ist.

deckt und von Krefft beschrieben wurde, wird im System der zoologischen Klassifizierung einer anderen Familie zugerechnet, da er in seinem Aussehen und Verhalten den überseeischen Verwandten nicht völlig gleicht.

Der Neoceratodus ist den Gewohnheiten seiner Ahnen treu, er frißt auch Pflanzen, die die anderen Doppeltatmer heute verschmähen. Seine Eier, die sehr groß sind, legt der Australische Lungenfisch nicht in Löchern und Gruben auf dem Grund, sondern er befestigt jedes seiner in einer Gallerthülle befindlichen Eier einzeln an einer Wasserpflanze. Und noch ein wichtiger Unterschied: Während der Trockenzeit, wenn die von ihm bewohnten Flüsse austrocknen, gräbt er sich nicht im Schlamm ein. Er bleibt einfach im Restwasser und atmet mit der Lunge, da es in den seichten Wasserlöchern an Sauerstoff mangelt. Er schlüpft dorthin, wo sich unter dichten Büschen noch Feuchtigkeit gehalten hat, wo Schatten ist und wohin die Sonnenstrahlen nicht dringen können. Dort liegt er reglos, atmet – und wartet auf Regen. Lange hält er das natürlich nicht durch. Wenn die Trockenheit andauert, kommen viele der Australischen Lungenfische um. Aus diesem Grund (aber auch, weil sie sehr schmackhaft sind) sind diese Fische heute sehr selten geworden.

Phylogenese und Ontogenese

Zu jener Zeit, als jenes Faß mit eingesalzenen australischen Lungenfischen vom Burnett River im Museum von Sydney eintraf, hatten Ernst Haeckel und Fritz Müller ihr berühmtes »biogenetisches Grundgesetz« bereits formuliert: Die Phylogenese wiederholt sich in der Ontogenese. In diesen wenigen Worten liegt eine ungeheure Bedeutung. Unter Phylogenese verstehen die Biologen die Jahrmillionen während Evolution der Pflanzen und Tiere, unter Ontogenese die embryonale und die postembryonale Entwicklung jedes einzelnen Organismus.

Das biogenetische Grundgesetz besagt, daß jedes Lebewesen während seiner Entwicklung vom Ei zum Neugeborenen im beschleunigten Tempo alle Grundstadien der Entwicklung seiner Art durchmacht. Allerdings gibt es auch Ausnahmen oder Abweichungen. Im Verlauf weniger Wochen bis mehrerer Monate wiederholt es dabei in groben Zügen die entscheidenden Phasen der phylogenetischen Metamorphose, die Hunderte von Millionen Jahren dauerte. Deshalb auch weisen Embryos von Vögeln, Fröschen, Fischen, Säugetieren und Menschen auf bestimmten Entwicklungsetappen Ähnlichkeiten auf.

Einige Wochen alte menschliche Embryos zeugen eindeutig davon, daß die Entwicklung zum Menschen auch über fischartige Stufen führte. In diesem Alter weisen die Hälse aller menschlichen Embryos Kiemenspalten auf, wie sie Blauhaie auch heute noch haben.

Diese Spalten haben für den Menschen überhaupt keine Bedeutung, sie sind ein Atavismus, der nach einiger Zeit für immer verschwindet (bei manchen Menschen kommt es allerdings vor, daß die Halsfisteln nicht richtig verwachsen). Die Entdeckung des biogenetischen Grundgesetzes war eine bedeutsame Bestätigung der Darwinschen Lehre. Man brauchte nur, gar nicht tief, in geologische Schichten, die von vergangenen Epochen der Erdgeschichte zeugten, vorzudringen, so konnte man an Hand aufgefundener Embryos von Tieren auch deren Vergangenheit beurteilen und erfahren, wer von wem abstammte. »Alle sind von gleicher Abstammung« – dieser Grundsatz der Demokraten fand auch in der Biologie ihren realen Ausdruck. Alle Wirbeltiere der Erde, ob behaart, gefiedert oder geschuppt, haben eine gemeinsame Vergangenheit – das fischartige Stadium. Aber um was für Fische handelte es sich damals? Und von wem stammen die Fische ab?

Um das zu ergründen, schickte der berühmte deutsche Biologe und Darwinist Ernst Haeckel eine Expedition nach Australien, die Embryos des australischen Lungenfisches suchen sollte. Dieser urweltliche Fisch war, wie man damals erkannte, jenen rätselhaften Wesen, unseren Vorfahren, die vor dreihundert Millionen Jahren lebten, am nächsten verwandt.

Der Baseler Fabrikant Paul Ritter, der gewöhnlich die Forschungen seines Freundes Haeckel finanzierte, bestritt auch die Kosten dieser Expedition. Professor Richard Semon, ein Schüler Haeckels, übernahm die Leitung.

Im August 1891 traf Semon in Australien ein. Dr. Krefft hatte in seiner Beschreibung des australischen Lungenfisches behauptet, der Fisch lebe in Salzwasser, fresse Pflanzen und grabe sich während der Trockenzeit im Schlamm ein. Diese Behauptungen erwiesen sich in der Folge als unrichtig. Semon jedoch schenkte Kreffts Angaben Glauben und verlor viel Zeit damit, den Fisch in den Mündungen des Burnett River und des Mary River, wo es Salzwasser gab, zu suchen. In diesen Gegenden aber hatte noch nie jemand von einem solchen Fisch je gehört.

Richard Semon verließ die Küste und begab sich ins Landesinnere. Daß die australischen Lungenfische ihre Eier an Pflanzen ablegen, war ihm bekannt. Sie haben einen Durchmesser von fast einem Zentimeter, und man sollte meinen, daß sie einem ohne weiteres ins Auge fallen. Semon fand jedoch keine. Tag um Tag, Woche um Woche suchte er Wasserpflanzen und Gräser nach diesen Eiern ab – nichts. Inzwischen hatte er in Professor Spencer, einem Biologen aus Melbourne, einen Helfer gefunden. Spencer wollte seinen Urlaub nutzen, um gleichfalls nach den Eiern des Lungenfisches zu fahnden. Aber ein Monat verfloß, der Urlaub ging zu Ende, und Spencer mußte nach Melbourne zurückkehren. Semon aber watete weiter, bis zum Gürtel im Wasser, im Schilfdickicht umher und suchte immer noch nach den für die Wissenschaft so wertvollen Fischeiern.

Eines Tages hatte die Suche endlich Erfolg. An einem Pflanzenstengel fand Semon drei Eier, mattglänzend wie Glasperlen. Anfangs mochte er seinen Augen nicht trauen, aber es gab keinen Zweifel: Es waren Eier vom australischen Lungenfisch.

»Vom Barramunda? Nein, Sir, vom Djelleh stammen die!«

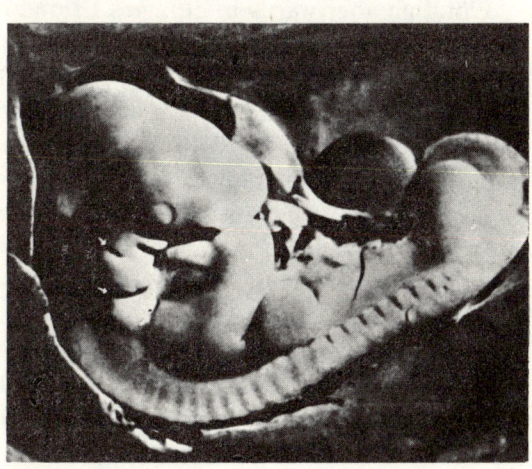

Ein Truthahnembryo. Die Pfeile weisen auf die Kiemenspalten, ein atavistisches »Geschenk« der Vorfahren aller Wirbeltiere – der Fische

Die Australier, die dem hartnäckigen Fremden bei der Suche »nach einer Stecknadel im Heuschober« halfen, schüttelten einmütig den Kopf.

»Nein, vom Barramundafisch stammen sie nicht. Das sind Djelleheier!«

Semon war völlig geknickt. Aber da kam ihm eine Idee: Krefft konnte sich ja auch in diesem Falle geirrt haben (was tatsächlich auch zutraf). Vielleicht hieß der Neoceratodus hier in seiner Heimat nicht Barramunda, sondern eben Djelleh.

»Wie sieht er denn aus, dieser Djelleh?«

Die Australier beschrieben ihm den Fisch und zeigten ihm auch abgenagte Gräten. Da begriff Semon, daß er gefunden hatte, was er suchte: Der Djelleh war der Fisch, dessentwegen er von so weit her nach Australien gekommen war.

Als die Australier wußten, daß der Fremde Djelleheier suchte, kam das Unternehmen voran. Allein am nächsten Tag wurden dreiundzwanzig Eier gefunden, die Semon in einem Behälter mit Spiritus aufbewahrte.

Vom Morgengrauen an war der Forscher auf den Beinen. Die Suche im Fluß ging weiter. Immer mehr Eier mit Embryos, die das Geheimnis unserer Phylogenese bargen, wurden in Spiritus konserviert. Die Wissenschaft stand vor großen Entdeckungen.

Plötzlich aber war kein einziges Ei mehr zu finden. Als Semon eines Abends in sein Quartier im Dorf zurückkehrte, fand er die Erklärung. Im Dorf herrschte Feststimmung: Auf einem Feuer brutzelte ein großer Fisch mit vier Flossen. Semon erriet, daß den Fischern das letzte Djellehweibchen dieser Gegend ins Netz gegangen war. Von ihm stammten die Eier, die er gefunden hatte; nun war es tot.

Die Regenzeit begann, und die Bewohner des Dorfes, in dem sich Semon aufhielt, wollten an einen anderen Ort übersiedeln. Als sie fortzogen, begab sich Semon auf eine kleine, zwischen Australien und Neuseeland gelegene Insel, wo er neue Anweisungen aus Europa abwarten wollte. Als diese sowie Barmittel eintrafen, streifte Semon im folgenden Jahr wieder durch das Schilfdickicht am Burnett River. Aber diesmal ging er umsichtiger zu Werke als im Vorjahr. Er zahlte für jedes unbeschädigte Ei, das man ihm brachte, eine Geldprämie von fünfundzwanzig Dollar, und zwar unter der Bedingung, daß niemand im Dorf einen Djelleh fangen und verzehren durfte. Das sicherte ihm schließlich auch den Erfolg.

Semon brachte siebenhundert Eier des Neoceratodus mit nach Europa. Die in ihnen enthaltenen Embryos waren unterschiedlichen Alters. Als Semon sie untersuchte, hatte er alle Phasen der Ontogenese dieses urweltlichen Fisches vorliegen. Und da die Ontogenese sozusagen eine »Zeitrafferfassung« der Phylogenese ist, erfuhren die Biologen, die sie zu entziffern verstanden, vieles von unseren Vorfahren – bis hin zu den Affen.

Was waren wir vor den Affen?

Am Anfang Meereswürmer. Die Zoologen nehmen, wenn auch mit einigen Vorbehalten, an, daß die Urahnen der Fische und überhaupt aller Wirbeltiere (einschließlich des Menschen), die sogenannten Chordatiere,[38] aus irgendwelchen Urwürmern hervorgegangen seien. Der Lanzettfisch, ein kleines, einem Maiglöckchenblatt ähnliches »Fischchen« ohne Flossen, ohne Gräten, ohne Zähne und Kiefer (doch mit einer Chorda!), das, im Sand vergraben, mit Hilfe des Maules aus dem Wasser Detritus und Plankton, seine Nahrung, herausfiltert, stellt das wohl am wenigsten verzerrte »Abbild« unserer längst ausgestorbenen Vorfahren dar, als diese auf einer Entwicklungsstufe zwischen den Würmern und den Fischen standen.

Nach diesen dem Lanzettfisch ähnelnden Lebewesen kamen die kieferlosen »Urfische«, von denen heute nur versteinerte Hautzähne (!) erhalten sind. Ein bedeutsamer Schritt: Die Natur entwickelte Zähne. Die ersten Wirbeltiere waren vom Kopf bis zum Schwanz mit einem »gezähnten«, aus Knochenplatten bestehenden Panzer angetan. Später wuchsen Zähne, die auf der Außenhaut keinen Platz mehr fanden, auf

---

38) Tiere mit einer Chorda, einer elastischen Saite, die sich vom Kopf bis zum Schwanz durch die Rückenmuskeln des Tieres zieht. Aus der Chorda entstand später die Wirbelsäule. Die ersten (noch knorpligen) Wirbel entwickelten sich vor vierhundert Millionen Jahren bei den Kieferlosen.

dem Kiefer im Maul. Zu dieser Zeit besaßen die »Urfische« bereits Kiefer. Jetzt wurde die Lebewelt »bissig«. Die Zähne auf dem Panzer verwandelten sich später in Schuppen. Nur die Haie behielten sie auch auf der Haut – sie ist bis heute »gezähnt«, das heißt mit plattenförmigen Schuppen ausgestattet.

Damals setzte die große Wanderung der Fische aus den Meeren in die Flüsse ein. Vielleicht flüchteten sie ins Süßwasser vor den räuberischen Seeskorpionen, den Vorfahren und Verwandten der uns bereits bekannten Schwertschwänze.

Aus den Flüssen und Seen kamen dann die ersten Vierfüßer aufs Festland. Die Fische, die vor dreihundertfünfzig Millionen Jahren dort lebten, atmeten mit Kiemen und Lungen. Ohne Lungen wären sie im sauerstoffarmen Wasser der damaligen Seen umgekommen.

Manche ernährten sich von Pflanzen, die sie mit ihren Reibezähnen zerkleinerten, so die sogenannten echten Doppeltatmer. Andere, wie die Quastenflosser, fraßen alles, was sie erbeuten konnten. Sie griffen aus dem Hinterhalt an, packten ihre Beute und vergifteten sie. Das Gift wurde von einer Gaumendrüse abgesondert und floß durch Kanäle in den Zähnen (sofern die Ichthyologen recht haben, die Zwischenkieferdrüse der Quastenflosser sei eine Giftdrüse gewesen).

Später wanderten Quastenflosser aus der Ordnung der Hohlstachelartigen wieder ins Meer ab. Aber dort erwartete sie ein böses Schicksal, sie starben mit einem Male restlos aus – bis auf die berühmte Latimeria, deren Entdeckung vor einiger Zeit so großes Aufsehen erregte.

Denjenigen Quastenflossern aber, die im Süßwasser verblieben, stand eine große Zukunft bevor – sie wurden zum Urahn aller Vierfüßer und aller gefiederten Bewohner des Festlandes.

Die urweltlichen Dipnoi hatten seltsame pfotenartige Flossen mit einem gegliederten Skelett, das einem Pinsel ähnlich sah und sehr beweglich und muskulös war. Mit Hilfe dieser Paddelflossen bewegten sie sich am Meeresboden entlang. Wahrscheinlich krochen sie auch ans Ufer, um Luft zu schöpfen und sich auszuruhen. Nach und nach wurden aus diesen Flossen richtige Pfoten. Die Fische verließen das Wasser und lebten fortan auf dem Festland.

Was mag die Fische bewogen haben, ihr angestammtes Element zu verlassen?

An Sauerstoffmangel kann es nicht gelegen haben, denn wenn der Sauerstoff im modrigen Wasser knapp wurde, konnten sie an die Oberfläche schwimmen und frische Luft schöpfen. Oder war es der Hunger, der sie aufs Festland trieb? Auch das kann nicht die Ursache gewesen sein, denn das Festland war zu jener Zeit noch ärmer an Nahrung als Meere und Seen. Vielleicht sahen sie sich bedroht? Das ist ebenfalls unwahrscheinlich, denn die Quastenflosser waren die größten und stärksten Raubtiere in den Seen jener Zeit.

Es muß ihr Bestreben gewesen sein, im Wasser zu bleiben! Das klingt paradox, doch zu einem anderen Schluß konnten die Wissenschaftler nach eingehendster Erforschung aller möglichen Ursachen nicht kommen. In jenen fernen Zeiten trockneten nämlich die flachen Gewässer häufig aus. Aus den Seen wurden Sümpfe, aus den Sümpfen Lachen, bis auch sie unter den glühenden Strahlen der Sonne schließlich austrockneten. Die Quastenflosser, die sich mit ihren eigentümlichen Flossen gut auf dem Boden vorwärts bewegen konnten, mußten sich, um nicht umzukommen, neue Zufluchtsstätten suchen – Lachen, die noch mit Wasser gefüllt waren.

Auf der Suche nach Wasser hatten sie beträchtliche Strecken auf dem Trockenen zurückzulegen. Es überlebten diejenigen, die gut kriechen konnten und sich der Lebensweise auf dem Trockenen am besten anzupassen vermochten. Diese gnadenlose Auslese hatte zur Folge, daß die Fische auf der Suche nach Wasser mit der Zeit eine neue Heimat fanden: Sie wurden Bewohner zweier Elemente – des Wassers und des Festlandes, sie wurden Amphibien. Aus den Amphibien entwickelten sich die Reptilien, aus den Reptilien die Vögel und die Säuger, und schließlich erschien auf unserem Planeten der Mensch.

Die ältesten Panzer

»Wir schritten über ihre Rücken hinweg«, denn zu Tausenden und aber Tausenden krochen sie auf Hügeln und in Tälern, im dichten Gras und zwischen nackten Steinen – langsam, friedlich, riesenhaft, wie Zeugen aus einer früheren Zeit anmutend.

Dronten hatte Leguat auf der Rodriguez-Insel gesucht, und er fand –

Schildkröten. Im Jahre 1691 lieferte er eine Beschreibung dessen, was er gesehen hatte – Tausende und aber Tausende von Riesenschildkröten.

Vor ihm und nach ihm berichteten auch andere – Seefahrer, Forscher und Piraten: Auf fernen Inseln im tropischen Meer (waren es die Galápagos-Inseln, die Seychellen, die Rodriguez-Insel, die Juan-Fernández-Insel?) hätten sie Unmengen dieser gepanzerten Riesen angetroffen. »Dreihundert Kilogramm wogen sie, und das waren nicht einmal die größten!«

Die Naturforscher in Europa allerdings schenkten solchen Erzählungen nicht allzu viel Glauben. »Seemannsgarn« sei es – meinten sie. In zwei großen wissenschaftlichen Abhandlungen über Schildkröten – in der »Chelonographie« (»Schildkrötenkunde«) von Walbaum und in der »Allgemeinen Naturgeschichte der Schildkröten« von Schneider – werden die Riesenschildkröten mit keinem Wort erwähnt, obwohl diese Bücher Ende des 18. Jahrhunderts, also hundert Jahre nach Leguats Reise nach der Rodriguez-Insel, erschienen, als die letzten Piraten die letzten Riesenschildkröten auf den letzten von den Briten noch nicht besetzten Inseln verspeist hatten.

Während die Zoologen von Riesenschildkröten nichts wußten (oder nichts wissen wollten), hatte jeder Kapitän, der mit seinem Schiff auf große Fahrt ging, um so größeres Interesse daran. Oft nahmen die Seeleute sogar einen weiten Umweg in Kauf, nur um die Inseln anlaufen zu können, auf denen, Gerüchten nach, Riesenschildkröten lebten. Die Seefahrer jener Zeiten brauchten sie möglicherweise dringender als Trinkwasser, denn noch hatte der Pariser Koch Appert sein Verfahren, Fleisch zu konservieren, nicht erfunden, und Kühlschränke gab es auch noch nicht. Die Laderäume der Schiffe enthielten Vorräte an Zwieback, getrockneten Erbsen sowie Fässer mit Pökelfleisch. Aber es dauerte nicht lange, dann nisteten im Zwieback und in den Bohnen Insekten, und die Ratten, die einfach nicht auszurotten und allgegenwärtig waren, schleppten fort, was sie nur konnten. Obwohl das Fleisch (gewöhnlich Pferdefleisch, manchmal aber auch Rindfleisch) in Pökellake schwamm, verdarb es oft in der tropische Hitze. Gereicht hätte es vermutlich sowieso nicht, denn die Schiffe waren mit Menschen überladen. So befanden sich an Bord Soldaten, die das Schiff vor Feinden und Seeräubern schützen sollten, ferner Auswanderer und Verbannte. Auch wurde mehr Besatzung angeheuert, als eigentlich notwendig gewesen wäre, denn Skorbut und andere Krankheiten rafften unterwegs viele Seeleute dahin, und bei Sturm oder Orkan wurde bei der Takelage jede Hand gebraucht.

Manche Reisen dauerten Jahre. Die zerbrechlichen Segelschiffe, auf denen sich die Menschen um den Erdball »tasteten«, waren Wind und Strömung ausgeliefert. Bei Windstille drifteten sie manchmal wochenlang, und bei Sturm kamen sie oft Hunderte von Meilen vom Kurs ab.

Das ist der Grund, weshalb die schmackhaften, fetten Riesenschildkröten, die kaum schneller vorwärts kamen als eine Schnecke, bei den Seeleuten aller Länder noch begehrter waren als Trinkwasser. Im Frachtraum verstaut, hielten es die Riesenschildkröten, »von Gott dem Herrn in seiner Güte gesandt«, monatelang ohne Wasser und Nahrung aus – konnten also auch nicht verderben. Mit Pökelfleisch kein Vergleich!

Der dicke Panzer, in dem sich die Schildkröten wie in einem Schutzbunker verbergen konnten, hatte die Tiere wohl vor den Dinosauriern recht gut geschützt, vor den hungrigen Seeleuten jedoch nicht.

Eben diese Panzer, die von den Schiffen in europäische Museen gelangt waren, überzeugten die Naturforscher schließlich davon, daß die Berichte von den Riesenlandschildkröten nicht erfunden waren. Nun zweifelte niemand mehr, daß es in den Ozeanen Inseln gab, wo sie lebten. Aber welche Inseln waren das? Die Riesenpanzer, die in den Museen aufbewahrt wurden, verrieten es nicht, und die Etiketts, die manchmal an den Schaustücken klebten, waren meistens falsch. In einem Pariser Museum zum Beispiel wurde der Panzer einer »indischen Schildkröte« gezeigt, doch in Indien leben keine Riesenschildkröten und haben (jedenfalls seit Menschengedenken!) nie dort gelebt.[39] Lange Zeit herrschte in Museumskatalogen und unter den Bezeichnungen für die verschiedenen Schildkrötenarten ein heilloses Durcheinander. Nie-

---

39) In den Siwalikbergen Indiens hat man allerdings Reste riesiger Schildkröten (Testudo atlas) aus dem Miozän (Jungtertiär) gefunden, die einen zwei bis drei Meter langen Panzer aufwiesen. Die Milonia prisca in Australien war noch größer.

mand wußte, wo sie leben und wo sie früher lebten, inzwischen aber ausgerottet waren, wo sie vom Aussterben bedroht und wo sie noch zu finden waren.

Eine gewisse Ordnung kam erst vor neunzig Jahren in die Angelegenheit, als Dr. Günther vom Britischen Museum sein Buch »Rezente und ausgestorbene Riesenlandschildkröten in der Sammlung des Britischen Museums« veröffentlichte.

Darin wies er nach, daß einige Arten und Unterarten der Riesenschildkröten noch in jüngster Zeit (und zwar in großer Zahl) die Maskarenen bewohnten (inzwischen sind sie dort ebenfalls ausgerottet). Mehrere Arten lebten auf der Aldabra-Insel (nördlich von Madagaskar), wo sie sich bis heute noch gehalten haben. Besorgt um ihr künftiges Schicksal, richtete Günther ein von vielen Wissenschaftlern des Britischen Museums unterzeichnetes Schreiben an die britische Regierung, in dem dringlich notwendige Maßnahmen zum Schutz der Schildkröten gefordert wurden. Solche Maßnahmen wurden tatsächlich auch ergriffen, außerdem beschloß man, einige Schildkröten von der Aldabra-Insel auf den Seychellen anzusiedeln. Dabei stellte sich allerdings heraus, daß eine solche Übersiedlung längst erfolgt war. Als deutsche Ozeanographen Anfang des Jahres 1899 mit ihrem Forschungsschiff »Valdivia« die Seychellen besuchten, erhielten sie hier einige Riesenschildkröten als Geschenk. Eine davon hatte der Großvater eines dort ansässigen Fischers vor hundert Jahren von der Aldabra-Insel mitgebracht. Auch später waren einige eingeführt worden. Die halbzahmen Tiere hält man hier in geräumigen, mit Steinen abgegrenzten Gehegen. Viele »wilde« Exemplare kriechen auch in den Gebüschen rings um die Felder umher. Vor großen Feiertagen werden einige getötet, denn Schildkrötensuppe ist auf den Seychellen ein beliebtes Festtagsessen.[40]

Die vierte große Inselgruppe, auf der die gepanzerten »Vettern« der Dinosaurier noch leben, liegt im Stillen Ozean (die Maskarenen, die Seychellen und die Aldabra-Insel liegen ja bekanntlich im Indischen Ozean).

Dieser von Riesenschildkröten bewohnte pazifische Archipel wurde

---

[40] Auf der Seychelleninsel Mahé ist die örtliche Unterart nur noch im dortigen Zoo zu finden.

entgegen alter Seefahrertradition nicht nach seinem Entdecker Diego de Rivadeneira, sondern nach jenen gepanzerten Lebewesen benannt, welche die Spanier, die im Jahre 1535 durch Zufall anstatt nach Peru auf die Galápagos-Inseln kamen, so lebhaft interessierten.

Dort gab es derart viele Schildkröten, daß vierhundert Jahre lang Konquistadoren, Seeräuber und später Walfänger und Fischer riesige Umwege machten, eigens um diese Inseln anzulaufen und ihren Proviant ergänzen zu können. Als man in den Bibliotheken der USA aufbewahrte Schiffstagebücher studierte, stellte man fest, daß zwischen 1831 und 1868 allein von 79 Walfängern 13 013 Schildkröten von den Galápagos-Inseln mitgenommen worden waren. Die Walfangflotte der USA zählte zu dieser Zeit siebenhundert Schiffe, dazu kamen die Schiffe der anderen Länder sowie die Piraten, die sich noch vor den Walfängern an Schildkröten gütlich getan hatten.

Vermutlich verdanken die Seefahrer vergangener Jahrhunderte (Entdecker wie Eroberer, Flibustier wie Walfänger) ihre Erfolge vor allem den Schildkröten. Allein von den Galápagos-Inseln holten sich die Seefahrer aller Nationen und Zeiten sicherlich mehrere Millionen Schildkröten als Proviant.

Erstaunlich ist, daß diese Tiere dennoch nicht ausgestorben sind, denn die Landschildkröte ist nämlich nicht besonders fruchtbar. Wie es heißt, soll sie in einem Jahr nur etwa zwanzig Eier legen. Allerdings erreicht sie ein hohes Alter (ein zweifellos bemerkenswertes Phänomen!), und in hundert oder zweihundert Lebensjahren kann es ein Weibchen zu vielen Nachkommen bringen.

Darüber hinaus gibt die Schildkröte der Wissenschaft aber noch so manche andere Rätsel auf. Wie ist sie zum Beispiel auf die einsamen Inseln gelangt, die Hunderte von Meilen Salzwasser von den Kontinenten trennen?

Schwimmen können die Schildkröten wohl, doch Meerwasser bedeutet für diejenigen, die sich ihm nicht angepaßt haben, den Tod. Der amerikanische Biologe William Beebe beobachtete einmal eine Riesenlandschildkröte, die im Meer schwamm, »und zwar gut«. Eine Woche später war sie tot. Ihre Lungen und ihr Darm waren mit Salzwasser angefüllt, das sie beim Schwimmen geschluckt hatte. Nach Beebes Ansicht kostete sie das das Leben.

Vielleicht waren manche Inseln vor sehr langer Zeit durch Landengen mit dem Festland verbunden oder gehörten sogar zum Festland, der Galápagos-Archipel allerdings nach heutiger Ansicht niemals. Wenn solch eine Brücke tatsächlich existierte, warum, so wäre zu fragen, wurde sie nur von Schildkröten, Eidechsen, Schlangen (nur eine Art) und Hirschmäusen (einer Hamsterart) benutzt? Andere flugunfähige Vierbeiner gibt es auf den Galápagos-Inseln nämlich nicht. Auch auf der Aldabra-Insel leben außer Vögeln und Fledermäusen nur zwei Arten von Schildkröten. (Die Geckos und Glattechsen, die dort auch anzutreffen sind, könnten auf Baumstämmen hingelangt sein.)

Während Vögel und Fledermäuse sicherlich aus Afrika oder von Madagaskar gekommen sind, bleibt unklar, wie die Schildkröten den Weg zurückgelegt haben.

Eine der einleuchtendsten Erklärungen lautet, sie seien vor sehr langer Zeit von Menschen auf die Insel gebracht worden. Denn nicht nur die Seefahrer aus historischer, sondern auch aus urgeschichtlicher Zeit aßen gern Schildkröten.

Im vorigen Jahrhundert wurde auf den Maskarenen eine Galápagosschildkröte entdeckt. Sie war ungefähr zweihundert Jahre alt. Niemand wußte, wie sie auf die Insel gekommen war.

Auch auf den chilenischen Juan-Fernández-Inseln[41] lebten noch in jüngerer Zeit Galápagosschildkröten, doch sind sie inzwischen ebenfalls restlos verspeist worden. Auf einer der Tonga-Inseln im Stillen Ozean kriecht noch heute eine Madagaskarschildkröte herum, Tui-Malila genannt.

Anfangs nahm man an, sie sei zusammen mit Kapitän Cook hierher gelangt. Tatsächlich hatte Cook im Jahre 1777 einem einheimischen Häuptling eine Riesenschildkröte geschenkt, doch war das eine Galápagosschildkröte gewesen, während Tui-Malila dagegen, wie Dr. Oliver vor einigen Jahren herausfand, eine Madagaskarschildkröte (Testudo radiata) ist.

---

41) Juan-Fernández-Inseln verdanken ihre Berühmtheit dem schottischen Seemann Alexander Selkirk bzw. seinem Schicksal, das Daniel Defoe in seinem Roman »Robinson Crusoe« frei gestaltete. Das eine dieser Eilande ist daher vor einigen Jahren in Robinson-Crusoe-Insel umbenannt worden (früher Mas-a-tierra).

So sind die Landschildkröten mit den Menschen weit übers Meer gereist. Sicher war es auch früher so. Wenn die Vorfahren der Polynesier, der Melanesier, der Madagassen und anderer Inselvölker sich auf bewohnbaren Inseln niederließen, brachten sie auch lebende Schildkröten mit. Wenn ihnen die Inseln nicht zusagten, verließen sie sie wieder, die Schildkröten aber ließen sie zurück, um Proviant vorzufinden, falls sie das Schicksal noch einmal in diese Gegend verschlug. Die Schildkröten verbreiteten sich auf der Insel und vermehrten sich. Die verschiedenen Gräser boten ihnen reichlich Nahrung, und Feinde gab es nicht. Sie lebten wie im Paradies – bis die Menschen wieder auftauchten.

Vielleicht sind die Riesenschildkröten auf diesem, vielleicht aber auch auf einem anderen Weg auf die kleinen Inseln gekommen.

Von Wäldern, in denen Dinosaurier lebten

Im Botanischen Garten von Nikita auf der Krim wächst ein Ginkgobaum. Seine fächerförmigen Blätter sind an Kurztrieben büschelig angeordnet wie die Nadeln bei den Kiefern. Im Gegensatz zu allen anderen Bäumen bei uns verlaufen bei ihm die Blattnerven strahlenförmig und verflechten sich an keiner Stelle miteinander.

Der Ginkgobaum steht in schattigen Parks zwischen Magnolie und Ahorn. Wie wäre einem zumute, sähe man in einem Gehege neben einem Elefanten plötzlich einen Dinosaurier auftauchen?

Welch ein Bild malt einem da die Phantasie! Dichter Nebel liegt über einem Sumpf. Ein riesenhaftes, massiges Tier bahnt sich, Schachtelhalme niederwalzend, einen Weg durch den Morast. Der »Drache« wiegt mehrere Tonnen, seine Beine gleichen knorrigen Eichen. Der Schwanz windet sich wie eine Anakonda in dem trüben Schlamm. Ein geflügelter Schatten gleitet vorüber. Der Drache folgt ihm mit dem gleichgültigen Blick eines satten Riesen: Es war eine riesige Flugechse, die über den Sumpf hinwegflog.

Die verschiedenartigsten »Echsen« – manche so groß wie eine Drossel, andere so groß wie ein Segelflugzeug – schwebten damals durch die Lüfte. Von Libellen abgesehen, waren diese Pterodaktylen die ersten fliegenden Lebewesen. Zwischen den Bäumen schwebten sie dahin mit ihren lederartigen, pergamentartigen Flügeln. Zum Ausruhen setzten sie sich auf die Äste. Unheimlich und häßlich sahen sie aus – wahrhaft vorsintflutlich!

Vor hundert, zweihundert Millionen Jahren lebten diese grausigen Echsen überall auf der Erde – auf dem Festland, im Meer und in der Luft. Nie zuvor sah die Welt je solche Ungetüme und wird sie wohl auch niemals wieder sehen. In den Meeren schwammen Ichthyosaurier, Mosasaurier, Plesiosaurier umher, Brontosaurier und Diplodoken lebten in den Sümpfen, und durch die Lüfte schwebten Pterodaktylen.

Überall an den Rändern der Sümpfe und an den Ufern der Seen, wo die Dinosaurier lebten, wuchsen Ginkgobäume. Die fliegenden Echsen ließen sich auf ihren Zweigen nieder, um auszuruhen, pflanzenfressende Echsen kauten ihre Blätter. Den Schlangenkopf gen Himmel gereckt, fraßen sie die kirschenähnlichen Früchte dieses Baumes.

Der Ginkgo, der sich wie durch ein Wunder bis in unsere Tage erhalten hat, wuchs in jenen Zeiten überall auf den Kontinenten (wahrscheinlich nur in Afrika nicht) – von Patagonien bis Alaska, von der Mongolei bis nach Grönland. Auch heute finden wir ihn in vielen Ländern, doch überall nur in Nähe des Menschen: in Parks, in Gärten, an Wegen und am Strand. Überall, wo die »Dinosaurierbäume« einst standen und später verschwanden, hat der Mensch sie heute wieder angepflanzt.

Die Ginkgobäume waren ursprünglich nur in China und in Japan erhalten geblieben, wo sie an Kirchen und Grabstätten auch heute noch zu finden sind.

Dort sah sie auch der Deutsche Dr. Engelbert Kaempfer, der als Arzt an der holländischen Botschaft in Nagasaki arbeitete. Einige der »heiligen« Bäume, die rings um die kaiserlichen Grabstätten in Sendai wuchsen, hatten ein höchst ehrwürdiges Alter. Einer wies eine Höhe von dreißig Metern auf und war vor eintausendzweihundert Jahren gepflanzt worden, als der japanische Kaiser und sein Hof zum Buddhismus übertraten. Eine der neubekehrten Hofdamen, die ehemalige Amme des Kaisers, bat auf dem Sterbebett, man möge an ihrem Grabe keinen Gedenkstein errichten, sondern einen Ginkgobaum pflanzen, damit ihre Seele in diesem Baum fortlebe. Ihre Wahl sei gerade auf den Ginkgo gefallen, weil die herabhängenden jungen Triebe dieses Baumes wie Brust-

190

warzen aussehen. Bei alten Bäumen wachsen sie bis zur Erde herunter und dienen den schweren Zweigen gleichsam als Stützen. Seit jenen Zeiten, so behauptet die Legende, verehrt man den Ginkgobaum in Japan als heiligen Baum an Kirchen und Grabstätten.

Als Dr. Kaempfer im Jahre 1712 seine Beschreibung des seltsamen Baumes veröffentlichte, setzte in der wissenschaftlichen Literatur der Streit ein, ob irgendwo in der Welt »wilde« Ginkgos erhalten seien oder ob alle diese Bäume, die in Japan und in China in reicher Zahl zu sehen sind, von Menschen angepflanzt worden waren. Diese Frage ist noch nicht endgültig entschieden. Kaempfer gab dem von ihm im Orient entdeckten, den Europäern damals unbekannten Baum den merkwürdigen Namen Ginkgo. »Gin« ist chinesisch und bedeutet »Silber«, und Kaempfer meinte, daß »Ginkgo« »Silberaprikose« bedeute – eine Anspielung auf eine gewisse Ähnlichkeit der Ginkgofrucht mit der Aprikose. Wie sich aber später herausstellte, war das Wort Ginkgo weder in China noch in Japan bekannt. Der Baum hat dort verschiedene Namen – nur Ginkgo heißt er nirgendwo.

Im Jahre 1730 kehrte der Ginkgobaum also nach langer Pause wieder nach Europa zurück. Im Botanischen Garten von Utrecht wurden Samen gelegt – der erste Ginkgo hier seit der Zeit, da die Dinosaurier auf der Erde ausgestorben waren. Später wurde er auch in England angepflanzt, und von dort gelangte er nach dem übrigen Europa und nach Nordamerika, wo er heute beinahe in jedem Park zu finden ist.

Der Ginkgo ist eine zweihäusige Pflanze, das heißt, an einem Baum werden nur weibliche, an einem anderen nur männliche Blüten ausgebildet – letztere mit Staubfäden und Pollen. Dieser Umstand machte den Gärtnern anfangs viel zu schaffen. So wuchs zum Beispiel in Montpellier (Frankreich) ein wunderbarer schlanker, üppiger Ginkgobaum. Er blühte, doch trug er keine Früchte. Alle Gärtner Frankreichs waren begierig auf Samen von diesem Baum, aber ihre Hoffnungen waren vergebens – der Baum in Montpellier trug männliche Blüten, und blühende »weibliche« Ginkgobäume gab es damals in Frankreich noch nicht. Was tun? Man schaffte einen Ginkgozweig mit weiblichen Blüten von einem in Bourdigny bei Genf wachsenden Baum (er stammte aus England) herbei und pfropfte ihn dem Baum in Montpellier auf.

Auch in Jena mußte man einem männlichen Baum einen weiblichen

Zweig aufpfropfen. Man nimmt an, daß dieser Baum damals auf Drängen Goethes gepflanzt wurde – erwiesen ist es allerdings nicht, obwohl Berge von Archivmaterial durchforscht worden sind. Bewiesen wurde allerdings etwas anderes – der Ginkgo ist ein sehr alter Baum, der erstmals vor dreihundertfünfzig Millionen Jahren, im Devon, auf der Erde erschien. Er stammt von den ursprünglichen Nadelbäumen, den Cordaiten, ab, die sich aus den Bärlappgewächsen entwickelt haben. Cordaiten sind auch die Vorfahren der Kiefern und Tannen, Ginkgo und unsere Nadelbäume also gewissermaßen Vettern. Alle sind sie Nacktsamer: Sie haben keine Blüten, und der Samen ist nicht in eine fleischige Frucht gehüllt. Obwohl die »Nuß« des Ginkgobaumes Ähnlichkeit mit einer schrumpligen Aprikose hat, haben die Botaniker nachgewiesen, daß sie ebenfalls ein »nackter Samen« und keine echte Frucht ist, wie sie Bedecktsamer haben, z. B. die Aprikose, der Apfelbaum und sogar auch die Birke.

Die Bedecktsamer, die Angiospermen, krönen mit ihren vollendeten Formen das Pflanzenreich, wie der Mensch die Entwicklung der Tierwelt abschloß. Zu den ältesten Angiospermen gehört die Pappel. Fossile Überreste davon wurden in Grönland in Erdschichten entdeckt, die vor hundert bis hundertdreißig Millionen Jahren gebildet wurden. Einige Botaniker machen allerdings der Pappel das Recht streitig, die »Patriarchin« unter den Angiospermen zu sein, und sprechen es der schönen Magnolie zu.

Wir sehen also, daß es auch im Pflanzenreich »lebende Fossilien« gibt, und der Ginkgobaum ist nicht das einzige. Der Mammutbaum – eine Sequoia, der Schmuck kalifornischer Nationalparks – existierte ebenfalls schon zu Zeiten der Dinosaurier. Die urtümlichen Echsen hielten sich im Schatten dieser Mammutbäume auf und scheuerten ihre gepanzerte Haut an deren Stämmen. Die in den Tropen wachsenden, zu den Palmfarnen gehörenden Cycasbäume haben ebenso wie die mesozoischen Ginkgobäume mit ihren saftigen Blättern den Dinosauriern Nahrung geboten. Auch Farne, Ahorn, Bärlapp, Moose sowie Blau- und Grünalgen sind uralt. Seit alle diese Pflanzen und Bäume erstmals auf der Erde erschienen, haben sie sich nur wenig verändert. Deshalb können wir sie heute mit Fug und Recht ebenfalls als »lebende Fossilien« bezeichnen.

192

Gleichgewicht in der Natur
– alles hängt von allem ab!

Wer ist von der Ausrottung bedroht?

Diese Frage richtete vor vier Jahren eine sowjetische Fachzeitschrift an ihre Leser. Es entspann sich eine Diskussion, deren Bedeutung erst von künftigen Generationen voll und ganz ermessen werden kann.

Den Ausgangspunkt bildete ein Artikel mit der Überschrift »Müssen Raubvögel ausgerottet werden?« von Professor Dementjew. Der Autor berichtete darin, daß in vielen Ländern Greifvögel gesetzlich geschützt sind. So ist es zum Beispiel seit 1954 in England gesetzlich verboten, Horste von Wanderfalken, Merlinen, Baumfalken, Mäusebussarden, Steinadlern und sogar von Habichten auszunehmen oder diese Vögel zu töten. Auch Turmfalken und Fischadler stehen unter Schutz. Nur der Sperber, der Singvögel schlägt, ist sozusagen »vogelfrei«. Eine Sondergenehmigung ist erforderlich, will man lebende Falken und Habichte als Beizvögel für die Falkenjagd fangen, die im Westen immer mehr in Mode kommt.

In der Antike wie auch im Mittelalter waren Greifvögel beliebt und geschützt. Wer in England oder in Dänemark einen Falken tötete, riskierte Kopf und Kragen. Aber wie es in der Geschichte manchmal zugeht, eines Tages wendete sich das Blatt. Die Greifvögel wurden zu Feinden erklärt und erbarmungslos ausgerottet. Hat das irgendwelchen Nutzen gebracht?

Nein, im Gegenteil! Der Bestand an Wild, das man schützen und mehren wollte, indem man die natürlichen Feinde vernichtete, nahm ab und nicht zu. In Norwegen stellte man das zuerst fest. Seit Beginn des Jahrhunderts waren in den dortigen Wäldern Habichte, Falken und Uhus erbarmungslos vernichtet worden, damit sich die Moorschneehühner vermehren konnten. Doch von Jahr zu Jahr nahm deren Zahl ab. 1927 wies der Norweger August Brinkmann nach, daß diese Tiere an Krankheiten starben, insbesondere an Kokzidiose (durch Kokzidien – krankheitserregende Sporentierchen – hervorgerufene Darmentzündung bei Tieren). Die Greifvögel hatten vorher wahrscheinlich größere Mengen kranker Tiere geschlagen und damit sozusagen als Hygieneinspektion gewirkt.

Im Hampshire (England) wurden Ende des vorigen Jahrhunderts fast alle gefiederten und vierbeinigen »Räuber« (sogar Igel und Reiher!) getötet. Das Ergebnis war, daß die Zahl der Rebhühner und Fasanen nach 1900 in jener Gegend auf die Hälfte gesunken war. Sogar die Forelle soll aus den Flüssen verschwunden sein.

Auch in russischen Wäldern geschah ähnliches. Der Urwald von Belowesh sollte von allen Habichten, Falken, Adlern, Eulen und anderen Tages- und Nachtgreifvögeln befreit werden. So wurden von 1899 bis 1901 »auf jegliche Art und Weise« 984 Greifvögel vernichtet. Das Ergebnis ist bekannt: Der Bestand an Waldtieren, insbesondere an Auerhähnen, nahm beträchtlich ab.

Wie berichtet wird, entfalteten etwa zur gleichen Zeit ein Graf Uwarow und ein Fabrikant Chludow auf ihren Besitztümern im ehemaligen Gouvernement Smolensk »eine Kampagne der restlosen Ausrottung von Greifvögeln, wobei sie von Einheimischen unterstützt wurden«. Für erbeutete Habichte erhielten Bauern und Jäger Prämien in Form von Geld, Pulver und Schrot. Drei Jahre dauerte das Gemetzel, dem fast alle Greifvögel zum Opfer fielen. Bald darauf »verendeten massenweise Eichhörnchen, Hasen und Birkhühner«.

Nun beeilten Uwarow und Chludow sich, den Schaden wieder gutzumachen. Jetzt zahlten sie den Bauern Prämien für Greifvögel, die in benachbarten Wäldern lebend gefangen worden waren, und setzten die Vögel auf ihrem Besitztum frei.

Professor Dementjew berichtete in seinem Artikel, ein bekannter Falkenjäger habe bemerkt, daß Falken einen Vogel, der »anders« fliegt als dessen Artgenossen, eher angreifen als einen in der Nähe befindlichen anderen. Um zu überprüfen, ob die Greifvögel wahllos Vögel schlagen oder ob sie kranke bevorzugen, schickte er zehn Falken auf Krähenjagd. Die erbeuteten hundertsechsunddreißig Krähen wurden eingehend untersucht: einundachtzig Krähen wiesen keinerlei körperliche Gebrechen auf, während die restlichen fünfundfünfzig offenbar nicht »normal« waren, als sie dem Falken in die Fänge gerieten.

Dann gingen die Experimentatoren in der gleichen Gegend selbst auf Krähenjagd, wobei sie wahllos alle Krähen abschossen. Von hundert erbeuteten Vögeln waren neunundsiebzig gesund und einundzwanzig krank. Der Prozentsatz der kranken Vögel war nur halb so hoch wie bei der Falkenjagd. Offenbar schlagen Falken vor allem kranke Vögel.

Warum? In letzter Zeit haben Zoologen auch bemerkt, daß andere, vierbeinige oder im Meer lebende Raubtiere ebenfalls dazu neigen, vor allem kranke und verletzte Tiere zu jagen. Äußert sich darin eine Art biozönotischer Instinkt, d. h. ein Instinkt, der über die Interessen einer Art hinausgeht und dafür sorgt, daß die Gemeinschaft der Arten, die Biozönose, erhalten bleibt? Oder liegt es einfach daran, daß kranke Tiere leichter zu erjagen sind?

Eulen vertilgen alljährlich Milliarden von kleinen Nagetieren und schützen damit unsere Ernten

Letzteres steht außer Zweifel? Einen Vogel zu erbeuten ist selbst für einen gewandten Greifvogel nicht leicht. Zwei von drei Tauben, die von einem Wanderfalken angegriffen werden, pflegen unverletzt zu entkommen, und nur eine von dreien fällt seinen Fängen zum Opfer.

Der Zoologe Gussew beobachtete verschiedene Greifvogelarten und kam zu dem Ergebnis, daß nur 213 von 3441 Angriffen, die vor seinen Augen von Greifvögeln unternommen wurden, erfolgreich endeten (erfolgreich für die Greifvögel, nicht für die Opfer!).

Natürlich ziehen es die gefiederten Räuber vor, kranke Tiere anzugreifen, denn diese sind weniger aufmerksam und schnell, leben oft einzeln, weil sie von gesunden Artgenossen instinktmäßig vertrieben werden. Es ist bekannt (und darüber hinaus auch experimentell erwiesen), daß viele Säugetiere, Vögel und Fische in Gemeinschaft ihrer Artgenossen weniger Verluste durch Raubtiere erleiden, als wenn sie paarweise oder einzeln leben. Dies ist nicht nur auf die vervielfachte Aufmerksamkeit zurückzuführen, sondern auch auf die gewissermaßen psychologische Wirkung des Kollektivs. Ihm gegenüber ist der Angreifer irritiert. Man spricht daher vom Konfusionseffekt.

Schützt die Greifvögel!

Die von der Fachzeitschrift für Jäger gestellte Frage, ob Greifvögel getötet oder geschützt werden sollten, hat für uns noch einen sehr wichtigen Aspekt. Wenn Greifvögel kranke Vögel und Nager vernichten, schützen sie nämlich auch den Menschen vor Krankheiten und Seuchen.

Viele wilde Tiere haben die Erreger von Pest, Tularämie, Enzephalitis, Leptospirose, Ornithose und anderen schwer heilbaren oder unheilbaren Krankheiten im Blut oder im Leib. Der Zoologe Kopytkin schreibt:»Es sind bereits neunundzwanzig Krankheiten bekannt, die sowohl Menschen als auch Vögel befallen können, und noch weit höher ist die Zahl derjenigen, die bei Menschen und Säugetieren vorkommen.« Auch eine ganze Reihe von Parasiten weisen Mensch und Tier gemeinsam auf.

Ist es also richtig, die Greifvögel als unsere Feinde zu betrachten? Handelten wir vernünftig, wenn wir Greifvögel erbarmungslos ausrotte-

Schützt unsere Greifvögel! (Hier ein Habicht)

ten? Nein, unvernünftig! Doch die Ausrottung von Greifvögeln geht
weiter, denn von alten Irrtümern Abschied zu nehmen fällt dem Menschen sehr schwer.

In der sowjetischen Zeitschrift »Jagd und Jagdwirtschaft« berichtete
ein Zoologe: »Bei der Einstellung, die Jäger gegenwärtig zu Greifvögeln
haben, kommt es in der Praxis dazu, daß diese überall massenweise vernichtet werden ... Man könnte entgegnen, daß sich die Dezimierungs-
maßnahmen ja nur gegen ›schädliche Greifvögel‹, wie zum Beispiel gegen den Habicht oder die Rohrweihe, richteten, während nützliche
Greifvögel geschützt sind. In der Theorie mag es so sein, in der Praxis
dagegen ist es so, daß fast jeder Jäger jeden Greifvogel abschießt, der
ihm vor die Flinte kommt. Dabei schießt er meistens nicht einmal wegen der Prämie, die er bekommt, wenn er die Fänge eines Greifvogels
abliefert, sondern aus höchst ›sauberen‹ Motiven, aus dem völlig irrigen
Bestreben, sich nützlich zu machen.« Von den sechsundvierzig verschiedenen Tagesgreifvögeln, die in der Sowjetunion beheimatet sind,

197

verursachen nur zwei Arten – Habicht und Rohrweihe – »Schaden«, sie schlagen Wild, das die Jäger lieber selber schießen würden.

Falken und Habichte sind unter anderem auch deshalb wertvoll, weil man sie gut verkaufen kann – natürlich nicht tot, sondern lebendig. Die Falkenjagd kommt immer mehr in Mode, überall fehlt es an Falken, nur in der Sowjetunion gibt es noch viele, die vielleicht zu einem einträglichen »Exportartikel« werden können. Dennoch werden viele auch weiterhin sinnlos abgeschossen.

»Heute nicht mehr!« wird man mir vielleicht entgegenhalten. Richtig ist, daß jene bewußte Diskussion in der Zeitschrift »Jagd und Jagdwirtschaft« Früchte getragen hat. Gekrönt wurde sie durch eine Anordnung der Hauptverwaltung Jagdwirtschaft und Reservate, in der es heißt:

»Unter Berücksichtigung neuer Erkenntnisse über die Biologie der Greifvögel und deren beträchtlichen Nutzen für die Land-, Jagd- und Forstwirtschaft sowie für den Gesundheitsschutz wird folgendes angeordnet:

Es ist auf dem gesamten Territorium der RSFSR verboten, in Jagdrevieren Greifvögel und Eulen zu schießen, diese Tiere zu fangen oder ihre Horste zu zerstören.«

Daß die oberste Jagdverwaltung so schnell und positiv auf die »neuesten Erkenntnisse« der Biologie und die Empfehlungen von Zoologen reagierte, ist sehr zu begrüßen. Die Anordnung wurde zur rechten Zeit erlassen. Greifvögel sind nützlich. Daran sollte jeder denken, damit sie endlich den Schutz genießen, dessen sie bedürfen.

Auch Wölfe sind nützlich

Wie Untersuchungen in den letzten Jahren ergeben haben, begingen unsere Vorfahren einen gewaltigen Fehler, als sie alle Raubtiere zu Feinden erklärten. Das Leben selbst hat gezeigt, daß Raubtiere nicht immer und überall unsere Feinde, viele sogar sehr nützlich sind. Eine sinnlose Ausrottung von Habichten, Löwen, Leoparden und Wölfen stört häufig genug das Gleichgewicht in der Natur und bringt mehr Schaden als Nutzen. Daher stehen heute in vielen afrikanischen Ländern Leoparden und in manchen Gebieten auch Krokodile unter gesetzlichem Schutz. Die Leoparden sind nützlich, weil sie Wildschweinen und Affen nachstellen, die die Felder verwüsten, und Krokodile, weil sie sterbende Fische, die Infektionskrankheiten verbreiten, sowie schädliche Insekten und Krebstiere fressen. »Bedauerlicherweise greifen Krokodile allerdings«, so schreiben afrikanische Zoologen, »manchmal auch Menschen an.«

Erstaunliche Dinge wurden entdeckt. So ist der Fischotter, der Fische frißt, kein Feind, sondern ein Freund der Fischer. In Gewässern, in denen die Zahl der Fischotter abnahm, vergrößerten sich die Fangerträge zunächst, nahmen aber dann rasch ab. Als wieder Fischotter ausgesetzt wurden, nahm der Fischbestand nach kurzer Zeit erneut zu. Es stellte sich heraus, daß der Fischotter vor allem kranke Fische frißt und damit eine natürliche »Desinfektion« unter den Fischschwärmen bewirkt.

Auf Florida wurden zum Beispiel Pelikane unter Schutz gestellt. Seitdem gibt es dort mehr Fische. In der Türkei wurden die Pelikane zu Feinden der Fische erklärt und getötet. Das Ergebnis ist bekannt: Der Fischreichtum nahm dort ab.

Selbst der Wolf ist nützlich – natürlich nicht immer und nicht überall. Wo es zu viele Wölfe gibt, fügen sie auch Haustieren erheblichen Schaden zu. Ist ihre Zahl begrenzt, so töten sie schwache, nicht lebensfähige und kranke Hasen, Elche, Hirsche und andere Waldbewohner. Ebenso wie auch die Raubvögel sorgen sie für die Gesunderhaltung des Wildbestandes. Der amerikanische Präsident Theodore Roosevelt, der, wie die Zeitungen oft berichteten, ein eifriger Jäger war, wollte zu Beginn unseres Jahrhunderts den Hirschbestand auf dem Kaibab-Plateau in Arizona (USA) für Jagdzwecke schützen und ließ alle Pumas und Wölfe abschießen. Man sollte annehmen, daß es um den Hirschbestand fortan besser bestellt war. Tatsächlich vermehrten sich diese Tiere zunächst sehr stark, und rasch war die einst blühende Landschaft in eine öde Gegend verwandelt. Dann gingen sie zu Tausenden ein – an Hunger, Krankheiten und an Unfruchtbarkeit, die, wie kürzlich festgestellt wurde, bei einigen Tierarten dann eintritt, wenn zu viele an einem Ort leben.

In Kanada wurden in mehreren Gebieten die Wölfe ausgerottet, weil man hoffte, das nordamerikanische Rentier, das Karibu, würde sich vermehren. Statt dessen nahm seine Zahl ab.

Im Jahre 1953 gingen die Farmer im USA-Staat Colorado daran, die Kojoten, die kleinen Steppenwölfe, auszurotten. Der damalige Generalsekretär der Internationalen Union für Naturschutz meinte dazu: »Aber schon bald ließen sie die Finger davon, denn sie stellten fest, daß der Wert der Lämmer und der Kälber, deren Leben dadurch gerettet wurde, finanziell nicht den Schaden aufwog, den die in der ganzen Gegend überhandnehmenden Kaninchen auf Feldern und Wiesen anrichteten.«

Ein anderer Fachmann schreibt zu diesem Thema: »Wenn man die Nahrungsmenge von ein paar Kojoten betrachtet, so kommt man auf Haustiere im Wert von 500 Dollar. Im übrigen bestand ihre Nahrung vor allem aus Mäusen und Ratten, die, wenn sie nicht von den Raubtieren gefressen worden wären, Korn im Werte von 700 Dollar vertilgt hätten. Die Schlußfolgerung ist klar: Diese wenigen Kojoten brachten einen Nutzen von 200 Dollar ...«

Viele Forscher verwehren sich heute dagegen, wilde Tiere wie Helden eines klassischen Dramas in gute und schlechte, in nützliche und schädliche einzuteilen.

In der Natur hat sich zwischen den verschiedenen Tier- und Pflanzenarten in den Millionen Jahren ihrer gemeinsamen Existenz ein natürliches Gleichgewicht herausgebildet. Wird dieses Gleichgewicht durch die sinnlose Vernichtung verschiedener Tiere und Vögel gestört, so gehen allmählich auch andere Tiere und sogar Pflanzen zugrunde, während Schädlinge und Unkraut sich ausbreiten. Die Folgen können fatal werden.

Es kommt auch vor, daß infolge Vernichtung der einen Art andere Tiere, die entweder noch schädlicher oder doch zumindest weniger nützlich sind, ihr Verbreitungsgebiet vergrößern, sich vermehren und das entstandene »Vakuum« ausfüllen.

Ein Beispiel dafür boten Zobel und Marder in Sibirien. Als die Zahl der Zobel abnahm, verbreitete sich der sibirische Marder, dessen Fell zweifellos weniger wertvoll ist als das des Zobels, in beträchtlichem Maße. Als in vielen Gebieten der Zobelbestand »regeneriert« wurde, verschwand der Marder dort fast völlig.

Unsichtbare Fäden

Die Natur ist ein überaus komplizierter »Superorganismus«. Alle ihre Elemente, belebte und unbelebte – Böden, Minerale, Wälder, wilde Tiere, Vögel – bilden eine Einheit aufeinander eingespielter, in Wechselbeziehung und Wechselwirkung stehender Prozesse. Sie halten einander im Gleichgewicht, solange die Einheit nicht gestört wird. Daher kann ein gewaltsamer Eingriff in das Leben der Natur verhängnisvolle Folgen haben. Es ist wie mit einem Kartenhaus – zieht man eine einzige Karte heraus, so fällt das »Gebäude« zusammen.

Wenn Menschen, die sich in der Architektur dieses »Gebäudes« Natur nicht oder nur schlecht auskennen, daran Verbesserungen anbringen wollen, so rufen sie damit gewissermaßen Geister, die sie nicht wieder loswerden. Ist uns die Kaninchenplage in Australien nicht eine bittere Lehre?

Ein anderes Beispiel – die Akklimatisierung der Mangusten auf Jamaika.

Auf dieser Insel hatten sich die Ratten ungeheuer vermehrt und fraßen Unmengen Zuckerrohr – ein Fünftel der ganzen Ernte. Die Plantagenbesitzer sannen auf Abhilfe. Im Jahre 1844 ließen sie aus Südamerika unzählige Riesenkröten nach Jamaika holen, die im Rufe standen, massenweise junge Ratten zu vertilgen. Doch wie die Zeitungen berichteten, wurden sie den in sie gesetzten Hoffnungen nicht gerecht – die Zahl der Ratten auf Jamaika nahm nicht ab.

Darauf führte man Iltisse ein. Aber sie wurden von Parasiten befallen und gingen fast alle ein.

1872 kam endlich jemand auf die Idee, Mangusten zu Hilfe zu holen. Sie wurden im Londoner Zoo angekauft und in den Zuckerrohrplantagen auf Jamaika ausgesetzt. Aber die halbzahmen Mangusten weigerten sich, Jagd auf Ratten zu machen, sie hatten noch nie welche gesehen und fürchteten sich vor ihnen.

Also wurden aus Indien wilde Mangusten geholt – vier Männchen und fünf Weibchen –, die die Ratten nicht fürchteten, sich bald akklimatisiert hatten und sich lebhaft vermehrten. Nach zehn Jahren hatten sie alle Ratten vernichtet und machten nun Jagd auf Ferkel, Lämmer, Katzen, Wasserschweine, Schlitzrüßler, Eidechsen und Vögel. Ein großer Teil der Inselfauna war von der Vernichtung bedroht, denn die Immigranten, die der Rattenplage ein Ende machen sollten, waren noch weit gefräßiger als die Ratten selbst und wurden für alle Lebewesen auf der Insel zu einer wahren Plage.

Charles Darwin sagte einmal, den alten Jungfern sei es zu danken, daß es in England noch ausreichend Hammelkoteletts gäbe. Dieser Scherz hat einen tiefen biologischen Sinn. Alte Jungfern halten sich bekanntlich gern Katzen, und Katzen fangen Mäuse. Mäuse wiederum vernichten Hummeln (genauer gesagt: Hummelnester). Und allein die Hummeln sind es, die den roten Klee bestäuben – wo es keine Hummeln gibt, da wächst kein Klee.[42] Erwähnt man den Klee, kommt man sogleich auf Hammelherden und Hammelkoteletts zu sprechen. Kurz gesagt: Wo es viele alte Jungfern gibt, gibt es viele Katzen, wenig Mäuse, viele Hummeln, gute Klee-Ernten, wohlgenährte Schafe und viele Hammelkoteletts. Das Leben bietet für solche biologischen Zusammenhänge Hunderte von anschaulichen Beispielen.

In Australien und in Neuseeland beispielsweise wurde als Futter für die vieltausendköpfigen Schafherden Klee angebaut. Aber er gedieh erst, als man aus Europa Hummeln einführte.

Damit die aus der Mittelmeergegend stammenden Feigenbäume auch in Amerika mehr Früchte trugen, mußten dort Feigenwespen gezüchtet werden. Es hatte sich gezeigt, daß diese kleinen Wespen Einfluß auf den Geschmack der Feigen haben. Manchmal bestehen zwischen dem einen und dem anderen Wesen, zwischen Tier und Pflanze, Baum und Boden, Boden und Wolken und wieder zurück zu Tieren und Blumen völlig unerwartete unsichtbare biologische Zusammenhänge. In der Natur steht alles in Wechselwirkung. Tiere und Pflanzen wandeln durch ihre Lebenstätigkeit Böden, die Minerale, die Landschaft, das Klima und die Atmosphäre um, und Atmosphäre, Klima und Landschaft wiederum beeinflussen die Entwicklung der Tiere.

---

42) Bienen haben einen nur sieben Millimeter langen Rüssel, so daß sie den Nektar des roten Klees nicht erreichen und diese Pflanzen daher auch kaum bestäuben können. Bei Hummeln ist der Rüssel dagegen neun bis zwanzig Millimeter lang.

43) Im Durchschnitt leben unter einem Quadratmeter Boden in Kiefernwald 16, in Erlenwald 144, auf Feldern 460 und in Gärten sogar 600 Regenwürmer.

Tiere, die Landschaften schaffen oder vernichten

Nagetiere, Maulwürfe, Insekten, Würmer und andere vierfüßige, sechsfüßige, fußlose und gefiederte Lebewesen üben unbewußt, indem sie in der Erde wühlen oder in Wäldern und Feldern nach Futter suchen, ständig positiven und negativen Einfluß auf die Bodenfruchtbarkeit und die Pflanzendecke der Kontinente aus.

Einer der unauffälligsten »Arbeiter« ist der Regenwurm, ein echter Helfer des Landwirts. Ganze Armeen von stummen, aber höchst wertvollen »Agrotechnikern« lockern Tag und Nacht den Boden auf.

Wenige Leute sind sich darüber im klaren, wie nützlich diese Regenwürmer sind. Mit dem Scharfblick eines Genies hatte Charles Darwin als einer der ersten erkannt, welch große Bedeutung dieser unansehnliche Wurm für das Leben der Menschheit hat. Einige Jahre angestrengter Forschungsarbeit widmete er diesen Tieren; seine Abhandlung über die Regenwürmer gehört zu den interessantesten und bedeutsamsten Werken der Naturwissenschaft überhaupt.

Darwin stellte fest, daß diese Würmer, die sich von Humus ernähren und dabei die Krume in ihrem Darm »filtern«, in wenigen Jahren den gesamten Ackerboden der Erde durch sich hindurchgehen lassen. Selbst wenn es nicht sehr viele Würmer – fünfzig bis hundertfünfzig auf einen Quadratmeter[43] – sind, so bringen sie dennoch alljährlich auf jedem Hektar zehn bis dreißig Tonnen aus den tieferen, humusreicheren Schichten an die Oberfläche.

Die Würmer reichern den erschöpften Boden mit frischem Humus an, lockern ihn auf und düngen ihn mit ihren Ausscheidungen und mit Blättern, die sie in ihre Gänge schleppen. Sie wühlen die Erde durch, verschlucken dabei Bodenteilchen und schaffen so eine gute Krümelstruktur des Bodens, die für Luft und Feuchtigkeit durchlässig ist. Zahllose Gänge, ein ganzes Kapillarnetz lebenden Gewebes, sorgen damit für eine ideale Dränage und Lüftung des Bodens. Charles Darwin schrieb, daß die Würmer das Erdreich gut für den Pflanzenwuchs vorbereiten und daß sie den Boden so gründlich durchsieben, daß keine kompakten Mineralteilchen übrigbleiben. Sie mischen den ganzen Boden so sorgfältig durch wie ein Gärtner, der für seine kostbarsten Pflanzen zerkrümeltes Erdreich verwendet.

Nicht nur Würmer allein sind es, die solche nützliche Arbeit leisten. In der Natur gibt es viele, die es ihnen gleichtun. So wird in Ödland, wo es keine Würmer gibt, der Boden von Landasseln aufgelockert. Überall sind mittelschwere und schwere »Kultivatoren« am Werk: Käfer, Maulwürfe, Nager.

Der Maulwurf, der von Geburt bis zum Tod unter der Erdoberfläche lebt und nicht ans Tageslicht kommt, hat als Erdarbeiter nicht seinesgleichen. Zoologen haben einmal berechnet, wie lang die Maulwurfsgänge auf einem Gebiet von zweihundert Hektar sind und wieviel Erdreich diese Tiere an die Oberfläche bringen. Es stellte sich heraus, daß die Gänge zusammengenommen siebenundachtzig Kilometer lang waren und daß die Maulwürfe zweihundertvier Tonnen Erde herausgeworfen hatten.

Ein Forscher maß einmal die Länge der Gänge eines einzigen Maulwurfs. Als er hundertachtundfünfzig Meter vermessen hatte, gab er sein Unternehmen auf. Immerhin berechnete er, daß der Maulwurf, dessen Gänge auf der kleinen Fläche in verschiedenen Richtungen verliefen, ein Belüftungs- und Dränagesystem mit einer Arbeitsfläche von 28,5 Quadratmetern angelegt hatte.

Ziesel, Bobaks, Pfeifhasen und Wühlmäuse können mit ihren Erdbauten stellenweise den gesamten Boden unterhöhlen. Bobaks bringen dort, wo sie zahlreich auftreten, auf einem Quadratkilometer jedes Jahr bis zu dreihundert Kubikmeter Erdreich an die Oberfläche, Ziesel kommen sogar bis auf dreißigtausend Kubikmeter.

Offenbar bleibt kein Krümel Erde das Jahr über unbewegt liegen. Wie Meeresströmungen die Wasserschichten des Ozeans von der Oberfläche bis zum Meeresboden hin vermischen, so wird das Erdreich der Kontinente vom Strom des Lebens, der mit keinem Rheometer zu messen ist, aufgelockert, ventiliert, gedüngt und gesiebt.

Auch andere Lebewesen schaffen rings um ihre Behausungen eine Landschaft, die für sie am günstigsten ist. Sie können sogar das Klima verändern, daß heißt natürlich nur das Klima ihrer unmittelbaren Umgebung.

Biber sind sehr fleißige Tiere, die wohl keine Minute untätig dasitzen. Sie bauen Kanäle und legen Waldsümpfe trocken. Wo kürzlich noch Nebel über Mooren wallten, grünt dann eine Wiese. Anderswo bauen sie Dämme, das gestaute Wasser füllt vorhandene Senken aus, versumpfte kleine Flüsse ändern ihren Lauf. Manche Biberdämme, die an Waldbächen entstanden sind, können ein Jahrtausend halten; die Veränderungen, die von Bibern an der jeweiligen Landschaft und dem Klima, besonders dem Mikroklima, vorgenommen werden, haben dann also keineswegs nur zeitweiligen Charakter.

Leider kann nicht von allen Wald- und Steppenbewohnern gesagt werden, daß sie durch ihre Lebenstätigkeit den Boden bereichern oder das Wachstum von Pflanzen und Bäumen fördern. Viele Tiere richten auf Feldern, in Gärten und Wäldern Schaden an. Sie reißen Früchte ab, vernichten die Saaten und die jungen Triebe, zertrampeln Wiesen oder nagen Bäume an.

Es ist erwiesen, daß Elche und Hirsche in Kiefernschonungen, an Espen und anderen Bäumen Schaden anrichten. Wo es viele Elche gibt, werden die Kiefer und Tanne und Birke verdrängt.

Auch Giraffen schaden Akazien derart, daß die Bäume überhaupt nicht fortkommen. In den afrikanischen Savannen ragen strichweise nur kümmerliche Akazienstrünke aus dem Boden, kahlgefressen von Giraffen.

Kein anderes Tier aber kann Gräsern und Bäumen mit solcher Schnelligkeit nicht wiedergutzumachenden Schaden zufügen wie – die verhältnismäßig kleine Ziege. Wo große Ziegenherden längere Zeit weiden, stirbt der Wald, und jeglicher Pflanzenwuchs verschwindet. Blühende Landschaften verwandeln sich in Ödland. So wurden die Wälder Nordafrikas, Spaniens, der Türkei, Syriens, des Libanons, Palästinas und vieler anderer Länder von Ziegen kahlgefressen. Daß Wälder der Gefräßigkeit der Ziegen geopfert wurden, ist eine der traurigsten Seiten in der Geschichte der Zivilisation. Die Ziegen vernichten nicht nur die grünen Triebe, sondern sie wühlen – wie ein Biologe schreibt – das Erdreich durch, um an die Samen von Gräsern und anderen Pflanzen zu gelangen, die während der nächsten Regenzeit aufgehen würden. Von Ziegen kahlgefressener Boden, insbesondere an Berghängen und Hügeln, ist dann schutzlos der Erosion preisgegeben.

Die Bodenerosion nagt an der Kastilischen Hochebene. Sie hat die Hänge des Atlasgebirges verheert. Die Zeder ist in Marokko heute eine große Seltenheit geworden. Und wo sind die Zedernwälder des Libanon geblieben, in denen einst die Sklaven des Königs Salomo Holz für den Tempel in Jerusalem schlugen? Sie sind verschwunden, und schuld sind vor allem die Ziegen. Bevor die Ziegenherden nach Afrika gebracht wurden, bevor die Marokkaner ihre Mimosen abholzten, um die Ziegen damit zu füttern, vor diesen zweitausend Jahre zurückliegenden Ereignissen waren die Gebirge Nordafrikas, wie ein römischer Augenzeuge, der Konsul Suetonius, schreibt, von grünen Wäldern bedeckt. Das Klima war feucht, die Erde fruchtbar. In den Wäldern lebten Bären, Hirsche

Die Bezoarziege ist eine der Stammformen unserer Hausziege

und (man stelle sich das vor!) Elefanten. Heute ist all das restlos verschwunden.

Herden von Ziegen überschwemmten die Sahara und die Savannen südlich davon, und die Wüste ging zum Angriff über. Um einen Kilometer schiebt sich der Rand der Wüste von Jahr zu Jahr vor. In den letzten dreihundert Jahren hat hier die Savanne einen Streifen von dreihundert Kilometer Breite an die Wüste verloren. Alle wilden Tiere und Vögel, die dort lebten, sind verschwunden.

In der Türkei gibt es unglaublich viele Ziegen – an die sechzig Millionen, das heißt, fast auf jeden Hektar Land entfällt eine Ziege. Die meisten Herden weiden ohne Aufsicht. In der Antike war Kleinasien ein blühendes Land, reich an Wäldern und Gärten. (Die Verfasser der Bibel hatten ja sogar das Paradies, den Garten Eden, in den östlichen Teil dieser Gegend verlegt.) Heute ist Kleinasien fast durchweg Halbwüste. Und die Ziegen sind dabei, auch das letzte Grün abzunagen. Alljährlich vernichten sie in der Türkei 300 000 Hektar Wald.

Wo gegen die Ziegen gesetzliche Maßnahmen mit aller Strenge durchgeführt wurden, zahlte sich die Dezimierung der Herden für deren Besitzer reichlich aus.

Als Beispiele seien Zypern, Venezuela und Neuseeland genannt, wo der Kampf um die Erhaltung der Ackerböden unter der Losung stand: »Eine einzige in Freiheit lebende Ziege ist eine Gefahr für die nationale Sicherheit!«

In diesen Ländern grünen wieder junge Wälder, verringert sich der Anteil des Ödlandes, kehren Waldtiere und Vögel in ihre angestammte Heimat zurück, aus der sie von Mensch und Ziege vertrieben worden waren.

Zoologen haben berechnet, daß ein Indischer Elefant mittlerer Größe täglich mehrere hundert Kilogramm Nahrung braucht. Daraus können wir schließen, daß eine hundertköpfige Mammutherde jeden Tag einige Dutzend Tonnen verschiedener Pflanzen verschlugen hat. Da jedes Waldgebiet in Kürze bald kahlgefressen war, mußte die Herde auf der Suche nach Grün immer weiterziehen. Nirgendwo konnte sie lange bleiben. Zu Legionen streiften diese zottigen Dickhäuter durch die urweltliche Tundra, deren schneebedeckte Sümpfe sich vor den zurückgehenden Gletschern erstreckten. Wie zahlreich diese Mammutherden waren, können wir an den Massen von Knochen, Stoßzähnen und Mahlzähnen ermessen, die heute in der Erde gefunden werden.

Austernfischer haben in nur dreizehn Jahren mehr als zweitausend Mahlzähne von Mammuts vom Grund der Doggerbank zutage gefördert. Allein in Schwaben wurden Knochen von dreitausend Mammuts gefunden. Paläontologen nehmen an, daß in jener Gegend noch mindestens hunderttausend Skelette dieser pleistozänen Rüsseltiere lagern.

Ein wirklich unerschöpfliches »Lager« von Mammutknochen ist Sibirien. Die Neusibirischen Inseln sind der größte »Mammutfriedhof« der Erde. Der russische Forscher Sannikow, der sie als einer der ersten Europäer aufsuchte, berichtete, daß der Erdboden einiger dieser Neusibirischen Inseln fast durchweg aus halbverwesten Mammutknochen bestehe. Selbst der Meeresboden in Küstennähe sei mit Mammutstoßzähnen übersät.

In den letzten zweihundert Jahren wurden aus Sibirien etwa sechzigtausend gewichtige Mammutstoßzähne auf den Weltmarkt gebracht. Wieviel Gras, Gesträuch und Zweige diese zottigen Urelefanten unserer Wälder vertilgt haben, ist schwer zu sagen. Sicher sind es nicht weniger als zwei Millionen Tonnen am Tag gewesen, das heißt fast eine Milliarde Tonnen im Jahr. Das entspräche einem Berg Grün von einem Kubikkilometer Volumen.

Einige Fachleute sind der Ansicht, daß die Mammute mit ihrer Gefräßigkeit dafür gesorgt haben, daß sich das spezifische Landschaftsbild der Tundra herausbildete: Es konnte kein Wald wachsen, weil die Mammuts schon die jungen Bäume abfraßen. Jetzt, da sie ausgestorben sind, müßte die Taiga eigentlich schneller gegen die Tundra vorrücken.

Im Jahre 1788 brachten die ersten Siedler fünf Tierchen mit wolligem Fell nach Australien, die sie sorgsam hüteten. Siebzig Jahre später noch wurde jemand einmal zu einer Geldstrafe von zehn Pfund Sterling verurteilt, weil er auf dem Grundbesitz eines gewissen Mr. Robertson ein Kaninchen geschossen hatte. Aber schon wenige Jahre später mußte derselbe Mr. Robertson fünftausend Pfund Sterling für die ohnehin vergeblichen Bemühungen ausgeben, auf seinem Besitz die Kaninchen zu vernichten.

Auch Tiger sind bis zu einem gewissen Grade nützlich

Die Kaninchen wurden in ganz Australien zu einer Landplage (weil es auf diesem Kontinent so wenig Raubtiere gibt!). Sie verwüsteten Wiesen und Felder und fraßen das Land kahl. Die Australier führen gegen die Kaninchen einen regelrechten Krieg, sie setzen Flugzeuge, Giftgase und Militär ein, doch die Kaninchen geben sich nicht geschlagen, es gelang nur, sie mit Hilfe einer chinesischen Mauer neuesten Typs – mit Stacheldrahtzäunen, die den Osten und Südosten des Kontinents Tausende von Kilometern (allein in Queensland sind es siebentausend Meilen) weit durchziehen – ins Landesinnere zurückzudrängen. Jahr für Jahr exportiert Australien siebzig Millionen Kaninchenfelle und rund sechzehn Millionen ausgeschlachtete eingefrostete Kaninchen. Daß die Zahl der Nager abgenommen hätte, könnte man dennoch nicht feststellen.

Einige Forscher sind allerdings der Meinung, daß große Teile des fünften Kontinents einige Jahrtausende vor dem Auftauchen des echten Kaninchens von anderen, riesenhaften »Kaninchen« verwüstet wurden. Die fruchtbaren heutigen Nager fressen in den öden Steppen des Kontinents nur noch die letzten Reste einstigen Grüns.

Vor einigen zehntausend Jahren gab es dort, wo sich heute steinige Wüsten ausdehnen, üppig grüne Haine, Wälder und endlose Steppen mit saftigem Gras. Damals war Australien noch nicht vom Menschen bewohnt, dafür weideten auf den smaragdgrünen Wiesen zahllose Herden jener Riesen-»Kaninchen« – der Diprotodonten.

Die Diprotodonten waren grasfressende Beuteltiere von der Größe eines Nashorns. Äußerlich hatten sie etwas Ähnlichkeit mit einem Nilpferd, doch aus ihrem wie bei einem Kaninchen gespaltenen Maul traten zwei riesige Schneidezähne hervor. Daher die Bezeichnung des Tieres: Diprotodont – »Tier mit zwei Vorderzähnen«.

Im Jahre 1953 kehrte ein Professor der Universität von Kalifornien von einer Expedition in das Wüstengebiet im nordwestlichen Südaustralien zurück und berichtete der wissenschaftlichen Welt von einer großen Entdeckung: Er hatte in der Wüste einen Diprotodontenfriedhof mit etwa tausend vorzüglich erhaltenen Skeletten gefunden.

Wahrscheinlich sind die Diprotodonten in Herden umhergezogen, die mindestens ebenso groß wie Mammut- oder Büffelherden waren, denn in Australien gab es keine Raubtiere, die ihnen gefährlich werden konnten. Vermutlich sind die gefräßigen Diprotodonten schuld daran, daß in weiten Gebieten des heutigen Australiens der Pflanzenwuchs verschwunden ist. Damit aber bereiteten sie gleichzeitig ihren eigenen Untergang vor. Als sie nichts mehr zu fressen hatten, raffte der Hunger diese gigantischen »Kaninchen« zu Tausenden dahin. Vor einigen Jahrtausenden, als in Australien schon die ersten Menschen lebten, starb der letzte Diprotodontus. Interessant ist, daß Kadikamara-Tschukurit, der Held australischer Mythen, große Ähnlichkeit mit einem Diprotodontus hat, wie ihn sich die Paläontologen vorstellen.

Eins greift ins andere

Während die belebte Natur das Antlitz der Erde verändert, wandeln sich unter Einwirkung der allgewaltigen Kräfte der unbelebten Natur auch ihre eigenen Formen und Eigenschaften.

Wenn verschiedenartige Tiere im gleichen Klima und in der gleichen Landschaft leben, so kann man an ihnen Veränderungen in Färbung und Körperbau beobachten, die gewisse Ähnlichkeiten miteinander haben. Zoologen, die dies eingehend untersuchten, fanden einige ökologische Gesetze und Regeln.

So besagt die Größenregel – die Bergmannsche Regel (nach ihrem Erstentdecker genannt) –, daß in nördlichen, kalten Gebieten Tiere schneller und besser wachsen.[44] Während in wärmeren, südlichen Gegenden die kleinen Varietäten einer Art leben, findet man in Taiga und Tundra die größten (z. B. bei Wölfen, Füchsen, Hasen, Bären).

Bei einigen Arten, z. B. bei Hirschen und Bären, sind die Tiere um so größer, je weiter östlich sie leben. So waren die westeuropäischen Braunbären, verglichen mit den sibirischen, geradezu Zwerge, und noch größer als die sibirischen sind die Bären von Kamtschatka und Alaska. Der König der Wälder auf Alaska, der Kodiakbär, wiegt ungefähr siebenhundert Kilogramm und ist drei Meter lang. Auf allen vieren stehend, hat er

---

44) Je größer ein Tier ist, desto kleiner ist seine relative Körperoberfläche (bezogen auf das Körpervolumen) und folglich auch die Wärmeabgabe. Daraus ist zu erklären, daß in kälteren Gegenden große Tierrassen besser gedeihen.

Der Große Panda (auch Bambusbär genannt) lebt geschützt in China

eine Schulterhöhe von 135 Zentimetern, während der europäische Braunbär nur einen Meter erreicht.

Die zweite ökologische Regel – die Allensche Regel – besagt, daß die in kalten Gegenden (im Norden oder im Gebirge) lebenden Vögel und Tiere kürzere Ohren, Schnäbel, Schwänze und Beine – also kürzere vorstehende Körperteile haben als ihre in wärmeren Gebieten lebenden Artgenossen. Vögel, die auf Inseln beheimatet sind, haben längere Schnäbel als ihre Artgenossen auf dem Festland.

Nach der Glogerschen Regel sind Tiere, die in einem feuchten Klima leben, dunkler gefärbt als die in kühltrockenen Klimaten lebenden. So ist der grönländische Rabe pechschwarz, der in der Sahara lebende dagegen heller gefärbt, außerdem ist er kleiner und hat einen längeren Schnabel als sein Artgenosse im Norden.

Vögel, die in kalten Klimaten leben, legen, wie der Ornithologe Ernst Maier behauptet, mehr Eier als ihre südlichen Artgenossen. Die im Norden lebenden Tiere bringen in einem Wurf mehr Junge zur Welt.

Die nördlichen und die im Hochgebirge lebenden Vögel haben längere Flügel und sind selbst auch größer als die südlichen und in der Ebene lebenden, dagegen sind die südlichen Vögel lebhafter gefärbt.

Mäuse und Wühlmäuse sind im Flachland größer als ihre im Hochgebirge lebenden Verwandten, denn im Gebirge ist die Bodenschicht dünner, so daß sich die Nager nicht so große Höhlen graben können (diese Regel wird nicht von allen Zoologen als solche anerkannt). Natürlich gibt es bei allen diesen Regeln auch viele Ausnahmen, da hierbei noch zahlreiche andere Faktoren eine Rolle spielen.

Die Körpergröße der Fische ist der Größe des Gewässers, in dem sie leben, direkt proportional, wie der Versuch bestätigt. Wenn zwei Fische gleichen Alters und gleicher Art in Aquarien unterschiedlicher Größe aufwachsen und dabei die gleiche Futtermenge erhalten, so wird der Fisch im kleinen Aquarium im Wachstum erheblich hinter dem zurückbleiben, der ein großes bewohnt.

Seit langem bekannt ist auch, daß Hirsche und Rehe in sumpfigen Wäldern, wo der Boden arm an Kalzium ist, schlecht fortkommen.

Pferdezüchter haben die Erfahrung gemacht, daß die besten Rennpferde und Traberpferde aus Gestüten aus dem Südosten des europäischen Rußlands kommen. Dort enthält der Boden viel Kalk, ist also reich an Kalzium.

Es ließe sich noch eine ganze Reihe anderer Beispiele anführen. Allein die erwähnten beweisen schon zur Genüge, wie eng verwoben die lebenden und unbelebten »Fäden« im unsichtbaren, aber festen »Gewebe« der Biosphäre sind, wo eins in das andere greift.

Warum also müssen wilde Tiere – selbst die nicht jagdbaren und auch nicht nützlichen – geschützt und gehegt werden?

Es ist das *Gleichgewicht* in der Natur, das erhalten bleiben muß. Noch wissen wir nicht, zu welch weitreichenden und schlimmen Folgen, zu welch unerwarteten ökologischen »Explosionen« die restlos oder doch fast restlose Vernichtung einiger Arten von Lebewesen führt. Die Fäden des Lebens sind so eng verwoben, daß wir, falls auch nur einer herausgerissen wird, Gefahr laufen, wenn nicht sofort, aber dann zumindest irgendwann einmal das ganze Gewebe der biologischen Einheit zu zerstören. Der ersten Explosion folgt möglicherweise eine zweite, eine dritte und schließlich eine Kettenreaktion – die Erosion und Verarmung einer Landschaft.

Viele Tierarten, die heute für die *Wirtschaft* des Menschen keine Bedeutung haben, können irgendwann einmal von Nutzen sein (man denke an Stellers Seekühe!). Schon heute ist klar, daß wilde Huftiere (Antilopen, Elche, Wildschweine), die ja nicht gefüttert zu werden brauchen, billigeres Fleisch liefern als Haustiere.

Darüber hinaus hat das Problem noch einen wichtigen, wenn auch nicht für jedermann offenkundigen Aspekt. Wenn lebensfähige (nicht degenerierte!) Arten verschwinden, werden die Möglichkeiten für die *Evolution* auf unserem Planeten und für die Entstehung künftigen Lebens (unter dem wir hier die komplizierte Gesamtheit konkurrierender, jedoch in gemeinsamer Entwicklung befindlicher, eng miteinander verbundener Lebewesen verstehen) auf der Erde eingeengt. Je weniger Arten heute überleben, desto weniger blühende Zweige wird der Baum des Lebens in späteren Jahrtausenden haben. Mit jeder Art, die ohne Nachkommenschaft bleibt, verschwinden auch ihre Erbanlagen, also der Erbcode eines ganzen phylogenetischen Zweiges.

Auch für die *Wissenschaft*, die das Leben erforscht, ist es ein Verlust, wenn wertvolle Beispiele und Modelle dieses Lebens für immer verschwinden.

Und vergessen wir schließlich nicht das *ästhetische Empfinden*, das Gefühl für Schönheit, das verletzt wird, wenn die Welt verarmt, in der der Mensch lebt und arbeitet. Es muß gesagt sein: Wer kein Gefühl für die Schönheit von Blumen, von grünem Gras, von wilden Tieren hat, der ist krank und heilungsbedürftig.

Unsere *moralische Pflicht* dem eigenen Gewissen und kommenden Generationen gegenüber erfordert es, dafür zu sorgen, daß es auch in Zukunft auf der Erde grünes Gras und lebende Tiere gibt.

Bildnachweis

G. Budich: 26 Abb.
K. Rudloff: 2 Abb.
E. Tylinek: 1 Abb.
ADN-Zentralbild: 1 Abb.
Brockhaus-Archiv: 1 Abb.
Verlag »Mysl«: 22 Abb.